Java a fondo
Curso de programación

Pablo Sznajdleder

5.ª edición

Java a fondo
Curso de programación

Pablo Sznajdleder

5.ª edición

Java a fondo. Curso de programación

Pablo Augusto Sznajdleder

Derechos reservados © Alfaomega Grupo Editor Argentino S.A.
Quinta edición: 2023
ISBN: 978-987-8983-77-6

Quinta edición: MARCOMBO, S.L. 2024

© 2024 MARCOMBO, S.L.
www.marcombo.com

ISBN: 978-84-267-3830-1
D.L.: B 6289-2024

Impreso en Arteos
Printed in Spain

Libro ecológico
Impreso con papel procedente de bosques gestionados de manera eficiente, libre de cloro.

Este trabajo está dedicado muy especialmente a la memoria de mi amigo, colega y vecino Claudio Algieri.

La familia de Pablo, retratada por Lucía Belén Berro @lavidadetontacursi

Acerca del autor

Pablo Augusto Sznajdleder es ingeniero en sistemas de información, licenciado de la Universidad Tecnológica Nacional (UTN.BA, 1999).

Su tesis de maestría (UTN.BA, 2018) describe cómo implementar transferencias de conocimientos asistidas por tecnologías de mediación de interacción.

Profesor en la cátedra de Algoritmos y Estructura de Datos, y director de cátedra en Patrones Algorítmicos para Estructuras Avanzadas, ambas materias en UTN.BA.

Autor de otras obras, además de la presente: *Algoritmos a fondo* y *JEE a fondo*, todas publicadas por Alfaomega.

Entre 1996 y 2001 trabajó como instructor Java para Sun Microsystems y Oracle Argentina. Obtuvo en 1997 las certificaciones SCJP y SCJD. Estas fueron las primeras certificaciones Java acreditadas en Argentina y estuvieron entre las primeras logradas en Latinoamérica.

Hoy, con más de veinticinco años de experiencia en tecnología Java, se desempeña en el ámbito profesional como consultor e instructor, proveyendo servicios de *coaching* y capacitación para las empresas líderes del país.

   /thejavalistener

Antes de comenzar a leer

En este libro se utiliza la tipografía `Courier` en los casos en los que se hace referencia a código o acciones por realizar en el ordenador, ya sea en un ejemplo o cuando se refiere a alguna función mencionada en el texto. También se usa para indicar menús de programas, teclas, URL, grupos de noticias o direcciones de correos electrónicos.

Los términos o definiciones cuyos significados están muy asociados al inglés se expresan en ese idioma en *cursiva*.

Estos recursos también están disponibles en **www.marcombo.info** con el código **JAVA24**.

Una vez en la página, debe darse de alta y buscar este libro.

Contenido

Prólogo

Java sigue siendo un lenguaje de programación vigente, se usa ampliamente en el desarrollo de aplicaciones informáticas. También constituye un elemento importante que se aborda en la enseñanza dentro de los planes de estudio de las carreras del área de la computación.

Java es un lenguaje que obedece al paradigma orientado a objetos. Es compatible con diferentes sistemas operativos, lo que lo hace versátil. En Java se pueden implementar los patrones de diseño, elementos esenciales para el desarrollo de aplicaciones.

Este libro, *Java a fondo*, nos lleva de la mano de manera concisa y puntual. Presenta los elementos del lenguaje de programación y conceptos esenciales del paradigma orientado a objetos, como herencia y el polimorfismo, y conceptos clave, como las clases abstractas y las interfaces.

El libro también aborda lo relativo al acceso a bases de datos, el uso de *frameworks*, hilos y comunicaciones en red, patrones de diseño que siguen las recomendaciones o buenas prácticas de las aplicaciones Java.

Al final de la obra, se muestra una aplicación integral, que consiste en el desarrollo de un *framework*, con el fin de que el lector comprenda de mejor manera la arquitectura de una aplicación Java integral que incluye todo el contenido de este libro.

Otro punto relevante es el diseño y formato que tiene el libro. Contiene explicaciones breves, resaltando en gran manera los códigos fuente, donde la tipografía marca las palabras clave de Java. Se presenta la información relevante de varias maneras: en tablas y figuras; en códigos QR, para ayudar a descargar, instalar y configurar el entorno de desarrollo Eclipse; como enlaces a vídeos, en los que el autor se explica él mismo.

Desde el punto de vista pedagógico, es de suma importancia destacar el uso de materiales, como el libro y sus complementos en vídeo desarrollados por el autor, códigos fuente de los ejemplos y demás recursos educativos, que brindan al lector un conjunto de herramientas para reforzar lo aprendido.

Esta quinta edición es una gran herramienta, recomendable sin lugar a duda como una excelente referencia para la inmersión completa en el mundo de Java y como plataforma para el desarrollo de aplicaciones empresariales relacionadas con este lenguaje.

ISC. Juan Vicente García Sales,
docente a tiempo completo de la
Escuela Superior de Computo (Instituto Politécnico Nacional)

Agradecimientos

A mi esposa Analía, a mi hijo Octaviano y a mis amigos.

Un especial agradecimiento para Adrián Stravitz, incluido en *mis amigos*, por haber conservado durante 30 años mi primera publicación; y a Damián Fernández, también incluido en *mis amigos*, por el aguante como editor de todos mis trabajos.

CAPÍTULO 1
INTRODUCCIÓN AL LENGUAJE
DE PROGRAMACIÓN JAVA

1.1. INTRODUCCIÓN

1.1.1. JAVA EN SUS INICIOS

El lenguaje de programación Java apareció en 1995. Desde entonces se caracterizó por marcar tendencia, gracias a sus aportes e innovaciones.

Durante los primeros años, la principal característica del lenguaje fue la posibilidad de programar *applets*, pequeños programas Java que podían ser incrustados en las páginas web para hacerlas más dinámicas e interactivas.

Pero, con el tiempo, Java se fue reconvirtiendo y posicionando más del lado del *server*. Gracias a esta reconversión, dejó de ser un simple lenguaje de programación para convertirse en una verdadera plataforma de desarrollo y ejecución de aplicaciones empresariales, las cuales, por supuesto, se programan en Java.

1.1.2. *JAVA STANDARD EDITION* Y *JAVA ENTERPRISE EDITION*

Para diferenciar entre el lenguaje de programación Java y la plataforma de desarrollo de aplicaciones empresariales, en 1998 se lanzó al mercado el recordado Java2, que materializó esta separación entre dos distribuciones independientes: J2SE (*Java2 Standard Edition*) y J2EE (*Java2 Enterprise Edition*).

Casi treinta años después, JSE y JEE se mantienen permanentemente actualizadas y adaptadas a las nuevas tendencias de mercado y a las realidades tecnológicas.

La edición estándar incluye el lenguaje de programación propiamente dicho, el compilador, las bibliotecas básicas y una serie de herramientas adicionales.

Por su parte, la edición empresarial se compone de un conjunto de bibliotecas que se usan en las compañías. También forman parte de esta edición una serie de lineamientos denominados *patrones de diseño* y un grupo de especificaciones técnicas que estandarizan la construcción de servidores.

1.1.3. DESARROLLO DE APLICACIONES

Aunque Java es un lenguaje de programación de propósitos generales, los desarro-lladores solemos apegarnos fuertemente a los lineamientos y patrones de diseño recomendados en la edición empresarial.

El objetivo de este libro no es solo enseñar un lenguaje de programación, sino explicar las buenas prácticas del diseño de las aplicaciones Java, los principales patrones de diseño, el desarrollo en capas y la separación entre el *frontend* y el *backend* de la aplicación.

1.1.4. HOLA MUNDO!

En el siguiente programa, escribimos en la consola la cadena: "Hola Mundo!".

```java
package demo;

public class HolaMundo
{
```

```java
    public static void main(String args[])
    {
        // Escribimos en la consola
        System.out.println("Hola Mundo!");
    }
}
```

Analizaremos el código del programa línea por línea.

Comienza con la sentencia `package`, que indica en qué paquete (carpeta) quedará ubicado el programa.

```java
package demo;
```

Los *packages* establecen un espacio de nombres (*namespace*) que hace posible que dos o más clases tengan el mismo nombre, siempre y cuando estén localizadas en diferentes paquetes. Sobre esto, así como sobre clases y objetos, hablaremos más adelante.

En la siguiente línea de código se indica el nombre de la clase:

```java
public class HolaMundo
{
```

Luego, el código continúa con la función `main`. Cuando una clase la contiene, se convierte en un programa que se puede ejecutar.

```java
    public static void main(String args[])
    {
        // Escribimos en la consola
        System.out.println("Hola Mundo!");
    }
}
```

Los comentarios del programador comienzan con `//` (doble barra). Finalmente, la sentencia `System.out.println` escribe una cadena de caracteres en la consola.

Los bloques de código comienzan con `{` (llave que abre) y finalizan con `}` (llave que cierra). De este modo, el primer grupo de llaves delimita dónde comienza y dónde finaliza la clase `HolaMundo`. El segundo grupo de llaves establece dónde comienza y dónde finaliza la función `main`.

Todas las sentencias que no precedan a un bloque de código deben finalizar con `;` (punto y coma).

1.1.5. *INTEGRATED DEVELOPMENT ENVIRONMENT*

Generalmente, para programar utilizamos una herramienta de programación que se denomina IDE, iniciales de *Integrated Development Enviroment* (entorno de desarrollo integrado).

La IDE nos asiste durante todo el proceso de programación, permitiéndonos editar el código fuente del programa, compilarlo, ejecutarlo, depurarlo y documentarlo, entre otras cosas.

Descargar Eclipse

Existen diversas IDE para trabajar con Java. Destacan principalmente las siguientes: Eclipse, NetBeans e IntelliJ IDEA. Las dos primeras son *open source* (gratuitas; la segunda es una herramienta de pago.

El lenguaje de programación Java es totalmente independiente de todas estas herramientas. Gracias a esto, podemos utilizar la IDE que más nos agrade.

Cómo instalar Eclipse, compilar y depurar

1.1.6. VERSIONES JAVA

Desde el inicio, las versiones del lenguaje Java se denominaron JDK (iniciales de *Java Development Kit*). La primera fue JDK1.0.2 y la siguiente fue JDK1.1.x. A partir de JDK1.2 se comenzó a hablar de Java2. La siguiente fue Java5, Java7, Java8, Java10... La versión actual es Java19.

Cada una agrega nuevas características de programación, corrige *bugs* y mejora la *performance* de la versión anterior. Sin embargo, no todas las versiones han agregado agreguen algo significativo, en el párrafo anterior solo he incluido aquellas versiones que sí introdujeron cambios relevantes.

A partir de Java10 se tomó la decisión de liberar una nueva versión cada seis meses. De este modo, los aportes que podremos observar al pasar de una versión del lenguaje a la versión siguiente serán mínimos, en la mayoría de los casos innecesarios si los observamos desde el punto de vista del programador —y más aún desde el punto de vista de un programador con poca experiencia—.

El siguiente cuadro resume cómo se fueron incorporando las herramientas y características en cada nueva versión.

Versión	JDK	Aportes
JDK1.0.2	JDK1.0.2	Clases básicas, IO, AWT, *networking*, Applet
JDK1.1.*x*	JDK1.1.*x*	JDBC, tecnología de *beans*, RMI
Java2	JDK1.2.*x*	Swing
Java5	JDK1.5.*x*	*Annotations*, *generics*, enumeraciones
Java7	JDK1.7.*x*	*try* con recurso, inferencia de tipos genéricos
Java8	JDK1.8.*x*	Expresiones lambda, *streams*
Java10	JDK10.*x*	Inferencia de tipo de dato

Tabla 1.1. Evolución del lenguaje de programación Java.

Cada nueva versión es inclusiva respecto de las anteriores. Esto significa que podemos compilar con Java19 utilizando solo los recursos de Java2 o alguna versión todavía más antigua.

1.2. ELEMENTOS DEL LENGUAJE DE PROGRAMACIÓN

En este apartado estudiaremos los principales elementos de este lenguaje: estructuras de control, tipos de dato y sintaxis.

1.2.1. ENTRADA Y SALIDA ESTÁNDAR

Por defecto, la entrada estándar es el teclado y la salida, la consola. Para escribir un texto en la consola utilizamos `System.out.println`.

```java
System.out.println("Hola Mundo");
```

En esta línea de código estamos invocando el método println sobre el objeto out, declarado como público y estático en la clase System. Todos estos conceptos los estudiaremos más adelante.

La entrada de datos a través del teclado lo hacemos con la clase Scanner, como se muestra a continuación. (Para simplificar la lectura de los ejemplos, optaremos por omitir la línea que indica el *package* donde la clase esté ubicada.)

```java
import java.util.Scanner;

public class HolaMundoPersonalizado
{
    public static void main(String[] args)
    {
        // Preparamos para leer por teclado
        Scanner scanner = new Scanner(System.in);

        // El usuario ingresa su nombre
        System.out.print("Ingrese su nombre: ");
        String nombre = scanner.nextLine();

        // HolaMundo personalizado
        System.out.println("Hola Mundo, "+nombre);

        // Cerramos el scanner
        scanner.close();
    }
}
```

En el ejemplo anterior utilizamos la sentencia import para *importar* la clase Scanner. Aunque hablaremos de este asunto posteriormente, podemos anticipar que con import le indicamos al compilador dónde debe ir a buscar las clases que utilizamos en el programa.

Tengamos en cuenta que ciertas clases como `String` y `System` no requieren ser importadas, porque pertenecen al *core* del lenguaje, con lo cual eso se hace automáticamente.

Es importante subrayar la diferencia que existe entre `System.out.print` y `System.out.println`. Ambos imprimen una cadena, pero el segundo agrega un salto de línea al final.

La clase `Scanner` permite ingresar datos de diferentes tipos a través de la consola. Algunos ejemplos:

```java
// Ingresamos un int por teclado
int n = scanner.nextInt();
System.out.println(n);

// Ingresamos un double por teclado
double d = scanner.nextDouble();
System.out.println(d);

// Ingresamos un String por teclado
String s = scanner.next();
System.out.println(s);
```

1.2.2. IDENTIFICADORES Y DECLARACIÓN DE VARIABLES

Podemos declarar variables en cualquier parte del código del programa, indicando el tipo de dato y el nombre de la variable o identificador. Por ejemplo:

```java
// Tipo: int. Variable o identificador: a
int a;
```

Nombres de variables **válidas** son `fecha`, `iFecha`, `fecha3`, `fechaNacimiento`, `_fecha` y `fecha_nacimiento`...

Nombres de variable **NO válidas** son `fecha-nacimiento`, `fecha+nacimiento`, `3fecha`, `-fecha`...

1.2.3. COMENTARIOS EN EL CÓDIGO

Como en todos los lenguajes de programación, podemos incluir comentarios que nos ayuden a entender el código del programa.

Comentarios en una sola línea	Comentarios de varias líneas

`// Esto es un comentario`
`// Esto es otro comentario`
	`/*`
	`Todo este parrafo esta`
	`comentado y puede contener`
	`tantas lineas como quiera`
	`*/`

1.2.4. TIPOS DE DATO

Aunque Java es un lenguaje de programación orientado a objetos, existen tipos de dato primitivos que conviven con las clases.

1.2.4.1. Tipos de dato primitivos

Estos son los tipos de dato. Sus longitudes, expresadas en *bytes*, se indican en la columna de la derecha:

Tipos enteros	*bytes*	Tipos flotantes	*bytes*	Tipo lógico	*bytes*
`byte`	1	`float`	4	`boolean`	1
`char`	2	`double`	8		
`short`	2				
`int`	4				
`long`	8				

Tabla 1.2. Tipos de dato primitivos y sus longitudes.

Además, existe la clase `String` (aunque no es un tipo de dato primitivo, se utiliza como si lo fuera).

A diferencia del lenguaje C, que permite indicar si queremos que una variable de tipo entero sea signada o no, en Java todos los tipos enteros son signados. Salvo el tipo `char`, que es *unsigned*.

1.2.4.2. *Wrappers*: clases que representan a los tipos primitivos

Para cada uno de los tipos primitivos existe una clase que lo representa. Permite realizar diferentes operaciones relacionadas con el tipo de dato en cuestión. A estas clases las llamaremos *wrappers* o *envoltorios*.

Tipo primitivo	*Wrapper*
byte	Byte
char	Character
short	Short
int	Integer
long	Long
float	Float
double	Double
boolean	Boolean

Tabla 1.3. Tipos de dato primitivos con sus correspondientes wrappers.

Algunos ejemplos sobre cómo se utilizan los *wrappers*:

```
int i=1234;

String a = Integer.toString(i);
System.out.println(a); // SALIDA: 1234

String b = Integer.toBinaryString(i);
System.out.println(b); // SALIDA: 10011010010

String c = Integer.toHexString(i);
System.out.println(c); // SALIDA: 4D2

String d = "1234";

int j = Integer.parseInt(d);
System.out.println(j); // SALIDA: 1234
```

1.2.4.3. *Autoboxing*: conversión automática entre tipos primitivos y *wrappers*

La conversión entre un tipo de dato y su correspondiente *wrapper* es automática. Esta característica se denomina *autoboxing*.

Veamos algunos ejemplos:

```
Integer i = new Integer(1234);
int j = i;
System.out.println(j); // SALIDA: 1234

int n = new Integer(567);
System.out.println(n); // SALIDA: 567
```

Como norma general, para declarar variables utilizamos los tipos de dato primitivos. Usamos los *wrappers* para realizar las operaciones vinculadas a cada uno de estos. Los *wrappers*, al ser objetos, pueden contener el valor `null`, lo cual, como veremos más adelante, en ocasiones puede resultar de gran utilidad.

```
Integer I = null;

// ...

if( i!=null )
{
    // ...
}
```

1.2.5. CONSTANTES

Para declarar un valor constante utilizamos el modificador `final`. Generalmente, lo acompañamos con `public` y `static`. De este modo, lo habitual es declarar las constantes como se ilustra en el siguiente ejemplo:

```
public static final int DIA_LUNES = 1;
```

```
public static final int DIA_MARTES = 2;
public static final int DIA_MIERCOLES = 3;
public static final int DIA_JUEVES = 4;
public static final int DIA_VIERNES = 5;
public static final int DIA_SABADO = 6;
public static final int DIA_DOMINGO = 7;
```

1.2.6. VALORES LITERALES

Podemos expresar valores literales para todos los tipos de dato primitivos. Por ejemplo, en el siguiente código veremos cómo expresar valores de tipo char, int, boolean, double y String (este último, como sabemos ya, no es un tipo primitivo).

```java
// Literal de tipo char
char c='A';

// Literal de tipo int
int i = 123;

// Literal de tipo boolean (true o false)
boolean b = true;

// Literal de tipo double
double d = 3.14;

// Literal de tipo String
String s = "Hola";
```

Como por defecto, los valores literales numéricos con decimales son double. Para expresar un valor literal de tipo float tenemos que agregarle el sufijo f.

```java
float f = 3.14f;
```

En la práctica, resulta poco frecuente usar el tipo `float`. Incluso, como el tipo `double` suele presentar problemas de aproximación, los programadores con experiencia utilizan la clase `BigDecimal` en lugar del tipo primitivo `double`.

1.2.7. LITERALES EXPRESADOS EN OTROS SISTEMAS DE NUMERACIÓN

1.2.7.1. Números enteros expresados en binario

Anteponiendo el prefijo `0b` (cero b) podemos expresar un valor literal numérico entero mediante su representación en el sistema binario. Opcionalmente, el carácter _ (guion bajo) puede ayudarnos visualmente a separar los dígitos del número.

```java
// Valor entero expresado en sistema binario
int b = 0b00000101_00111001_01111111_10110001;
System.out.println(b); // SALIDA 87654321
```

Por cuestiones de claridad, completamos el número binario del ejemplo anterior con ceros a la izquierda. Estos ceros podrían no estar y el número seguiría siendo el mismo, como en el siguiente ejemplo (donde omitimos poner los ceros a la izquierda).

```java
int b = 0b101_00111001_01111111_10110001;
```

1.2.7.2. Números enteros expresados en hexadecimal

Si queremos expresar un valor numérico entero mediante su representación hexadecimal, debemos anteponer el prefijo `0x` (cero equis).

```java
// Valor entero expresado en sistema hexadecimal
int c = 0b0101_0011_1001_0111_1111_1011_0001;
int d = 0x5    3    9    7    F    B    1;
int e = 0x05397FB1;

System.out.println(c); // SALIDA: 87654321
System.out.println(d); // SALIDA: 87654321
System.out.println(e); // SALIDA: 87654321
```

1.2.7.3. Valores enteros expresados en octal

También podemos representar valores enteros como números octales, utilizando el prefijo 0 (cero).

```java
int f = 0b101_001_110_010_111_111_110_110_001; // binario
int g =   05   1   6   2   7   7   6   6   1;   // octal
int h = 000516277661;                           // octal

System.out.println(f); // SALIDA: 87654321
System.out.println(g); // SALIDA: 87654321
System.out.println(h); // SALIDA: 87654321
```

1.2.8. CARACTERES ESPECIALES

Llamamos carácter especial a aquellos que en el código fuente de un programa tienen otro uso que no es la representación del carácter en sí mismo.

Por ejemplo, el carácter " (comilla doble) se utiliza en los programas para delimitar cadenas de caracteres; o el carácter ' (comilla simple) se utiliza para encerrar valores literales de tipo char.

Los caracteres *salto de línea* y *tabulador*, por ejemplo, al presionar sus teclas en el editor de texto producen sus respectivas acciones, pero no tienen una representación directa en forma de carácter; es decir, vemos que el texto del programa salta de una línea a otra, pero no vemos representado el carácter en sí mismo.

Todos los caracteres especiales tienen una representación literal y, por ende, pueden ser utilizados como char o parte de una cadena de caracteres.

Por ejemplo, el carácter *salto de línea* se representa así: \n (barra ene). En el siguiente código, incluimos un carácter *salto de línea* dentro de una cadena literal:

```java
String s = "Esto es una cadena \nque sigue en la otra linea";
System.out.println(s);
```

La salida será:

```
Esto es una cadena
que sigue en la otra linea
```

Análogamente, el carácter \" (barra comilla) representa a la comilla doble.

```
String s = "El lenguaje \"Java\" es muy bueno";
System.out.println(s);
```

La salida será:

```
El lenguaje "Java" es muy bueno
```

El carácter \ (carácter barra) se llama *carácter de escape*. Para usarlo como valor literal debemos anteponerle otro carácter barra. Esto, en la jerga, se dice *escapearlo*.

```
String s = "El caracter \\ es el caracter de escape";
System.out.println(s);
```

La salida será:

```
El caracter \ es el caracter de escape
```

La siguiente tabla resume los caracteres especiales:

Carácter	Descripción
\n	Salto de línea
\b	Retorno de carro
\t	Tabulador
\"	Comilla doble
\'	Comilla simple
\\	Barra
\uddddd	Cualquier carácter expresado mediante su código Unicode

Tabla 1.4. Caracteres especiales que deben ser precedidos por el carácter de escape.

1.2.9. ESTRUCTURAS DE CONTROL

A continuación, veremos las diferentes estructuras de control.

If	while
| ```java
if(condicion)
{
    // ...
}
else
{
    // ...
}
``` | ```java
while(condicion)
{
    // ...
}
``` |
| **For** | **do-while** |
| ```java
for(int i=0; condicion; i++)
{
    // ...
}
``` | ```java
do
{
    // ...
}while(condicion);
``` |

Adicionalmente, existe el `if` *inline*, que puede expresarse en una sola línea.

Expresión lógica	?	valor por `true`	:	valor por `false`
Expresión lógica cuyo valor de verdad se debe determinar.		Resultado en caso de que la expresión resulte verdadera.		Resultado en caso de que la expresión resulte ser falsa.

En el siguiente código le pedimos al usuario que introduzca su edad. Posteriormente emitiremos un mensaje, que será diferente según cuál sea la edad que ingresó.

```java
System.out.print("Ingrese su edad: ");
int edad = scanner.nextInt();

// Mostramos un mensaje segun sea mayor de 18 o no
String mssg = (edad>=18)?"Bienvenido":"Debe ser mayor de
18";
System.out.print(mssg);
```

También podemos utilizar la estructura de decisión múltiple: switch.

En el siguiente ejemplo, el usuario tecleará el número de un día de la semana y el programa le mostrará qué día es.

```java
int iDia = scanner.nextInt();

String sDia = "";
switch(iDia)
{
    case 1:
        sDia = "Lunes";
        break;
    case 2:
        sDia = "Martes";
        break;
//          :
//          :
    case 7:
        sDia = "Domingo";
        break;
    default:
        sDia = "valor incorrecto";
}

System.out.println(iDia+" es: "+sDia);
```

El switch también puede utilizarse con cadenas de caracteres.

```java
int iDia=0;
String sDia=scanner.nextLine();

switch(sDía)
{
    case "Lunes":
        iDía=1;
        break;
    case "Martes":
        iDía=2;
        break;
```

```
//       :
//       :
    case "Domingo":
        iDía=7;
        break;
    default:
        System.out.println("El dia ingresado es incorrecto");
}

if(iDía!=0 )
{
    String mssg = sDia+" es el dia "+iDia+" de la semana";
    System.out.println(mssg);
}
```

1.2.10. OPERADORES ARITMÉTICOS, RELACIONALES Y LÓGICOS

A continuación, veremos el resumen de los principales operadores aritméticos, relacionales y lógicos disponibles en Java.

Aritméticos	Relacionales
Sean las variables a, b y c, todas tipo int. Entonces:	Sean las variables a, b tipo int y c tipo boolean. Entonces:

`c = a+b; // suma`
`c = a-b; // resta`
`c = a*b; // producto`
`c = a/b; // division`
`c = a%b; // residuo (o modulo)`
`a++;   // equivale: a = a+1`
`a--;   // equivale: a = a-1`
`a+=b; // equivale: a = a+b`
`a-=b; // equivale: a = a-b`
`a*=b; // equivale: a = a*b`
	`c = a<b;  // true si a<b`
	`c = a>b;  // true si a>b`
	`c = a==b; // true si a=b`
	`c = a<=b; // true si a<=b`
	`c = a>=b; // true si a>=b`
	`c = a!=b; // a distinto b`

Operadores lógicos

Sean las variables b, p y q, todas de tipo boolean. Entonces:

```
b = p && q; // AND, Producto logico
b = p || q; // OR,  Suma logica
b = !p;     // NOT, Negacion (en este caso: NOT p)
```

1.2.11. FUNCIONES O MÉTODOS ESTÁTICOS

Aunque Java es un lenguaje de programación orientada a objetos, podemos declarar métodos (funciones) e invocarlos desde el método `main` o cualquier otro, siempre y cuando sean *métodos estáticos*.

En el siguiente ejemplo vemos el código de la clase `Funciones`, que declara y resuelve las funciones `factorial` y `esPrimo`, que ilustran cómo se utilizan las estructuras de control que estudiamos más arriba (`while`, `for`, `if`) y algunos de los operadores aritméticos y lógicos.

```java
public class Funciones
{
    // Calcula el factorial de n
    public static double factorial(int n)
    {
        double r=1;
        for(int i=2; i<=n; i++)
        {
            r=r*i;
        }

        return r;
    }

    // Determina si n es un numero primo o no
    public static boolean esPrimo(int n)
    {
        int i=2;
        while( n%i!=0 && i<n )
        {
            i++;
        }

        return i==n; // Retorna true si son iguales
    }
```

```
// Sigue mas abajo
// :
```

Un método (o función) estático (`static`) es un método de la clase. Más adelante nos ocuparemos de esta cuestión.

Ahora, continuando con el ejemplo, veamos el código del método `main`, que invoca las funciones (o métodos) `factorial` y `esPrimo`.

```java
// :
// Viene de mas arriba

public static void main(String args[])
{
    Scanner scanner = new Scanner(System.in);

    // El usuario ingresa un valor
    System.out.print("Ingrese un valor: ");
    int n = scanner.nextInt();

    // Calculamos su factorial
    double f = factorial(n);
    System.out.println("Factorial de "+n+": "+f);

    // Determinamos si es numero primo o no
    boolean p = esPrimo(n);

    // if en linea
    String mssg = p?" es ": " no es ";
    System.out.println(n+mssg+"primo");

    scanner.close();
}
}
```

1.2.12. INFERENCIA DE TIPO DE DATO

Desde Java10 se puede prescindir de declarar el tipo de dato de las variables, pues el compilador podrá inferirlo a partir del valor que le hayamos asignado por primera vez. Aunque no es frecuente hacer uso de esta característica, pero veamos cómo se hace:

```java
var a = 5;    // a es int
var b = 3;    // b es int
var c = a+b;  // c es int
System.out.println(c);  // SALIDA: 8

var s = a+"+"+b+"="+c;  // s es String
System.out.println(s);  // SALIDA: 5+3=8
```

Que el tipo de dato pueda ser inferido no significa que la variable no sea *tipada*. El tipo de la variable se establece una vez que le asignamos su valor inicial. Luego, no podre-mos asignarle valores de otros tipos.

Esto lo mencionamos solo a título ilustrativo, pues en esta obra siempre traba-jaremos declarando explícitamente los tipos de dato de las variables.

1.2.13. CLASES Y OBJETOS

Aunque este asunto será abordado con mayor profundidad en otro capítulo, considero importante explicar, aunque sea superficialmente, algunos conceptos, para que nos ayuden a comprender los siguientes ejemplos.

Las *clases* son tipos de dato definidos por el programador. Algo similar a las es-tructuras (struct) de C. Los *objetos* son variables cuyo tipo de dato es una clase.

Por lo anterior, como String es una clase, las cadenas de caracteres son objetos.

En el siguiente ejemplo, declaramos la variable a (int) y el objeto s (String).

```java
int a;
String s;
```

En realidad, los objetos son *punteros*, o sea, que son variables cuyo contenido es una dirección de memoria. Es muy importante tenerlo en cuenta, porque muchas veces, al comparar objetos, obtendremos resultados diferentes al esperado.

Por ejemplo:

```
int a = 5;                        String x = "Hola";
int b = 5;                        String y = "Hola";

if( a==b ){ ... } // true         if( x==y ){ ... } // false
```

En el cuadro anterior, en la parte izquierda, observamos que las variables a y b tienen el mismo valor (5). Luego, al compararlas, el resultado será true, que es exactamente lo que hubiésemos esperado.

Sin embargo, en la parte derecha vemos un código similar, pero con cadenas. Pese a que x e y tienen el mismo valor ("Hola"), al comparar las cadenas el resultado será false, porque el primer "Hola" y el segundo están ubicados en diferentes espacios de memoria.

En el siguiente ejemplo, la comparación entre dos cadenas sí será verdadera. Esto se debe a que solo existe una única cadena "Hola", ubicada a partir de una única dirección de memoria. Y ambos punteros, x e y, contienen esta dirección.

```
String x = "Hola";
String y = x;

if( x==y ){ ... } // true
```

Las clases son estructuras que agrupan datos y funciones. Por esta razón, decimos que los objetos (que son variables cuyo tipo de dato es una clase) guardan en su interior los datos y las funciones que su propia clase agrupa y declara.

Por ejemplo, la clase Auto, que veremos a continuación, tiene datos (color) y funciones (asignarColor).

```
public class Auto
{
    private String color;

    public void asignarColor(String c)
    {
        color = c;
    }
}
```

En un programa podemos utilizar la clase Auto de la siguiente manera.

```
Auto a = new Auto();
a.asignarColor("Rojo");
```

Justamente, el operador new (que gestiona memoria dinámicamente) retorna la dirección de la memoria obtenida. Esta dirección se la asignamos al objeto a.

1.3. CADENAS DE CARACTERES

Como ya dijimos, String no es un tipo de dato primitivo sino una clase. Por tal razón, muchas funciones para el tratamiento de las cadenas de caracteres ya están contenidas dentro de las mismas cadenas. Esto significa que un objeto *string* es capaz de determinar si contiene un determinado carácter, convertir sus caracteres a mayúsculas, obtener una subcadena e indicar si concuerda o no con una determinada expresión regular (*regex*), entre muchas otras cosas.

1.3.1. TRATAMIENTO DE CADENAS DE CARACTERES

A continuación, analizaremos las principales funciones para operar con cadenas.

1.3.1.1. Determinar la longitud de una cadena

Llamamos *longitud de una cadena* a la cantidad de caracteres que la componen.

```
String s = "Hola";
int x = s.length(); // retorna: 4
```

1.3.1.2.   Determinar si una cadena es la cadena vacía

Llamamos *cadena vacía* a la que no contiene ningún carácter. La cadena vacía literal se representa así: " " (comilla comilla).

```
String s1 = "Hola";
boolean b1 = s1.isEmpty(); // retorna: false

String s2 = "";
boolean b2 = s2.isEmpty(); // retorna: true
```

1.3.1.3.   Acceder a los caracteres de una cadena

Los caracteres de una cadena se enumeran según la posición que ocupan, comenzando desde cero. Luego, el método charAt retorna el carácter que se encuentra en una determinada posición. Lo llamaremos el *i*-ésimo carácter de la cadena.

```
String t = "Hola";
for(int i=0; i<t.length(); i++)
{
    char c = t.charAt(i); // c contiene el i-esimo caracter
    System.out.println(c); // SALIDA: H o l a
}
```

1.3.1.4.   Comparar cadenas

Ya sabemos que, si se trata de objetos, el operador == (operador de comparación) no compara sus direcciones de memoria sino sus contenidos. Por esto, para comparar correctamente dos cadenas de caracteres usaremos el método (función) equals.

```
String x = "Hola";
String y = "Hola";
```

```
if( x.equals(y) ) // compara sus contenidos, retorna true!
{
    System.out.println("SI pasa por aquí!");
}
```

1.3.1.5. Determinar la posición que ocupa un carácter dentro de una cadena

El método `indexOf` retorna la posición de la primera ocurrencia de un determinado carácter dentro de la cadena de caracteres. Análogamente, `lastIndexOf` devuelve la posición de la última ocurrencia del carácter indicado.

```
String s = "Hola, cómo estás?";
int p1 = s.indexOf('a');        // retorna: 3
int p2 = s.lastIndexOf('a');   // retorna: 14
```

1.3.1.6. Determinar la posición que ocupa una subcadena dentro de una cadena

Los métodos `indexOf` y `lastIndexOf` también pueden utilizarse para determinar en qué posición comienza la primera o la última ocurrencia de una determinada subcadena, dentro de la cadena de caracteres.

```
String s = "Hola, como estas? Estas como querias?";
int p1 = s.indexOf("como");       // retorna: 6
int p2 = s.indexOf("estas");      // retorna: 11
int p3 = s.lastIndexOf("como");  // retorna: 24
```

1.3.1.7. Convertir a mayúsculas y minúsculas

Los métodos `toUpperCase` y `toLowerCase` retornan respectivamente una copia de la cadena de caracteres en mayúsculas o en minúsculas.

```
String s = "Hola, como estas?";
String may = s.toUpperCase(); // retorna: HOLA, COMO ESTAS?
String min = s.toLowerCase(); // retorna: hola, como estas?
```

1.3.1.8.   Subcadenas

El método `substring` recibe las posiciones *desde* (inclusive) y *hasta* (no inclusive), entre las cuales se ubica la subcadena que queremos obtener. Si le pasamos un único parámetro, `substring` retornará la subcadena comprendida entre esta posición y el final de la cadena de caracteres.

```
String s = "Hola, como estas?";
String s1 = s.substring(0,4);   // retorna: Hola
String s2 = s.substring(6,10);  // retorna: cómo
String s3 = s.substring(11);    // retorna: estás?
```

1.3.1.9.   Separar una cadena en varias subcadenas

El método `split` permite extraer subcadenas que se encuentran separadas entre sí por una *regex*.

```
String s = " John|Paul|George|Ringo";
String beatles[] = s.split("|"); // John,Paul,George,Ringo
```

1.3.1.10.   Conversión entre cadenas y números

La clase `Integer` (*wrapper* de `int`) nos permite obtener un `int` a partir de una cadena de caracteres con formato numérico y viceversa. Análogamente, la clase `Double` (*wrapper* de `double`) hace lo propio entre cadenas y números con decimales.

```
// enteros
String s1 = "1234";
int i = Integer.parseInt(s1);   // retorna: 1234
String t1 = Integer.toString(i); // retorna: "1234"

// flotantes
String s2 = "1234.56";
double d = Double.parseDouble(s2); // retorna: 1234.56
String t2 = Double.toString(d);    // retorna: "1234.56"
```

1.3.1.11. Concatenar cadenas

Podemos utilizar el operador + (más) para concatenar cadenas de caracteres.

```
String s = "Hola, ";
String t = "qué tal?";
String u = s+t; // retorna: "Hola, que tal?"
```

1.3.2. INVARIANZA DE LAS CADENAS DE CARACTERES

La clase String es invariante, es decir, que su contenido no puede ser modificado. Veamos el siguiente ejemplo:

```
String s = "Hola";
s = "chau";
System.out.println(s); // SALIDA: chau
```

Aunque pareciera que sí hemos modificado el contenido de s, en realidad no lo hicimos. Lo que realmente ocurre en este programa es lo siguiente:

1. Se crea la cadena "Hola" y (su dirección de memoria) se asigna a s.
2. Luego se crea la cadena "chau" y (su dirección de memoria) se asigna a s.
3. Como s ahora tiene la dirección de "chau", la cadena "Hola" quedó desreferenciada, y ya no podremos acceder a ella, porque su dirección de memoria no quedó guardada en ninguna variable (objeto).

Algo similar sucede en el siguiente caso:

```
String s = "Hola";
s = s+", chau"; // concatenamos?
System.out.println(s); // SALIDA: Hola, chau
```

Aunque parece que le concatenamos caracteres a la cadena s, en realidad le hemos asignado a s la dirección de una nueva cadena,"Hola, chau", dejando desreferenciada la cadena "Hola".

Más adelante veremos que existe un proceso llamado *garbage collector*, que se ocupa de liberar la memoria que vamos dejando desreferenciada.

En general, no debe preocuparnos demasiado que al concatenar cadenas se creen nuevos objetos y otros queden desreferenciados, pero sí debemos ser conscientes de esto, sobre todo si en nuestro programa haremos un uso intensivo de este tipo de situaciones. En tal caso, debemos usar la clase `StringBuilder`.

1.3.3. CADENAS DE CARACTERES DINÁMICAS

Como `String` es invariante, existen otras clases que sí permiten modificar el contenido de una cadena, sin que esto implique crear nuevos objetos. Por ejemplo, las clases `StringBuffer` y `StringBuilder`. Ambas son funcionalmente muy parecidas, pero los métodos de la primera son sincronizados y los de la segunda no. Esta diferencia será relevante cuando desarrollemos programas *multithread*, así que, por lo general, resulta indistinto usar una u otra.

`StringBuilder` y `StringBuffer` representan cadenas dinámicas, que pueden crecer y decrecer, y sus caracteres pueden ser modificados. Veamos un ejemplo:

1.3.3.1. Concatenar cadenas de caracteres

Para concatenar cadenas utilizamos el método `append`.

```java
StringBuilder sb = new StringBuilder();
sb.append("Hola, ");
sb.append("Chau");

String r = sb.toString();
System.out.println(r); // SALIDA: Hola, chau
```

1.3.3.2. Modificar los caracteres de una cadena

El método `setCharAt` recibe la posición (comenzando desde cero) y el carácter que queremos asignar en esa posición de la cadena.

```java
StringBuilder sb = new StringBuilder("Hola");
sb.setCharAt(2,'X');
```

```
System.out.println(sb);  // SALIDA: HoXa
```

Existen muchos otros métodos para el tratamiento de las cadenas de caracteres (que el lector podrá investigar y probar por su cuenta). Aquí solo mostramos, a modo de ejemplo, los más comúnmente utilizados.

1.4. AUTOEVALUACIÓN Y EJERCICIOS

Autoevaluación   *Ejercicios*

1.5. RESUMEN

Abordamos una primera aproximación al lenguaje de programación, desarrollando ejemplos para ilustrar la sintaxis y semántica del lenguaje; los operadores lógicos, aritméticos y relacionales; las estructuras de control, y algunas operaciones para el tratamiento de las cadenas de caracteres.

Sin embargo, como Java es un lenguaje orientado a objetos, hemos querido pasar por alto algunas cuestiones propias de este paradigma, lo que solo hubiera traído confusión.

En el próximo capítulo estudiaremos el paradigma de la programación orientada a objetos (POO), lo que nos permitirá aprovechar al máximo las características de Java.

CAPÍTULO 2
PROGRAMACIÓN ORIENTADA A OBJETOS

2.1. INTRODUCCIÓN

Dado que Java es un lenguaje de programación fuertemente tipado, todos los recursos que utilicemos dentro de los programas deben estar previamente declarados en función de algún tipo de dato.

En el capítulo anterior hablamos un poco de clases y objetos, pero no nos detuvimos a explicar qué significa cada uno de estos términos.

Veamos:

Objeto	Clase
Un *objeto* es una variable cuyo tipo de dato es una *clase*.	Una *clase* es una estructura que agrupa datos y funciones, a través de las cuales se pueden manipular los datos de la estructura.

Tabla 2.1. Clases y objetos.

Por ejemplo, las cadenas de caracteres son objetos de la clase String. Una cadena almacena datos (la cadena en sí misma) y la funcionalidad necesaria para manipular sus caracteres.

En el siguiente ejemplo, vemos que el objeto s almacena la cadena "Hola Mundo" y que tiene la capacidad de indicar cuál es la posición que, dentro de esta cadena, ocupa la primera ocurrencia de un determinado carácter.

```java
String s = "Hola Mundo";
int i = s.indexOf('M'); // asigna 5 a la variable i
```

Las cadenas literales también son objetos de la clase String. Por esto, el ejemplo anterior lo podríamos haber planteado del siguiente modo:

```java
int i = "Hola Mundo".indexOf('M');
```

2.2. CLASES Y OBJETOS

Las clases definen la estructura de sus objetos. Esto significa que todos los objetos de una misma clase podrán almacenar el mismo tipo de información y tendrán idéntica capacidad para manipularla.

Por ejemplo, pensemos en las siguientes fechas: 4 de junio de 2008, 15 de junio de 1973 y 2 de octubre de 1970. Todas tienen la misma estructura: día, mes y año.

Justamente el día, mes y año son los datos que le dan identidad a una fecha; son sus atributos y permiten diferenciar entre una fecha y otra.

Una fecha es distinta de otra porque tiene diferentes valores en sus atributos. Pero, a pesar de estas diferencias, ambas continúan siendo fechas.

Analizaremos un ejemplo basado en el desarrollo de la clase Fecha. (Este desarrollo se hará de manera progresiva, agregando nuevos conceptos paso a paso. Por este motivo, intentaremos no detener la lectura hasta que el ejemplo haya concluido.)

Vamos a declarar la clase Fecha, que nos permitirá operar con objetos tipo Fecha dentro de nuestros programas.

```java
public class Fecha
{
    private int dia;
    private int mes;
    private int anio;
}
```

A simple vista, la clase parece como un `struct` de C; sin embargo, existen algunas diferencias. Para comenzar, los datos están declarados `private` (privados). Esto significa que no se podrá acceder desde afuera de la clase. Están encapsulados, y acceder a ellos solo será válido siempre y cuando se haga dentro de la misma clase.

En otras palabras, el siguiente código no compila:

```java
public class TestFecha
{
    public static void main(String[] args)
    {
        Fecha f = new Fecha();

        // Las variables dia, mes y anio son privadas
        // por lo tanto no las podemos tocar
        f.dia = 2;      // ERROR
        f.mes = 10;     // ERROR
        f.anio = 1970;  // ERROR
    }
}
```

Al intentar compilar este ejemplo, obtendremos un error de compilación que indica que el campo `dia` de la clase `Fecha` no es visible.

```
The field Fecha.dia is not visible
```

Como las variables `dia`, `mes` y `anio` fueron declaradas `private`, quedaron encapsuladas dentro de la clase `Fecha`. Cualquier intento de acceder a ellas desde afuera de la clase generará un error de compilación.

La única forma de asignarles valor a estas variables será a través de métodos (o funciones) que la misma clase `Fecha` debe proveer.

2.2.1. MÉTODOS

Los métodos de una clase se escriben como funciones dentro de la misma clase. Desde un método podemos acceder a los atributos de la clase como si estos fuesen variables globales.

Ahora, agregaremos métodos a la clase `Fecha` para asignar (*set*) y para obtener (*get*) los valores de sus atributos. A estos métodos los llamaremos *métodos de acceso* (*accessors methods*) o *setters* y *getters*.

```java
public class Fecha
{
    private int dia;
    private int mes;
    private int anio;

    // getter para el atributo dia
    public int getDia()
    {
        // Retornamos el valor de la variable dia
        return dia;
    }

    // setters para el atributo dia
    public void setDia(int d)
    {
        // Asignamos el valor del parametro a la variable dia
        dia = d;
    }

    // getter y setter para los otros atributos
    public int getMes(){ return mes; }
    public void setMes(int m){ mes = m; }
    public int getAnio(){ return anio; }
    public void setAnio(int a){ anio = a; }
}
```

Los *accesor methods* permiten controlar cómo entramos en los atributos de una clase. Esto, que a simple vista parece una trivialidad, en ocasiones es de gran ayuda.

En el siguiente ejemplo, utilizamos los métodos de acceso (*setters* y *getters*) para asignarles valores a los atributos de una fecha y mostrarlos por la consola.

```java
public class TestFecha
{
    public static void main(String[] args)
    {
        // Creamos una fecha y le asignamos
        // valores a sus atributos
        Fecha f = new Fecha();
        f.setDia(2);
        f.setMes(10);
        f.setAnio(1970);

        // Imprimimos el dia
        System.out.println("Dia="+f.getDia());

        // Imprimimos el mes
        System.out.println("Mes="+f.getMes());

        // Imprimimos el anio
        System.out.println("Anio="+f.getAnio());

        // Imprimimos "toda" la fecha
        System.out.println(f);
    }
}
```

Por convención, los métodos de acceso deben llamarse *setXxxx* y *getXxxx* (donde *Xxxx* es el nombre del atributo); es decir, los *accesor methods* del atributo mes deben ser setMes y getMes.

En la última línea del programa imprimimos el objeto f (todo el objeto).

```java
// Imprimimos "toda" la fecha
System.out.println(f);
```

En contra de lo que podríamos esperar, la salida de esta línea de código no será una fecha representada con el formato que habitualmente utilizamos.

La salida será algo así:

```
Fecha@2c141b35
```

¿Por qué? Porque `System.out.println` no sabe cómo debe mostrar los objetos de esta clase. Para solucionarlo, debemos *sobrescribir* el método `toString`, que lo *heredamos* de la clase `Object`.

2.2.2. HERENCIA Y SOBREESCRITURA DE MÉTODOS

Uno de los aspectos principales de la programación orientada a objetos es la herencia, que permite definir clases en función de otras ya existentes, de modo tal que hereden sus características y añadan nuevos rasgos más específicos.

En otras palabras, una clase declara sus atributos y métodos, y hereda los atributos y métodos declarados en su clase base o padre.

En Java, todas las clases heredan de una clase base llamada `Object`. No hay que especificar nada para que esto ocurra, siempre es así.

Como la herencia es transitiva, si `A`, `B` y `C` son tres clases, tal que `A` hereda de `B` y `B` hereda de `C`, `A` también heredará de `C`.

Pensemos en las clases `Empleado` y `Persona`. Un empleado es una persona, pues le caben todos los atributos de `Persona`, por ejemplo nombre y fecha de nacimiento; pero también el empleado tendrá sus propios atributos, por ejemplo legajo, sector y categoría. Entonces, se dice que la clase `Empleado` hereda de la clase `Persona`. Si `Persona` no hereda de ninguna otra clase, será una subclase directa de `Object`, por lo que un empleado, además de ser *persona*, también será *object*.

Es muy importante tener presente que todas las clases heredan de la clase base `Object`, pues los métodos de `Object` son comunes a todas las clases.

En este momento, nos interesa abordar especialmente dos métodos de `Object`: `toString` y `equals`.

2.2.3. MÉTODO toString

Todas las clases heredan de la clase Object el método toString. Por lo tanto, podemos invocarlo sobre cualquier objeto de cualquier clase. Tal es así que, cuando hacemos System.out.println(x), siendo x un objeto de cualquier clase, lo que realmente estamos haciendo es:

```
System.out.println(x.toString());
```

Lo anterior se debe a que System.out.println invoca el método toString del objeto que recibe como parámetro; es decir, System.out.println, sea cual fuere el tipo de dato del objeto que le pasemos, estará *seguro* de que tendrá el método toString.

En la clase Fecha podemos *sobrescribir* el método toString para indicar cuál es el formato con el que queremos que se impriman los objetos de la clase.

Cuando en una clase escribimos un método que heredamos de alguna clase base, decimos que lo estamos *sobrescribiendo*.

A continuación, sobrescribiremos el método toString en la clase Fecha.

```java
public class Fecha
{
    private int dia;
    private int mes;
    private int anio;

    // Sobreescribimos el metodo toString
    public String toString()
    {
        // retorno la representacion de fecha que yo quiero
        return dia+"/"+mes+"/"+anio;
    }

    // :
    // setters y getters...
    // :
}
```

Ahora, simplemente podremos imprimir el objeto `f`. La salida será la esperada: 2/10/1970 (considerando el ejemplo que analizamos más arriba).

2.2.4. MÉTODO `equals`

El método `equals` está declarado en `Object` y se utiliza para comparar objetos. El lector recordará que utilizamos este método para comparar cadenas de caracteres. Pues bien, la clase `String` lo hereda de `Object`, y lo sobrescribe para establecer que dos cadenas son iguales entre sí si al comparar uno a uno los caracteres que las componen todos resultan ser iguales.

En nuestro caso, podemos sobrescribir el método `equals` en la clase `Fecha`, e indicar que dos fechas son iguales entre sí si sus atributos día, mes y año también lo son.

```java
public class Fecha
{
    private int dia;
    private int mes;
    private int anio;

    // Sobrescribimos el metodo equals
    public boolean equals(Object o)
    {
        Fecha otraFecha = (Fecha)o;
        return (dia==otraFecha.dia)
            && (mes==otraFecha.mes)
            && (anio==otraFecha.anio);
    }

    // :
    // setters y getters...
    // toString...
    // :
}
```

Como vemos, el método `equals` retorna `true` si *nuestro día* es igual al día de la otra fecha, *nuestro mes* es igual al mes de la otra fecha y *nuestro año* es igual al año de la otra fecha. Si no es así, devuelve `false`.

En el siguiente código, creamos dos objetos tipo `Fecha` y los comparamos entre sí.

```
Fecha f1 = new Fecha();
f1.setDia(2);
f1.setMes(10);
f1.setAnio(1970);

Fecha f2 = new Fecha();
f2.setDia(2);
f2.setMes(10);
f2.setAnio(1970);

if( f1.equals(f2) )
{
    System.out.println("Son iguales :O) ");
}
```

¿Qué sucedería si, queriendo sobrescribir el método `equals`, nos equivocásemos y lo escribiéramos con E (e mayúscula)?

```
public boolean Equals(Object o)
{
    // ...
}
```

Si fuera el caso, no estamos sobreescribiendo el método `equals`, sino que simplemente hemos agregado un nuevo método llamado `Equals`, que no tiene nada que ver con el método `equals` que heredamos de `Object`. Por lo tanto, al comparar dos objetos de la clase `Fecha`, el resultado no será el esperado.

Este tipo de errores se puede prevenir usando *annotations*.

2.2.5. *ANNOTATIONS*

Las *annotations* son indicaciones que se escriben sobre los métodos o los atributos de una clase, con el objetivo de aclarar o acotar algo. Posteriormente, esta información será leída e interpretada por el programa, la máquina virtual o el compilador, que actuarán de uno u otro modo.

En principio, solo nos interesa conocer una *annotation*, que nos permitirá indicarle al compilador que nuestra intención es sobrescribir un método.

Colocando `@Override` sobre el método que queremos sobrescribir, el compilador validará que efectivamente lo estemos sobrescribiendo.

```java
public class Fecha
{
    // atributos

    @Override
    public String toString()
    {
        // ...
    }

    @Override
    public boolean equals(Object o)
    {
        // ...
    }
}
```

Si por descuido escribimos mal el nombre de un método que creemos que estamos sobrescribiendo, al anotarlo con `@Override` el compilador se dará cuenta del error y no compilará.

El siguiente código no compila porque `equals` debe escribirse en minúsculas.

```java
@Override
public boolean Equals(Object o)
{
    // ...
}
```

Las *annotations* se incorporaron al lenguaje de programación a partir de Java5.

2.2.6. DECLARAR Y CREAR OBJETOS

Para utilizar un objeto no alcanza con declarar su identificador (nombre de variable) y su tipo de dato; además hay que *crearlo*. En la siguiente línea de código declaramos un objeto tipo `Fecha`, pero no lo creamos.

```
// Declaramos un objeto tipo fecha
Fecha f;
```

El objeto `f` que acabamos de declarar no está listo para ser usado, porque solo fue declarado, no fue *creado* (instanciado), cosa que sí haremos a continuación:

```
// Creamos (instanciamos) el objeto f
f = new Fecha();
```

Las dos líneas de código anteriores podrían resumirse en una única línea de código, que declare e instancie el objeto `f`.

```
// Declaramos e instanciamos el objeto f de la clase Fecha
Fecha f = new Fecha();
```

En realidad, los objetos son referencias o punteros. Por lo tanto, al declarar un objeto estamos declarando un puntero, cuyo valor inicial será una dirección de memoria nula (`null`). Este objeto solo podrá ser utilizado una vez que apunte a una dirección de memoria válida.

El operador `new` gestiona dinámicamente la memoria necesaria para contener un objeto del tipo de dato que le pasamos como parámetro (en el ejemplo: `Fecha`), y retorna la dirección de memoria del espacio gestionado.

Al declarar un objeto, diremos que lo hemos *creado* o *instanciado* luego de que le hayamos asignado la dirección de memoria que retorna el operador `new`.

¿Qué podría suceder si intentamos utilizar un objeto que se ha instanciado?

Es lo que ocurre en el siguiente ejemplo. Al correrlo, nos aparecerá un error tipo `NullPointerException`.

```java
public class TestFecha
{
    public static void main(String args[])
    {
        // Declaramos el objeto f pero no lo instanciamos
        Fecha f;

        // La siguiente línea tira NullPointerException
        f.setDia(2);

        // Dado el error anterior, las siguientes líneas
        // no se llegan a ejecutar
        f.setMes(10);              // No se ejecuta
        f.setAnio(1970);           // No se ejecuta
        System.out.println(f);     // No se ejecuta
    }
}
```

La salida de este programa será:

```
Exception in thread "main" java.lang.NullPointerException
at TestFecha.main(TestFecha.java:10)
```

Este mensaje de error indica que el programa finalizó abruptamente, *arrojando una excepción* tipo `NullPointerException` en la línea 10 de la clase `TestFecha`, dentro del método `main`.

Vemos también que las líneas de código posteriores no se llegaron a ejecutar.

Más adelante, estudiaremos qué son y cómo se tratan las excepciones. Por el momento, solo diremos que son errores que pueden ocurrir durante la ejecución de un programa Java. En caso de acontecer, el programa finalizará abruptamente.

2.2.7. CONSTRUCTORES

El constructor de una clase es un método, en cierto modo especial, cuyo objetivo es dar valor inicial a los atributos de los objetos, justo en el momento en que estos se están instanciando.

Todas las clases tienen un constructor por defecto, conocido como *constructor nulo*. Además, podemos declarar explícitamente otros constructores.

En el siguiente código, declaramos e instanciamos el objeto f, utilizando el constructor nulo o *constructor por defecto* Fecha().

```
// Instanciamos un objeto a traves del constructor nulo
Fecha f = new Fecha();
```

El constructor de una clase debe tener exactamente el mismo nombre que la clase. Solo se puede invocar en el momento en que se van a instanciar sus objetos, a través del operador new.

Hasta el momento, no hemos declarado explícitamente ningún constructor para la clase Fecha. Por esta razón, los objetos solo pueden instanciarse mediante el constructor nulo.

Sin embargo, resultaría práctico que se pudiera indicar, en el momento de instanciar una fecha, qué valores queremos asignar a sus atributos.

Agregaremos a la clase Fecha un constructor, que recibirá tres valores enteros y los asignará a los atributos día, mes y año del objeto que se están instanciando.

```
public class Fecha
{
    private int dia;
    private int mes;
    private int anio;

    // constructor
    public Fecha(int d, int m, int a)
    {
```

```
    dia = d;
    mes = m;
    anio = a;
}

// :
// setters y getters...
// toString...
// equals...
// :
}
```

En este constructor recibimos los valores para inicializar los atributos del objeto.

También, dentro del constructor podríamos haber invocado los métodos de acceso de los atributos. En tal caso, el código del constructor habría quedado así:

```
// constructor
public Fecha(int d,int m,int a)
{
    setDia(d);
    setMes(m);
    setAnio(a);
}
```

Es importante tener en cuenta que, al declarar explícitamente un constructor, perde-mos el constructor que se genera por defecto. Por lo tanto, el siguiente código, que compilaba perfectamente, ya no compilará.

```
// Esto ya no compila porque, en la clase Fecha,
// no existe un constructor que no reciba parámetros
Fecha f = new Fecha();
```

En cambio, sí podremos crear fechas indicando qué valores iniciales queremos que adquieran sus atributos día, mes y año.

```
// Ahora si... creo la fecha del 2 de octubre de 1970
Fecha f = new Fecha(2,10,1970)
```

2.2.8. BREVE REPASO DE LO VISTO HASTA AQUÍ

Antes de seguir incorporando nuevos conceptos, será conveniente resumir rápidamente todo lo que hemos venido estudiando.

- Todas las clases heredan, directa o indirectamente, de la clase `Object`.
- Los métodos de `Object` son comunes a todas las otras clases.
- De la clase `Object` heredamos los métodos `toString` y `equals`.
- Sobrescribimos el método `toString` para indicar el formato con el cual queremos que `System.out.println` muestre nuestros objetos.
- Sobrescribimos el método `equals` para indicar el criterio con el cual nuestros objetos deben ser comparados entre sí.
- *Sobrescribir* significa reescribir un método que estamos heredando.
- No podemos utilizar objetos sin previamente haberlos instanciado.
- Para instanciar objetos utilizamos el constructor de la clase.
- Todas las clases tienen, al menos, un constructor.
- Podemos programar explícitamente un constructor, o bien utilizar el *constructor por defecto*, también llamado *constructor nulo*.
- Al programar explícitamente un constructor perdemos el constructor nulo.

El siguiente programa resume todo lo anterior.

```
Scanner scanner = new Scanner(System.in);

// El usuario ingresa los datos de una fecha
System.out.print("Ingrese Fecha1 (dia, mes y anio): ");
int dia = scanner.nextInt();
int mes = scanner.nextInt();
int anio = scanner.nextInt();

// Instanciamos un objeto de la clase Fecha
Fecha f1 = new Fecha(dia,mes,anio);

// sigue mas abajo
// :
```

Ahora, repetimos el proceso solicitando los datos necesarios para crear la segunda fecha, e instanciamos al objeto f2.

```java
// :
// viene de mas arriba

// El usuario ingresa los datos de la segunda fecha
System.out.print("Ingrese Fecha2 (dia, mes y anio): ");
dia = scanner.nextInt();
mes = scanner.nextInt();
anio = scanner.nextInt();

// Instanciamos otro objeto de la clase Fecha
Fecha f2 = new Fecha(dia,mes,anio);

// sigue mas abajo
// :
```

Para finalizar, vamos a mostrar por consola los objetos f1 y f2 y compararlos para determinar si ambas fechas son iguales. Cómo se mostrarán y cómo se compararán dependerá de cómo hayamos sobrescrito respectivamente los métodos toString y equals.

```java
// :
// viene de mas arriba

// Mostramos las fechas por consola
System.out.println("Fecha 1 = "+f1);
System.out.println("Fecha 2 = "+f2);

// Comparamos las fechas
if( f1.equals(f2) )
{
    System.out.println("Son iguales !");
}
else
{
    System.out.println("Son distintas...");
}
```

La clase `Fecha` debe tener declarado un constructor que admita recibir tres valores enteros. Debe sobrescribir el método `toString` (para que los objetos de la clase puedan ser representados correctamente) y el método `equals` (para que sus objetos puedan ser comparados de acuerdo con el criterio adecuado).

Repasemos brevemente el código de la clase `Fecha`.

```java
public class Fecha
{
    private int dia;
    private int mes;
    private int anio;

    // constructor
    public Fecha(int d, int m, int a)
    {
        dia = d;
        mes = m;
        anio = a;
    }

    @Override
    public String toString()
    {
        return dia+"/"+mes+"/"+anio;
    }

    @Override
    public boolean equals(Object o)
    {
        Fecha otra =(Fecha)o;
        return dia==otra.dia
            && mes==otra.mes
            && anio==otra.anio;
    }

    // getters y setters...
}
```

2.2.9. CONVENCIONES DE NOMENCLATURA

Existen convenciones de nomenclatura que debemos respetar para que nuestro código sea legible y pueda ser fácilmente comprendido por otros programadores.

2.2.9.1. Nombres de clases

Las clases siempre deben comenzar con mayúscula. Si el nombre de la clase está compuesto por más de una palabra, cada inicial debe estar en mayúscula.

Por ejemplo:

```
public class NombreDeLaClase
{
}
```

2.2.9.2. Nombres de métodos

Los métodos siempre deben comenzar en minúscula. Si el nombre del método está compuesto por más de una palabra, cada inicial, a excepción de la primera, debe estar en mayúscula.

```
public void nombreDelMetodo()
{
}
```

2.2.9.3. Nombres de atributos

Los atributos deben respetar la misma convención que utilizamos para los métodos, esto es, comenzar siempre con minúscula, y si el nombre del atributo se compone de más de una palabra, cada inicial, excepto la primera, debe colocarse en mayúscula.

```
public class Persona
{
    private String nombre;
    private Date fechaDeNacimiento;
}
```

2.2.9.4. Nombres de variables de instancia

Las variables de instancia que no sean atributos pueden declararse a gusto del programador. La única regla es que comiencen con minúscula.

Algunos programadores utilizan la *notación húngara*, que consiste en anteponerle un prefijo a la variable para orientar sobre cuál es su tipo de dato.

Por ejemplo:

```
int iSuma;       // tipo int
boolean bFin;    // tipo boolean
String sNombre;  // tipo String
```

Más adelante, dentro de este mismo capítulo, abordaremos qué son las *variables de instancia*, y qué diferencia existe entre estas y los atributos de una clase.

2.2.9.5. Nombres de constantes

Las constantes siempre se escriben en mayúscula. Si el nombre de la constante está compuesto por más de una palabra, utilizaremos _ (guion bajo) para separarlas.

```
public static final int DIA_DE_LA_SEMANA = 1;
public static final double IMPUESTO = 1.21;
```

2.2.10. SOBRECARGA

En el capítulo anterior vimos que podemos invocar el método `indexOf`, de la clase `String`, pasándole argumentos tipo `char` y `String`.

Por ejemplo, en el siguiente código invocamos dos veces el método `indexOf`: primero le pasamos un `String` (la cadena "e"); luego le pasamos un `char` (el carácter 'e').

```
String s = "Esto es una cadena";
int pos1 = s.indexOf("e"); // retorna 5
int pos2 = s.indexOf('e'); // retorna 5
```

Ambas formas son válidas y funcionan correctamente. Esto es posible porque el método `indexOf` está *sobrecargado*.

Un método está sobrecargado cuando podemos invocarlo con más de una combinación de tipos o cantidades de argumentos. Para sobrecargarlo debemos escribirlo tantas veces como diferentes combinaciones de argumentos queremos que el método en cuestión pueda admitir.

A continuación, veremos cómo sobrecargar el constructor de la clase `Fecha`, de modo tal que podamos crear objetos a partir de los valores de sus atributos; o bien sin ningún valor inicial, a través del constructor nulo.

```java
public class Fecha
{
    private int dia;
    private int mes;
    private int anio;

    // constructor nulo
    public Fecha()
    {
    }

    // constructor que recibe dia, mes y anio
    public Fecha(int d, int m, int a)
    {
        dia = d;
        mes = m;
        anio = a;
    }

    // setters y getters...
    // toString, equals...
}
```

El código que viene a continuación compilará sin inconvenientes, pues ahora el constructor de la clase `Fecha` admite recibir tres valores tipo `int`, o no recibir ningún argumento. Ambas opciones son correctas porque está sobrecargado.

```
// Creamos una fecha indicando los valores iniciales
Fecha f1 = new Fecha(2,10,1970);

// Creamos una fecha sin indicar valores iniciales
Fecha f2 = new Fecha();
f2.setDia(4);
f2.setMes(6);
f2.setAnio(2008);
```

Es importante no confundir *sobrecarga* con *sobreescritura*:

- Sobrecargamos un método cuando lo programamos más de una vez, pero con diferentes tipos o cantidades de parámetros.
- Sobrescribimos un método cuando el que estamos programando es el mismo que heredamos de nuestro padre. En este caso, tenemos que respetar su encabezado (cantidades, tipos de parámetros y tipo de dato del valor de retorno). De lo contrario, en lugar de sobrescribirlo lo estaremos sobrecargando.

Ahora, haremos que la clase `Fecha` permita crear objetos a partir de una cadena de caracteres, cuyo formato será: *"dd/mm/aaaa"*. Para esto, vamos a agregar (sobrecargar) un nuevo constructor.

```
public Fecha(String s)
{
    // programar aquí...
}
```

La estrategia comenzará aceptando que la fecha que recibimos como parámetro en el constructor es: "15/06/1973". Entonces:

1. Buscamos la posición de la primera ocurrencia del carácter '/' (la llamaremos `p1`).
2. Buscamos la posición de la última ocurrencia del carácter '/' (la llamaremos `p2`).
3. Tomamos la subcadena que se ubica entre las posiciones 0 y `p1` (no inclusive), la convertimos a `int` y la asignamos al atributo `dia`.

4. Tomamos la subcadena ubicada entre las posiciones $p1+1$ y $p2$ (no inclusive), la convertimos a `int` y la asignamos en el atributo `mes`.
5. Tomamos la subcadena ubicada a partir de $p2+1$, la convertimos a `int` y la asignamos en el atributo `anio`.

```java
public class Fecha
{
    private int dia;
    private int mes;
    private int anio;

    public Fecha(String s)
    {
        // Buscamos la primera ocurrencia de '/'
        int pos1=s.indexOf('/');

        // Buscamos la ultima ocurrencia de '/'
        int pos2=s.lastIndexOf('/');

        // Procesamos el dia
        String sDia=s.substring(0,pos1);
        dia = Integer.parseInt(sDia);

        // Procesamos el mes
        String sMes=s.substring(pos1+1,pos2);
        mes = Integer.parseInt(sMes);

        // Procesamos el anio
        String sAnio = s.substring(pos2+1);
        anio = Integer.parseInt(sAnio);
    }

    // otros constructores...
    // setters y getters...
    // toString...
    // equals...
    // :
}
```

Ya estamos en condiciones de crear una fecha a partir de una cadena de caracteres.

```java
// Creamos una fecha a partir sus atributos
Fecha f1 = new Fecha(25,10,2018);

// Creamos una fecha a partir de una cadena
Fecha f2 = new Fecha("25/10/2018");

// Trabajamos con las fechas, no importa como se crearon
if( f1.equals(f2) )
{
    System.out.println("Las fechas son iguales !");
}
```

2.2.11. ENCAPSULAMIENTO

Uno de los principales objetivos de la programación orientada a objetos, es encapsular la complejidad de las operaciones relacionadas con los atributos de los objetos de las clases.

Por ejemplo, cuando compramos un televisor, sabemos que el botón rojo del control remoto permite encenderlo. Una vez encendido, con el mismo botón rojo podremos apagarlo. Así que lo encendemos, vemos un programa y lo apagamos.

La acción de encender y apagar el televisor es tan simple que cualquiera de nosotros puede llevarla a cabo sin tener ningún tipo de conocimiento técnico.

El botón rojo del control remoto nos abstrae de cómo y por qué, después de presionarlo, el televisor se enciende o se apaga.

De hecho, como usuarios del televisor, solo estaremos interesados en encenderlo y apagarlo, de ningún modo tendremos interés en conocer los detalles técnicos y electrónicos que ocurren dentro del aparato.

Encapsular un algoritmo

Volviendo a la clase `Fecha`, una operación asociada a sus atributos podría ser *sumarle* o *restarle días*.

La acción de sumarle días a una fecha conlleva un algoritmo de cierto nivel de complejidad. Si lográsemos encapsular ese algoritmo, cualquier programador, sin importar cuánta experiencia o conocimientos tenga, podría invocarlo, sin que necesite siquiera entender su lógica. Es análogo al botón rojo del televisor: lo usamos para encenderlo y apagarlo, pero no sabemos cómo lo hace.

Por lo anterior, el algoritmo para sumarle días a una fecha estará encapsulado dentro de un método que llamaremos `addDias`.

```java
// Creamos una fecha
Fecha f = new Fecha("23/12/1980");

// Le sumamos 180 dias
f.addDias(180);

// Mostramos como quedo modificadad la fecha
System.out.println(f);
```

Por supuesto, ahora tendremos que programar el método `addDias`.

Para simplificar la lógica del problema, aceptaremos que todos los meses tienen 30 días. Por lo tanto, en esta versión de la clase `Fecha`, los años tendrán 360 días (12 meses por 30 días cada uno).

Atento a estas consideraciones, el algoritmo para sumarle días a una fecha consistirá en convertirla a días, agregarle la cantidad de días que le queremos sumar, y calcular a qué año, mes y día del mes corresponde la cantidad de días resultante.

Serán pues tres los métodos que vamos a programar:

- El método `addDias` será el método público que el usuario invocará so-bre los objetos de la clase `Fecha`. Es algo así como el botón rojo que en-capsula el algoritmo.
- El método `toDias` retornará la cantidad de días transcurridos entre el año cero y la fecha en cuestión. No permitiremos que el usuario lo pueda invocar. Por lo tanto, será `private` (privado).
- Finalmente, desarrollaremos el método inverso, `toFecha`, el cual, a partir de una cantidad de días, determinará a qué año, mes y día del mes corresponde esa cantidad, y asignará estos valores a los atributos de la fecha. Este método también será privado.

Comencemos viendo el código del método addDias, que se resuelve invocando toDias para obtener una representación numérica de la fecha. Luego le suma una cantidad de días e invoca toFecha para asignar los nuevos valores a los atributos.

```java
public class Fecha
{
    private int dia;
    private int mes;
    private int anio;

    public void addDias(int n)
    {
        // Obtenemos cuantos dias pasaron desde el anio cero
        int dias = toDias();

        // Sumanos una cantidad de n dias
        dias = dias+n;

        // Asignamos la nueva cantidad a los atributos
        toFecha(dias);
    }

    // sigue mas abajo
    // :
```

Como damos por supuesto que todos los meses tienen 30 días, el método toDias se resuelve multiplicando el año por 360 días. Sumando el mes (menos 1) por 30 días y sumando el día.

```java
    // :
    // viene de mas arriba

    private int toDias()
    {
        return anio*360+(mes-1)*30+dia;
    }

    // sigue mas abajo
    // :
```

Ahora, veamos la operación inversa, `toFecha`, que interpreta la cantidad de días transcurridos a partir del año 0 (cero) y asigna los valores que correspondan a los atributos de la fecha.

```java
// :
// viene de mas arriba
private void toFecha(int dias)
{
    anio = dias/360;
    int resto = dias%360;
    mes = (resto/30)+1;
    dia = resto%30;
}

// constructores, setters, getters,
// toString, equals...
}
```

En el siguiente programa, le pediremos al usuario que ingrese una fecha y una cantidad de días. Luego, le mostraremos qué fecha resulta al sumar los datos que introdujo.

```java
Scanner scanner = new Scanner(System.in);

// El usuario ingresa los datos de la fecha
System.out.print("Ingrese Fecha (dd/mm/aaaa): ");
String sFecha = scanner.next();

// Creamos un objeto de la clase Fecha
Fecha f = new Fecha(sFecha);

// Lo mostramos
System.out.println("La fecha ingresada es: "+f);

// El usuario ingresa una cantidad de dias a sumar
System.out.print("Ingrese dias a sumar: ");
int diasSum = scanner.nextInt();

// Le sumamos esos dias a la fecha
f.addDias(diasSum);
```

```
// Mostramos la nueva fecha (con los dias sumados)
System.out.println("Fecha resultante: "+f);

scanner.close();
```

La implementación del método addDias, que acabamos de desarrollar, ha sido solo una excusa para mostrar cómo los métodos nos ayudan a encapsular la lógica rela-cionada con los atributos de los objetos.

Sin embargo, el algoritmo que implementamos no se corresponde con la realidad, pues por cuestiones didácticas hemos simplificado el problema, aceptando que todos los meses tienen 30 días y, por lo tanto, los años tienen 360.

No hemos tenido en cuenta que existen meses de 31 días, ni que febrero tiene 29 o 28 días, según se trate de año bisiesto. Para resolver todas estas cuestiones, nos apoyaremos en la clase GregorianCalendar.

2.2.12. CLASE GregorianCalendar

Java provee una extensa biblioteca de clases, cuyos métodos resuelven los problemas de programación más comunes. Por ejemplo, la clase GregorianCalendar permite realizar operaciones relacionadas con las fechas.

La forma de utilizar GregorianCalendar es la siguiente:

1. La instanciamos.
2. Le asignamos los valores iniciales: día, mes y año.
3. Invocamos alguna operación (en este caso add, para sumarle días).
4. Invocamos el método get para obtener los valores resultantes.

Utilizando esta clase, podremos desarrollar una implementación mucho más eficiente y realista del método addDias de la clase Fecha.

```
public class Fecha
{
    // atributos...
```

```java
public void addDias(int n)
{
    // Instanciamos un calendar a partir de los atributos
    GregorianCalendar gc = new GregorianCalendar();
    gc.set(Calendar.YEAR,anio);
    gc.set(Calendar.MONTH,mes-1);
    gc.set(Calendar.DAY_OF_MONTH,dia);

    // Le sumamos los dias
    gc.add(Calendar.DAY_OF_MONTH,n);

    // Asignamos los nuevos datos en los atributos
    anio = gc.get(Calendar.YEAR);
    mes = gc.get(Calendar.MONTH)+1;
    dia = gc.get(Calendar.DAY_OF_MONTH);
}

// otros metodos
}
```

Los métodos `toDias` y `toFecha` ya no serán necesarios.

Es importante observar que el prototipo de `addDias` no se ha modificado. Por esto, desde el punto de vista de quien lo invoca (que es el método `main`) no se observa nada diferente. Sería como cambiarle componentes internos al control remoto de la TV.

2.2.13. MÉTODOS OBSOLETOS (*DEPRECATED*)

Las versiones del lenguaje Java siempre se desarrollaron de modo inclusivo respecto de las anteriores. Muchas veces, una nueva versión agrega clases o métodos que vienen a reemplazar a otras clases o métodos ya existentes.

De hecho, la clase `GregorianCalendar` prácticamente reemplaza a la clase `Date` del paquete `java.util`.

Si intentamos compilar el siguiente código, obtendremos un *warning*, que nos advierte de que estamos utilizando métodos obsoletos (en este caso: el constructor). Esto significa que, en algún momento, deberemos reemplazarlos por otros más actuales. Incluso, en Eclipse, los métodos obsoletos o *deprecated* se muestran tachados.

```
// 25 de febrero de 2023
Date d = new Date(2023,2,25);
```

Los métodos obsoletos se llaman *deprecated*. Para omitir esta advertencia utilizaremos la *annotation* @SuppressWarnings("deprecation"). De cualquier modo, lo correcto sería reemplazar los métodos *deprecated* por otros métodos sustitutos y más actuales, que descubriremos al leer la documentación del lenguaje.

```
@SuppressWarnings("deprecation")
Date d = new Date(2019,2,25);
```

También podemos anotar nuestros propios métodos con @Deprecated. De este modo, le estaremos indicando al usuario que han quedado obsoletos. Por ejemplo:

```
public class Fecha
{
    private int dia;
    private int mes;
    private int anio;

    @Deprecated
    public void addDias(int n)
    {
```

Luego de esto, todos los programas que invoquen el método addDias de la clase Fecha continuarán compilando, pero el compilador mostrará el siguiente *warning*:

```
The method addDias(int) from the type Fecha is deprecated
```

2.2.14. VISIBILIDAD DE MÉTODOS Y ATRIBUTOS

Previamente, hemos hablado de *exponer* y *ocultar*. Esto se refiere al nivel de visibilidad que podemos establecer para los métodos y los atributos de una clase.

Los métodos y atributos que declaramos public (públicos) serán visibles desde cualquier otra clase; por el contrario, los métodos y atributos que declaremos private (privados) estarán encapsulados, y sólo podrán ser invocados o manipulados dentro de la misma clase a la que pertenecen.

En la clase Fecha, los atributos dia, mes y anio son private. Esto hace que estén encapsulados y no puedan ser manipulados por fuera de la clase Fecha. Veamos:

```java
public class OtraClase
{
    public static void main(String args[])
    {
        Fecha f = new Fecha(2,10,1970);

        // dia es private, entonces esto no compila
        f.dia = 20; // ERROR
    }
}
```

En cambio, sí podemos invocar cualquier método que haya sido declarado public, como los constructores y los métodos toString, equals y addDias.

En general, se estila declarar private a los atributos y public a los métodos. Si para desarrollar un método complejo necesitásemos estructurarlo en varios métodos más simples, deberíamos declararlos private, y así evitaremos que el usuario los pueda invocar. Este fue precisamente el caso de los métodos toDias y toFecha.

Existen otros dos niveles de visibilidad: protected y *friendly*.

El primero hace que un método o atributo sea visible dentro de la cadena de herencia; es decir, público para las subclases y privado para las demás clases.

El segundo, *friendly*, no existe como tal. Es un modificador tácito que se da cuando omitimos declarar explícitamente alguno de los modificadores anteriores. En otras palabras, si a un miembro de la clase no lo declaramos private, protected o public, por omisión será *friendly*.

Los miembros *friendly* son visibles por todas las clases que comparten el mismo paquete, pero no para las clases ubicadas en otros paquetes.

2.2.15. *PACKAGES* (PAQUETES)

Los paquetes permiten organizar las clases en función de un determinado criterio. Constituyen un *espacio de nombres* o *namespace*, dentro del cual pueden convivir diferentes clases, incluso las que tengan el mismo nombre (siempre y cuando se encuentren ubicadas en diferentes paquetes).

Para indicar que una clase pertenece a un determinado paquete, la primera línea de código debe ser `package`, seguido del nombre del paquete.

¿Qué habría ocurrido si a nuestra clase, en lugar de llamarla `Fecha`, la hubiésemos llamado `Date`? En la biblioteca de clases que provee Java ya existen dos clases que se llaman así. Nuestra clase `Date` hubiera sido la tercera.

¿Cómo pueden convivir tres clases con el mismo nombre? Simplemente porque se encuentran ubicadas en diferentes paquetes.

En Java existe una clase `Date` ubicada en el paquete `java.util` y otra que se ubica en el paquete `java.sql`. Nuestra propia clase `Date` podría quedar ubicada en el paquete `javaafondo.util` o en cualquier otro paquete, según cuál sea el criterio que nos resulte más cómodo.

2.2.15.1.   Nombre simple de una clase

Hasta aquí solo nos hemos referido a las clases a través de su nombre simple, sin tener en cuenta en qué paquetes están ubicadas (por ejemplo, las clases `String` y `Scanner`). Esto no ha causado ningún problema, porque aún no hemos tenido la necesidad de utilizar dos o más clases que se llamen del mismo modo.

2.2.15.2.   Nombre completo de una clase

El nombre completo de una clase está integrado por su nombre simple precedido por el *package* al que pertenece.

De este modo, el nombre completo de la clase `String` es: `java.lang.String`. El nombre completo de la clase `Scanner` es: `java.util.Scanner`. Los nombres completos de las clases `Date`, que previamente mencionamos, son:

- `java.util.Date`,
- `java.sql.Date`.

Si hubiéramos colocado la clase `Fecha` dentro del paquete `javaafondo.util`, el nombre completo de esta clase sería: `javaafondo.util.Fecha`.

Físicamente los paquetes son carpetas. Por lo tanto, si optamos por ubicar la clase `Fecha` en el paquete `javaafondo.util`, el archivo `Fecha.java` que la contiene debe quedar ubicado en la carpeta `$CLASSPATH\javaafondo\util`. Cada carácter ● (punto) indica una subcarpeta, y la z base es el *classpath*.

2.2.16. ESTRUCTURA DE PAQUETES Y `CLASSPATH`

Lo usual es que un proyecto Java se ubique dentro de una carpeta que llamaremos carpeta del proyecto. En Eclipse, por ejemplo, la carpeta *workspace* agrupa las diferentes carpetas de proyecto, de todos los que vamos desarrollando.

La variable *CLASSPATH*

Dentro de la carpeta del proyecto existen dos subcarpetas cuya estructura es idéntica: la carpeta `src`, que contiene el código fuente de las clases (`.java`); y la carpeta `bin`, que contiene las clases compiladas (`.class`).

Llamaremos *package root* a la subcarpeta de la carpeta del proyecto, a partir de la cual se encuentran ubicados los paquetes que contienen a las clases. Generalmente, el *package root* son las carpetas `src` y `bin`.

Por ejemplo, si ubicamos la clase `Fecha` en el paquete `javaafondo.util`, y establecemos que la carpeta del proyecto sea `proyecto1`, el *package root* será: `c:\workspace\proyecto1\bin`. La estructura de carpetas quedará organizada como se muestra en la figura 2.1.

Por supuesto, si trabajamos con una herramienta de desarrollo como Eclpse, esta estructura se gestionará automáticamente y para nosotros resultará totalmente transparente.

Para ejecutar un programa Java desde afuera de Eclipse, todas las clases que desarrollamos en nuestro proyecto, así como las bibliotecas y clases provistas por terceras partes que hayamos utilizado en nuestro programa, deben estar señaladas por la variable `CLASSPATH`.

CLASSPATH es una variable de entorno del sistema operativo que le indica a Java cuál es el *package root* y cuáles son los archivos .zip o .jar que contienen las clases externas que nuestro programa va a utilizar.

```
c:\
+--workspace\
|   |
|   +--proyecto1\
|        |
|        +--src\
|        |   |
|        |   +--javaafondo\
|        |        |
|        |        +--util\
|        |        |   |
|        |        |   +--Fecha.java
|        |        |   |
|        |        |   +--TestFecha.java
|        |
|        +--bin\
|            |
|            +--javaafondo\
|                 |
|                 +--util\
|                 |   |
|                 |   +--Fecha.class
|                 |   |
|                 |   +--TestFecha.class
|
+--libs\
|   |
|   +--masclases.jar
|   +--otrasclases.jar
|   +--todaviamasclases.zip
|
:
```

Figura 2.1. Estructura típica de un proyecto Java.

Según la estructura de la figura 2.1., el CLASSPATH del sistema podría ser algo así:

```
set CLASSPATH=c:\workspace\proyecto1\bin;c:\libs\masclases.jar;
c:\libs\otrasclases.jar;c:\libs\todaviamasclases.zip
```

2.2.17. *APLICATION PROGRAMMING INTERFACE* (API)

Generalmente, los paquetes agrupan clases en función de un determinado criterio, como ser las clases utilitarias, las que proveen acceso a la base de datos o las que proporcionan conectividad. En ocasiones, un determinado paquete constituye una API.

Javadoc

Llamamos API al conjunto de paquetes, clases y métodos disponibles para desarrollar nuestros programas.

El conjunto de todos los paquetes que provee la biblioteca de Java es la API de Java.

También sería correcto decir, por ejemplo, que el paquete `java.net` es la API de *networking*, y el paquete `java.sql` es la API de acceso a bases de datos (JDBC).

Resumiendo, una API es un paquete o un conjunto de paquetes cuyas clases son funcionalmente homogéneas y están a nuestra disposición, de modo tal que podemos utilizarlas en el desarrollo de nuestros programas.

Las API Java suelen documentarse usando páginas HTML, que se generan automáticamente con una herramienta llamada `javadoc`, que se provee como parte de JSE (la edición estándar de Java).

Es habitual utilizar API provistas por terceras partes, también desarrollar nuestras propias API y ponerlas a disposición de terceros. Dado que una API puede contener cientos o miles de clases, se utiliza una herramienta para unificar todos los archivos `.class` en un único archivo con extensión `.jar`. La herramienta que realiza este trabajo se llama `jar` y también está incluida en JSE (aunque en su lugar también podríamos usar WinRar).

2.2.18. REPRESENTACIÓN GRÁFICA UML

El lenguaje unificado de modelado UML (*Unified Modeling Language*) es el lenguaje gráfico de objetos más difundido y utilizado. Provee una gran variedad de diagramas que facilitan las tareas de análisis, diseño y documentación de sistemas.

Aunque UML excede el alcance de este libro, utilizaremos algunos de sus diagramas cuando considere que puedan aportar claridad a los conceptos analizados.

En este caso, utilizaremos un *diagrama de clases y paquetes* para representar lo que estudiamos antes.

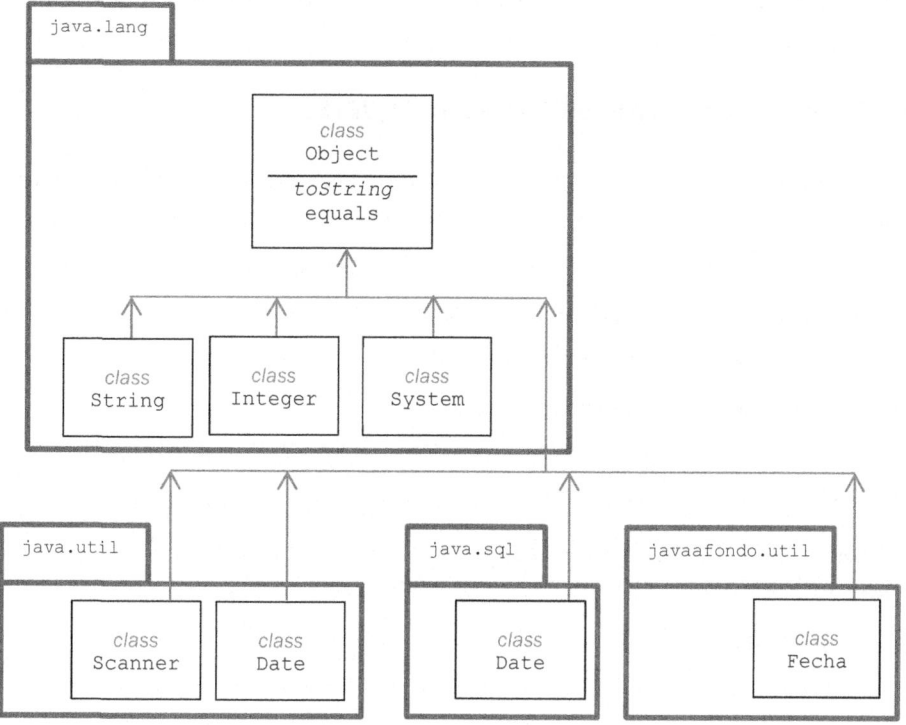

Figura 2.2. Diagrama UML de clases (con paquetes).

Este diagrama muestra algunas de las clases que hemos venido utilizando y las ubica dentro del paquete al que pertenecen. También representa la relación de herencia que existe entre estas clases y la clase base `Object`, donde se destacan los métodos: `equals` y `toString`.

Debemos interpretar que todas las clases, por heredar de `Object`, heredan los métodos `equals` y `toString`. Aunque la clase `Object` tiene más métodos, aquí no resultan relevantes, por lo cual en el diagrama solo resaltaremos aquellos elementos que sí nos interesa destacar.

Podemos observar que existen dos clases `Date`. Estas no ocasionan ningún problema, porque cada una está ubicada en un paquete diferente.

Como mencionamos previamente, la clase `Object` tiene más métodos, los paquetes `java.lang`, `java.util` y `java.sql` tienen más clases, y la API Java tiene más paquetes; pero en el diagrama solo representamos aquellos elementos que nos interesa visibilizar, omitimos los que sean irrelevantes.

2.2.19. IMPORTAR CLASES DE OTROS PAQUETES

La sentencia `import` nos permite utilizar clases que se encuentren ubicadas en cualquier otro paquete, que no necesariamente tiene por qué coincidir con el que se ubica el programa principal, o clase que contiene al método `main`.

(Por cuestiones de simplicidad, preferí omitir las líneas de `package` e `import` en los ejemplos de código que se exponen en la obra.)

Veremos cómo debería ser el encabezado de la clase `Fecha`.

```
package javaafondo.util;

import java.util.Calendar;
import java.util.GregorianCalendar;

public class Fecha
{
    // :
```

El encabezado de la clase `TestFecha`, que desarrollamos para probar el funcionamiento de la clase `Fecha`, asumiendo que se encuentra ubicada en el paquete `javaafondo`, sería así:

```
package javaafondo;

import javaafondo.util.Fecha;

public class TestFecha
{
    // :
```

Sin embargo, hemos utilizado muchas otras clases sin necesidad de importarlas, por ejemplo `String`, `System` e `Integer`. Todas estas, y muchas más, están ubicadas en el paquete `java.lang`, que se importa automáticamente, por lo cual todas sus clases siempre están disponibles para que podamos utilizarlas.

Si el lector tiene conocimientos de lenguaje C, probablemente relacionará la sentencia `import` con la instrucción de preprocesador `#include`. Pues bien, no funcionan de la misma manera: la primera solo define referencias, rutas en las que el compilador debe buscar las clases que utilizamos en nuestro programa; en cambio, la segunda incluye físicamente el contenido de un archivo dentro de otro.

2.3. HERENCIA Y POLIMORFISMO

Como mencionamos anteriormente, la herencia permite definir nuevas clases en función de otras ya existentes.

Por ejemplo, la clase `Profesor` podría definirse a partir de la clase `Persona`, ya que un profesor es una persona. Un objeto *profesor* tendrá todos los atributos que establece la clase `Persona`, que podrían ser: nombre, fecha de nacimiento, etc., más los atributos propios que se declaren en la clase `Profesor`, por ejemplo: tipo de contrato, área de conocimiento, etc.

La subclase, o clase derivada, hereda los métodos y atributos de la clase base. Esto hace posible que, partiendo de una base, podamos redefinir el comportamiento de los métodos heredados o extender su funcionalidad.

En la sección anterior, trabajamos con la clase `Fecha`. Supongamos que no tenemos acceso al código de esta clase, es decir, que la podemos utilizar pero no la podemos modificar, porque tal vez fue provista por terceras partes. Partamos de la base de que no la hemos desarrollado nosotros.

La clase `Fecha` nos es útil, funciona bien y ha resultado práctica. Sin embargo, queremos modificar la forma en que un objeto fecha se representa a sí mismo cuando se invoca su método `toString` (recordemos que no la podemos modificar porque estamos aceptando que nosotros no la hemos desarrollado).

La solución será crear una nueva clase que herede de `Fecha` y modifique el modo en que esta se representa como cadena. Esto podremos lograrlo sobrescribiendo el método `toString`. Llamaremos a la nueva clase `FechaDetallada` y haremos que se represente así: "4 de junio de 2018", aceptando que la fecha es 4/6/2018.

```
packate masclases;
import javaafondo.util.Fecha;

public class FechaDetallada extends Fecha
{
    private static String meses[] = {"Enero"
                                    ,"Febrero"
                                    ,"Marzo"
                                    ,"Abril"
                                    ,"Mayo"
                                    ,"Junio"
                                    ,"Julio"
                                    ,"Agosto"
                                    ,"Septiembre"
                                    ,"Octubre"
                                    ,"Noviembre"
                                    ,"Diciembre"};

    public String toString()
    {
        int m = getMes()-1;
        return getDia()+" de "+meses[m]+" de "+getAnio();
    }
}
```

La clase `FechaDetallada` hereda de la clase base `Fecha` y sobrescribe el método `toString` para retornar una representación con más nivel de detalle que la que provee su clase base.

Para indicar que una clase hereda de otra utilizamos la palabra `extends`. Decimos entonces que `FechaDetallada` *extiende* a `Fecha`.

Otras expresiones válidas son:

- `FechaDetallada` *hereda de* `Fecha`.
- `FechaDetallada` *es una especie de* `Fecha`.
- `FechaDetallada` *es hija de* `Fecha`.
- `FechaDetallada` *es una subclase de* `Fecha`.
- `FechaDetallada` *subclasea* a `Fecha`.

La lógica de programación que utilizamos para resolver el método `toString` en la clase `FechaDetallada` es simple: declaramos un `String[]` (léase: *string array*) con los nombres de los meses. Luego, retornamos una cadena de caracteres concatenando el día, seguido del nombre del mes y el año.

Por ejemplo, observemos que, si la fecha corresponde al mes 10, el nombre "Octubre" lo encontraremos en la posición 9 del *array,* porque en Java los *arrays* comienzan a partir de la posición cero.

El *array* `meses` fue declarado `static`, lo que significa que es una variable de clase (trataremos sobre este asunto más adelante).

Cabe mencionar que, para acceder a los atributos `dia`, `mes` y `anio` que la clase `FechaDetallada` hereda de `Fecha`, fue necesario utilizar sus métodos de acceso. Esto se debe a que esos atributos son privados, y aunque existen en la subclase, solo se podrá acceder a ellos a través de sus *setters* y *getters*.

Probemos la clase `FechaDetallada` con el siguiente programa:

```java
package masclases;
public class TestFechaDetallada
{
    public static void main(String[] args)
    {
        FechaDetallada f = new FechaDetallada();
        f.setDia(25);
        f.setMes(10);
        f.setAnio(201);
        System.out.println(f);
    }
}
```

En este programa creamos un objeto tipo `FechaDetallada`, le asignamos valor a sus atributos y lo imprimimos.

Por desgracia los constructores no se heredan, así que, de momento, la clase `FechaDetallada` solo tiene el constructor nulo. Para agregar el constructor que recibe un `String`, bastará con agregar las siguientes líneas de código.

```
public FechaDetallada(String f)
{
    super(f);
}

public FechaDetallada(String f)
{
}
```

En el siguiente diagrama vemos representado el ejemplo anterior.

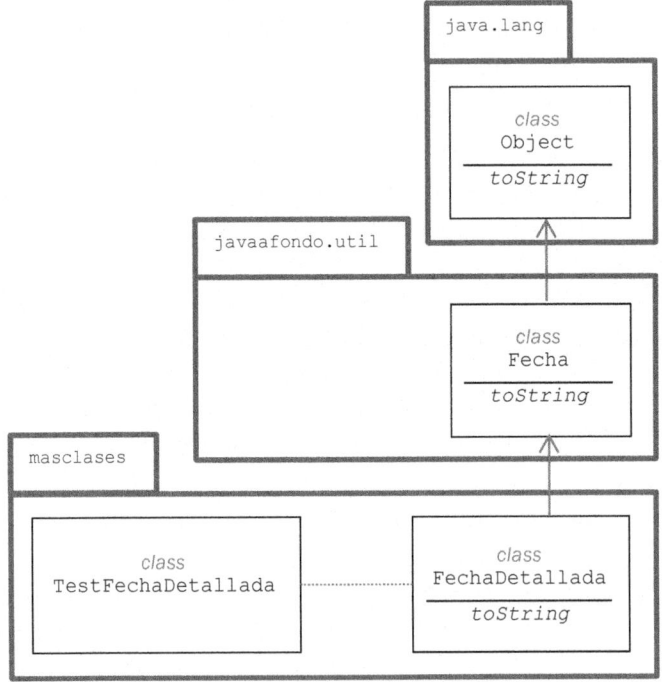

Figura 2.3. Relación de herencia entre las clases.

En el diagrama, vemos representada la relación de herencia que existe entre las clases FechaDetallada, Fecha y Object, cada una en su propio paquete. También queda en evidencia que el método toString se sobrescribe en Fecha y en FechaDetallada, pues ambas clases lo heredan de Object. Por último, vemos que la clase TestFechaDetallada *usa* a la clase FechaDetallada.

Obviamente, la clase `TestFechaDetallada` también es una subclase de `Object`. Sin embargo, esta relación de herencia no es relevante en nuestro ejemplo, por lo que no es necesario exponerla en el diagrama.

2.3.1. POLIMORFISMO

Los objetos nunca dejan de reconocerse como miembros de una determinada clase. Por tal motivo, independientemente de cuál sea el tipo de dato de la variable que los contenga, ante la invocación de cualquiera de sus métodos, siempre reaccionarán como lo indique su propia clase.

Más simple será analizarlo sobre un ejemplo concreto, como es el caso del siguiente programa, donde asignamos un objeto tipo `FechaDetallada` a una variable tipo `Fecha`, y otro objeto `FechaDetallada` a una variable tipo `Object`. Luego, invocamos el método `toString` sobre ambos objetos.

```java
public static void main(String args[])
{
    Fecha fec = new FechaDetallada("25/02/2017");
    Object obj = new FechaDetallada("3/12/2018");

    System.out.println("fec = "+fec); // invoca toString
    System.out.println("obj = "+obj); // invoca toString
}
```

Aunque el tipo de dato de la variable `fec` sea `Fecha`, igual puede contener un objeto `FechaDetallada`, porque esta última hereda de `Fecha`. A su vez, como `Fecha` hereda de `Object`, un objeto `FechaDetallada` puede ser asignado a una variable tipo `Object`. Después de imprimir los objetos `fec` y `obj`, la salida del programa será la siguiente:

```
fec = 25 de Febrero de 2017
obj = 3 de Diciembre de 2018
```

Aunque el tipo de dato de `fec` sea `Fecha` y el tipo de `obj` sea `Object`, ambos se imprimieron con el formato que establece la clase `FechaDetallada`, porque ambas variables contienen objetos (instancias) de esta clase.

Así, por *polimorfismo* se invocará el método `toString` declarado en la clase del objeto (recordemos que `System.out.println(x)` imprime la cadena que retorna el método `toString` del objeto *x*).

Para terminar de comprender la idea, pensemos en un método que permita imprimir un conjunto de objetos. Este método recibirá un `Object[]` (léase: *object array*), el cual lo recorrerá y mostrará por consola a cada uno de sus elementos.

```java
public class MuestraConjunto
{
    public static void mostrar(Object[] arr)
    {
        for(int i=0; i<arr.length; i++)
        {
            System.out.println("arr["+i+"] = "+ arr[i]);
        }
    }
}
```

Como vemos, dentro del método `mostrar` no conocemos cuál es el tipo de dato de los elementos del *array*, solo sabemos que son `Object`. Y como todas las clases son subclases de `Object`, potencialmente el tipo de dato de `arr[i]` podría ser cualquiera. Es decir, el *array* podría contener una fecha, una persona, una cadena, etc.

Sin embargo, lo anterior no representa ningún tipo de problema, pues cada objeto sabe a qué clase pertenece, así que reaccionará invocando el método `toString` que hayamos programado en esa clase.

Veamos ahora el programa principal, donde invocamos el método `mostrar`.

```java
public static void main(String args[])
{
    Object x[]={5,"Hola",new FechaDetallada("2/10/2023")};
    MuestraConjunto.mostrar(x);
}
```

En el ejemplo anterior, declaramos un `Object[]` con un entero, una cadena y una fecha detallada. Todos estos objetos, pese a ser de diferentes tipos de dato, están contenidos en variables tipo `Object`. Así y todo, cada uno *sabe* qué versión de `toString` debe ejecutar. Eso es polimorfismo.

La salida del programa anterior será:

```
arr[0] = 5
arr[1] = Hola
arr[2] = 2 de Octubre de 2023
```

Polimorfismo es la característica fundamental de la programación orientada a objetos. (Profundizaremos en esto a lo largo de este capítulo. Por el momento, baste con esta breve explicación.)

Antes de terminar, debemos mencionar que el método `mostrar` es estático, lo que lo convierte en un *método de la clase*. Aunque esta cuestión la analizaremos más adelante, podemos observar que dentro del método `main` lo invocamos directamente haciendo: `MuestraConjunto.mostrar`. Es el mismo caso que `Integer.parseInt`, que utilizamos para convertir cadenas a números enteros.

2.3.2. CONSTRUCTORES DE SUBCLASES

Lo primero que hace el constructor de una subclase es invocar el constructor de su padre. Si esto no lo programamos explícitamente, por omisión invocará el constructor nulo; si no existe, se generará un error de compilación.

En la clase `FechaDetallada`, no hemos programado ningún constructor, por lo tanto el único disponible será el constructor nulo, que lo único que hará será invocar el constructor nulo de su clase base (`Fecha`).

Si `Fecha` no tuviera declarado el constructor nulo, ocurriría el siguiente error de compilación, advirtiendo que falta el constructor nulo en la clase `Fecha`.

```
Implicit super constructor Fecha() is undefined
for default constructor. FechaDetallada.java (line 6)
```

(En este mensaje de error vemos que aparece la palabra `super`. A continuación veremos qué significa y para qué sirve.)

2.3.3. REFERENCIA super

Usada como puntero, `super.unMetodo`(*arg1,arg2,arg3*) hace referencia a un método de la clase base, permitiendo pasar por alto a su versión sobrescrita.

Usada como método, `super`(*arg1,arg2,arg3* funciona como un constructor de la clase base y solo puede invocarse dentro del constructor de la clase derivada. Esto permite invocar a los constructores de la clase base.

```java
public class FechaDetallada extends Fecha
{
    // :
    // definicion del array meses...
    // :

    public FechaDetallada(int dia,int mes,int anio)
    {
        // Invocamos el constructor del padre
        super(dia,mes,anio);
    }

    public FechaDetallada(String s)
    {
        // Invocamos el constructor del padre
        super(s);
    }

    public FechaDetallada()
    {
        // Invocamos el constructor del padre
        super();
    }

    // :
    // metodo toString...
    // :
}
```

`FechaDetallada` ahora tiene los mismos constructores que `Fecha`. En cada constructor invocamos explícitamente el constructor del padre, para lo cual usamos la palabra `super`. Es decir, `super` es el constructor del padre (el constructor de la clase `Fecha`). Dependiendo de qué argumentos le pasemos, `super` será el constructor del padre que concuerde con esa combinación de parámetros.

¿Qué ocurriría si no invocásemos explícitamente el constructor del padre dentro de cualquiera de estos constructores?

1. Por omisión, se invocará el constructor nulo de la clase `Fecha`. Esto no ocasionará ningún error de compilación, pues tal constructor existe.

2. Como el constructor nulo de `Fecha` no hace nada porque está vacío, sus atributos `dia`, `mes` y `anio` no recibirán ningún valor y quedarán en 0 (cero), que es el valor por defecto para los `int`.

3. Cuando `System.out.println` imprima una fecha detallada, invocará el método `toString`. Dentro de este método accedemos a `meses[mes-1]` para mostrar el nombre del mes.

4. Según vimos en el punto 2, el valor de `mes` es 0, por lo tanto `mes-1` será negativo, lo cual ocasionará el siguiente error en tiempo de ejecución: `ArrayIndexOutOfBoundException`, lo que pone de manifiesto que estamos intentando acceder a un *array* por fuera de sus límites.

```
Exception in thread "main"
java.lang.ArrayIndexOutOfBoundsException: -1
at javaafondo..FechaDetallada.toString(FechaDetallada.java:42)
at java.lang.String.valueOf(String.java:2577)
at java.io.PrintStream.print(PrintStream.java:616)
at java.io.PrintStream.println(PrintStream.java:753)
at....TestFechaDetallada.main(TestFechaDetallada.java:15)
```

Como ya mencionamos, la palabra `super` funciona como el constructor del padre de la clase. Las clases tienen un único padre, pues en Java no existe la herencia múltiple. Dependiendo de los argumentos que le pasemos a `super` (cantidad y tipos de dato), el constructor del padre que se invocará será aquel que concuerde exactamente con esa combinación.

La palabra `super` también puede utilizarse como objeto; en tal caso será una referencia directa al padre o clase base. Lo veremos en el siguiente ejemplo, donde usamos `super` para indicar que queremos invocar el método `toString` de nuestro padre y no al nuestro. Si no usásemos `super` para referenciar al método `toString` de nuestro padre, estaríamos entrando en un proceso de recursión.

```
@Override
public String toString()
{
    // super es una referencia a nuestro padre
    return super.toString()+", agregamos esto!!!";
}
```

2.3.4. REFERENCIA this

Así como super hace referencia al constructor del padre, this hace referencia a los otros constructores de la misma clase.

Para ejemplificar su uso, replantearemos el desarrollo de los constructores de la clase FechaDetallada, de la siguiente manera:

```
public class FechaDetallada extends Fecha
{
    // definicion del array meses...
    public FechaDetallada(int dia,int mes,int anio)
    {
        super(dia,mes,anio);
    }

    public FechaDetallada()
    {
        // Invocamos el constructor de tres enteros
        // pasandole una fecha por defecto
        this(1,1,1970);
    }

    // contructor que recibe un String
    // metodo toString...
    // :
}
```

Dentro del constructor nulo hemos invocado el constructor que recibe tres valores enteros, pasándole por omisión 1, 1 y 1970. De este modo, le estamos asignando valores iniciales a los atributos de la instancia de Fecha que está siendo creada.

La palabra this también funciona como un puntero a *nosotros mismos*, lo que nos permite indicar, por ejemplo, que estamos haciendo referencia a una variable de instancia. Esto lo vemos a continuación, donde this nos permite diferenciar entre el atributo dia (variable de instancia) y el parámetro dia (variable del método).

```java
public void setDia(int dia)
{
    // Asignamos el valor del parametro dia al atributo dia
    this.dia = dia;
}
```

Con this.dia nos referimos al atributo dia (miembro o variable de instancia de la clase), diferenciándolo del parámetro dia, que simplemente es una variable automática del método.

Análogamente, en getDia retornamos el valor de la variable de instancia dia.

```java
public int getDia()
{
    return this.dia;
}
```

Como en este caso no existe confusión posible, podríamos haber omitido la palabra this, pues ninguno de los parámetros de getDia coincide con el nombre de algún atributo ni variable de instancia.

Los conceptos *instancia*, *atributo* y *variable de instancia* los abordaremos en detalle más adelante, dentro de este mismo capítulo.

2.3.5. CLASE ABSTRACTA

En ocasiones, podemos reconocer la existencia de objetos que pertenecen a una misma clase pero cuyas operaciones se realizan de modos muy diferentes. El caso típico son las *figuras geométricas*.

Nadie discutiría que una figura geométrica describe un área cuyo valor se puede calcular; sin embargo, para calcularlo, será necesario conocer concretamente cuál es la figura geométrica en cuestión.

Es decir, no alcanza con saber que se trata de una figura geométrica, también necesitaremos conocer cuál es en concreto.

Dicho de otro modo, podemos calcular el área de un rectángulo, de un círculo y de un triángulo, pero no podemos calcular el área de una figura geométrica sin saber qué tipo de figura es.

Una *clase abstracta* es una clase que, por falta de información concreta, tiene métodos que no podemos desarrollar. Estos métodos se llaman *abstractos* y solo podremos programarlos en las subclases, donde esta información sí estará disponible.

En nuestro ejemplo, `FiguraGeometrica` será una clase abstracta y tendrá un único método abstracto: el método `area`.

```java
public abstract class FiguraGeometrica
{
    // metodo abstracto
    public abstract double area(); // no tiene cuerpo

    public String toString()
    {
        return "area = " + area();
    }
}
```

Las clases abstractas se declaran con la palabra `abstract`. Como el método `area` es un método abstracto, también debe declararse con la palabra `abstract` y no puede tener cuerpo. Su declaración finaliza con `;` (punto y coma).

Las clases abstractas no pueden ser instanciadas, porque tienen métodos que aún no han sido programados; es decir, no podemos crear objetos de aquellas clases que fueron declaradas como `abstract class`.

Por lo anterior, el siguiente código no compila:

```
// MAL, esto no compila
FiguraGeometrica fg = new FiguraGeometrica();
```

En `FiguraGeometrica` sobrescribimos `toString` y dentro de este invocamos `area` (que es abstracto). ¿Esto es correcto? Si lo fuera, ¿qué sentido tendría?

Las clases abstractas deben ser *subclaseadas*. Una clase que extiende a una clase abstracta tendrá que sobrescribir todos los métodos abstractos de su padre; de lo contrario, la subclase también será una clase abstracta y no se podrá instanciar.

Dicho lo anterior, pensemos en figuras geométricas concretas: círculo, rectángulo y triángulo. Estas clases deben ser subclases de la clase `FiguraGeometrica`. Al tratarse de figuras concretas, podremos sobrescribir adecuadamente el método `area`.

Por ejemplo, el área de un círculo se calcula como: $\pi * radio^2$ (PI por radio al cuadrado). El área de un rectángulo es: base*altura, y el de un triángulo: base*altura/2.

```java
public class Rectangulo extends FiguraGeometrica
{
    private double base;
    private double altura;

    public Rectangulo(double b, double h)
    {
        base = b;
        altura = h;
    }

    public double area()
    {
        return base*altura;
    }

    // :
    // setters y getters
    // :
}
```

Como podemos observar, en la clase `Rectangulo` declaramos los atributos que identifican al rectángulo (base y altura) y sobrescribimos el método `area`, retornando el producto de los mencionados atributos: `base*altura`.

Lo mismo haremos en las clases `Circulo` y `Triangulo`.

```java
public class Circulo extends FiguraGeometrica
{
    private double radio;

    public Circulo(double r)
    {
        radio = r;
    }

    public double area()
    {
        // Retornamos "PI por radio al cuadrado"
        return Math.PI*Math.pow(radio,2);
    }

    // :
    // setters y getters
    // :
}
```

En Java, el número π (pi) está declarado como una constante estática de la clase `Math`. Podemos acceder a su valor a través de `Math.PI`. Para calcular la potencia $radio^2$ (radio al cuadrado) utilizamos el método `pow`, también estático y declarado en la misma clase `Math`.

Aunque más adelante profundizaremos sobre los métodos estáticos, ya sabemos que son aquellos que se pueden invocar directamente sobre la clase, sin necesidad de instanciarla.

Algunos ejemplos son:

- `Math.pow`
- `Integer.parseInt`
- `System.out.println`

```
public class Triangulo extends FiguraGeometrica
{
    private double base;
    private double altura;

    public Triangulo(int b,int h)
    {
        base = b;
        altura = h;
    }

    public double area()
    {
        return base*altura/2;
    }

    // :
    // setters y getters
    // :
}
```

En el siguiente programa usamos estas clases:

```
Circulo c = new Circulo(4);
Rectangulo r = new Rectangulo(10,5);
Triangulo t = new Triangulo(3,6);
System.out.println(c);
System.out.println(r);
System.out.println(t);
```

La salida será:

```
area = 50.26548245743669
area = 50.0
area = 9.0
```

Este resultado demuestra que:

- Las clases `Circulo`, `Rectangulo` y `Triangulo` heredan el método `toString`, declarado en `FiguraGeometrica` y heredado de `Object`. Dentro de este método invocamos el método abstracto `area`.
- Cuando en `toString` se invoca el método `area` (que es abstracto), en realidad se está invocando el método `area` de la clase concreta a la cual pertenece el objeto sobre el que se invocó `toString`.

Por este motivo, el área de las tres figuras declaradas en el programa principal se calcula correctamente.

2.3.6. CONSTRUCTORES DE CLASES ABSTRACTAS

Que una clase abstracta no pueda ser instanciada no significa que no pueda tener constructores. De hecho, como sucede con todas las clases, si no declaramos explícitamente un constructor, igual disponemos del constructor nulo o por defecto.

¿Qué sentido tiene declarar un constructor en una clase que no podremos instanciar?

El sentido es forzar a las subclases a asignarle valores iniciales a los atributos de la clase base, que en este caso es una clase abstracta.

Agregaremos el atributo `nombre` en la clase `FiguraGeometrica`, y también un constructor que reciba un valor para asignarle a ese atributo. Así, cada figura podrá guardar su nombre y su método `toString` aportará información más precisa.

```java
public abstract class FiguraGeometrica
{
    private String nombre;

    public abstract double area();

    // Agregamos un contructor
    public FiguraGeometrica(String nom)
    {
        nombre = nom;
    }

    // Ahora en el toString tambien mostramos el nombre
    public String toString()
    {
```

```
        return nombre +" (area = "+ area()+") ";
    }

    public String getNombre()
    {
        return nombre;
    }

    public void setNombre(String nombre)
    {
        this.nombre = nombre;
    }
}
```

Ahora, vamos a modificar las subclases para invocar, explícitamente, al constructor que declaramos en la clase base.

```
public class Rectangulo extends FiguraGeometrica
{
    private double base;
    private double altura;

    public Rectangulo(double b, double h)
    {
        // Constructor del padre
        super("Rectangulo");
        base = b;
        altura = h;
    }

    // :
    // metodo area
    // setters y getters...
    // :
}
```

Lo primero que debemos hacer en el constructor de una subclase es invocar el constructor de la clase base. Como el constructor de FiguraGeometrica recibe el nombre de la figura, al invocarlo explícitamente se lo pasaremos como argumento (como si lo estuviésemos hardcodeando, que de hecho lo hacemos). De todos modos, se trata del nombre de una figura geométrica, así que nunca va a cambiar.

```java
public class Circulo extends FiguraGeometrica
{
    private int radio;

    public Circulo(int r)
    {
        // invocamos explicitamente hardcodeando "Circulo"
        super("Circulo");
        radio = r;
    }

    // :
    // metodo area
    // setters y getters...
    // :
}
```

```java
public class Triangulo extends FiguraGeometrica
{
    private double base;
    private double altura;

    public Triangulo(int b, int h)
    {
        super("Triangulo");
        base = b;
        altura = h;
    }

    // :
    // metodo area
    // setters y getters...
    // :
}
```

Ahora, ejecutando el programa principal tendremos la siguiente salida:

```
Circulo (area = 50.26548245743669)
Rectangulo (area = 50.0)
Triangulo (area = 9.0)
```

Por último, mencionamos que los métodos estáticos pueden invocarse directamente sobre las clases sin necesidad de instanciarlas.

Podríamos declarar un método estático en la clase `FiguraGeometrica` para calcular el área promedio de un conjunto de figuras.

Que una clase sea abstracta no significa que no pueda tener métodos concretos, sean estos estáticos o no.

```java
public abstract class FiguraGeometrica
{
    private String nombre;

    // metodo abstracto
    public abstract double area();

    public static double prom(FiguraGeometrica arr[])
    {
        int sum=0;
        for(int i=0; i<arr.length; i++ )
        {
            sum += arr[i].area();
        }

        return sum/arr.length;
    }

    // :
    // constructor
    // setters y getters...
    // :
}
```

Es muy importante apreciar el nivel de abstracción que logramos al combinar métodos abstractos y polimorfismo.

En el método `prom` recorremos el conjunto de figuras geométricas invocando sobre cada una al método `area`, sin preocuparnos por averiguar cuál es la figura concreta. No nos interesa saber de qué figura geométrica estamos hablando, pues, sea cual sea, será capaz de informarnos de su área.

Por polimorfismo, cada figura calculará su área tal y como lo establezca su propia clase y en función de sus propios atributos. Porque, como mencionamos previamente, los objetos siempre recuerdan a qué clase pertenecen.

El siguiente programa declara un *array* de figuras geométricas y calcula su área promedio invocando el método `prom`.

```
FiguraGeometrica arr[] = { new Circulo(23)
                          ,new Rectangulo(12,4)
                          ,new Triangulo(2,5) };

double prom = FiguraGeometrica.prom(arr);
System.out.println("Promedio = " + prom);
```

2.3.7. INSTANCIAS

Decimos que *los objetos son instancias de las clases* porque los valores de cada uno de sus atributos varían de un objeto a otro.

Por ejemplo, si pensamos en la clase `Persona`, y esta tuviera los atributos `nombre` y `fechaNacimiento`, las instancias de la clase serían las diferentes personas.

{"Pablo", 2-10-1970}, {"Juan", 16-08-1985}, {"Pedro", 14-12-1996}

Las expresiones *crear un objeto* e *instanciar la clase* muchas veces se utilizan como sinónimos, aunque no necesariamente *instanciar* implica *crear un objeto*, en el sentido de declarar una variable que lo contenga.

A continuación, declaramos la clase `X` con los atributos `a` y `b`, un constructor, y el método `toString`. Más abajo, un programa que la utiliza.

```
public class X
{
    private int a;
```

```java
    private int b;

    public X(int a, int b)
    {
        this.a = a;
        this.b = b;
    }

    @Override
    public String toString()
    {
        return "("+a+","+b+")";
    }

    // :
    // setters y getters...
    // :
}
```

En el siguiente programa, x1 y x2 son dos objetos de la clase X. Sería correcto decir que x1 y x2 son instancias de esa clase, las dos expresiones son equivalentes.

```java
public class TestX
{
    public static void main(String[] args)
    {
        X x1 = new X(5,4);
        X x2 = new X(2,7);

        System.out.println("x1 = " + x1);
        System.out.println("x2 = " + x2);
    }
}
```

Al ejecutar el programa obtendremos el siguiente resultado:

```
x1 = (5,4)
x2 = (2,7)
```

Esto demuestra que cada objeto (o cada instancia) mantiene valores propios para sus atributos; es decir, el atributo a de x1 tiene el valor 5, pero el atributo a de x2 tiene el valor 2. El atributo b de x1 vale 4, mientras que el valor del atributo b de x2 es 7.

Como explicamos más arriba, todos los objetos de la clase X tendrán un atributo a y un atributo b, pero los valores de estos serán independientes y particulares en cada uno de los objetos.

2.3.8. VARIABLES DE INSTANCIA

Continuando con el ejemplo, diremos que a y b son *variables de instancia* de la clase X, ya que cada instancia de X tendrá sus propios valores para estas variables.

Los atributos de las clases son variables de instancia, pero no necesariamente las variables de instancia serán atributos.

La clase Persona que vemos a continuación nos ayudará a comprender esto.

```java
public class Persona
{
    private String nombre;
    private String dni;
    private Fecha fechaNacimiento;
    private int cont = 0;

    public Persona(String nombre,String dni,Fecha fecNac)
    {
        this.nombre = nombre;
        this.dni = dni;
        this.fechaNacimiento = fecNac;
    }

    public String toString()
    {
        cont++;
        String ret = "";
        ret+=nombre+", ";
        ret+="DNI: "+dni+" ";
        ret+="nacido el: "+fechaNacimiento+" ";
        ret+="("+cont+") ";

        return ret;
```

```
    }

    // :
    // setters y getters...
    // :
}
```

`Persona` tiene cuatro variables de instancia: `nombre`, `dni`, `fechaNacimiento` y `cont`. Sin embargo, solo las primeras tres son atributos. La variable `cont` es utilizada para contar cuántas veces se ha invocado el método `toString` sobre el objeto. Por esto, dentro de este método, lo primero que hacemos es incrementar su valor.

Las variables `nombre`, `dni` y `fechaNacimiento` tienen que ver con *la persona*; en cambio, `cont` solo es un recurso de programación, un contador.

En líneas generales, diremos que *una variable de instancia es un atributo* si contribuye a establecer la identidad del objeto.

Por ejemplo, dos personas pueden tener el mismo nombre, pero haber nacido en momentos diferentes. También, dos personas pueden tener el mismo nombre y haber nacido el mismo día, pero cada una tendrá un DNI diferente.

Como podemos observar, las diferentes combinaciones de los valores de los atributos permiten diferenciar entre un objeto y otro.

A continuación, creamos dos objetos `Persona` y los imprimimos varias veces:

```
public static void main(String[] args)
{
    Persona p1 = new Persona(
                "Juan"
                ,"21773823
                ,new FechaDetallada(23,3,1971));

    Persona p2 = new Persona(
                "Pablo"
                ,"19234452"
                ,new FechaDetallada(12,6,1968));
```

```
    System.out.println(p1);
    System.out.println(p1);
    System.out.println(p1);
    System.out.println("---");
    System.out.println(p2);
    System.out.println(p2);
    System.out.println("---");
    System.out.println(p1);
    System.out.println(p1);
}
```

La salida del programa será:

```
Juan, DNI: 21773823, nacido el: 23 de Marzo de 1971 (1)
Juan, DNI: 21773823, nacido el: 23 de Marzo de 1971 (2)
Juan, DNI: 21773823, nacido el: 23 de Marzo de 1971 (3)
---
Pablo, DNI: 19234452, nacido el: 12 de Junio de 1968 (1)
Pablo, DNI: 19234452, nacido el: 12 de Junio de 1968 (2)
---
Juan, DNI: 21773823, nacido el: 23 de Marzo de 1971 (4)
Juan, DNI: 21773823, nacido el: 23 de Marzo de 1971 (5)
```

Esto demuestra que cada instancia mantiene los valores de sus variables. Al objeto p1 (Juan) lo imprimimos tres veces y luego dos veces más. Su variable cont llegó a 5. En cambio, al objeto p2 (Pablo) lo imprimimos dos veces, con lo cual su variable cont llegó a 2. Finalmente, al instanciar p1 (y también p2) hicimos lo siguiente:

```
Persona p1 = new Persona("Juan"
                ,"21773823"
                ,new FechaDetallada(23,3,1971));
```

El tercer argumento es una instancia de FechaDetallada que no fue asignada a ningún objeto (a ninguna variable), por lo tanto dentro del método main no la podremos volver a utilizar.

2.3.9. VARIABLES DE CLASE

Así como en las variables de instancia cada objeto puede mantener valores propios e independientes de los otros objetos, también existe la posibilidad de declarar variables a nivel de la clase, que serán comunes a todas las instancias y compartidas por todos sus objetos. Estas son las *variables estáticas*.

Volvamos al código de `FechaDetallada`, donde declaramos un *array* estático con los nombres de los meses del año. Cualquiera sea la fecha que representemos con un objeto de esta clase, sin duda se corresponderá con alguno de los 12 meses del *array*, que, al ser estático (de clase), será único y compartido por todos los objetos.

En síntesis, declaramos a `meses` como una variable de clase, porque su contenido será el mismo para todas las fechas.

2.3.10. GESTIÓN DINÁMICA DE MEMORIA Y *GARBAGE COLLECTOR*

Con el operador `new` gestionamos (pedimos) un espacio de memoria que hasta el momento no nos pertenecía. Como podemos ver en el siguiente código, donde a `x1` le asignamos el valor que retorna el operador `new`, que no es otra cosa que la dirección de un nuevo espacio de memoria.

```
X x1 = new X(10,20);
```

En este código, asignamos los valores 10 y 20 en las variables `a` y `b`, que se alojan en un espacio de memoria recién gestionado, y direccionado a través del objeto `x1` de la clase `X`, cuyo código analizamos y desarrollamos más arriba.

A diferencia de las variables o los parámetros de tipos primitivos (el solo hecho de declararlos conlleva a que el programa reserve memoria justo al momento de comenzar su ejecución), la memoria que gestionamos con `new` es dinámica, porque en cualquier momento el programa podrá pedirla y hacerla propia mediante el citado operador. Diremos que esta memoria fue *gestionada dinámicamente*.

En lenguajes como C o Pascal, luego de que la usemos, la memoria dinámica debe liberarse explícitamente, para permitir que otros procesos la puedan tomar.

En Java esto no es necesario, porque existe un proceso llamado *garbage collector*, que controla los espacios de memoria que dejamos en desuso y los libera por nosotros.

Para explicarlo, analizaremos el siguiente caso:

Comenzamos declarando la variable p, de tipo X.

```
// Declaramos una variable de tipo X (la variable p)
X p;
```

Gráficamente, p es un puntero que apunta a null (dirección de memoria nula), porque aún no le hemos asignado la dirección de ninguna instancia de X.

$$p \longrightarrow null$$

Ahora, al objeto p le asignaremos una instancia de la clase X, haciendo que p contenga la dirección de memoria de esa instancia, que fue gestionada dinámicamente por el operador new.

```
p = new X(2,1);
```

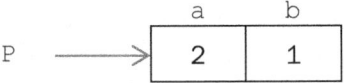

A continuación, volvemos a instanciar a X y le asignamos a p la dirección de memoria de la nueva instancia.

```
p = new X(5,4);
```

Como podemos observar, p ahora tiene la dirección de memoria de la instancia {5,4} y no existe ningún objeto (puntero) que contenga la dirección de la instancia anterior {2,1}. Decimos que la instancia {2,1} quedó *desreferenciada*.

a   b

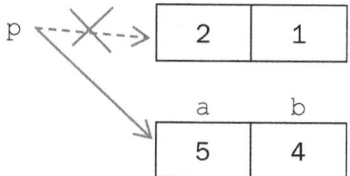

El *garbage collector* es un proceso que se ejecuta dentro de la máquina virtual Java. Se ocupa de buscar y liberar memoria desreferenciada.

Antes de eliminar a un objeto que ha quedado desreferenciado, el *garbage collector* invocará sobre ese objeto el método `finalize`.

2.3.11. MÉTODO `finalize`

Las clases heredan de `Object` el método `finalize`. El *garbage collector* lo invocará justo antes de destruir las instancias que han quedado desreferenciadas. Al sobrescribir `finalize` indicamos qué queremos que hagan los objetos antes de morir.

¿Qué hace el siguiente programa?

```java
public class TestGC
{
    private static int cont= 0;

    public TestGC()
    {
        cont++;
        System.out.println(cont);
    }

    @Override
    public void finalize()
    {
        cont--;
    }

    public static void main(String args[])
    {
```

```
      while( true )
      {
         new TestGC();
      }
   }
}
```

En esta clase, declaramos la variable estática `cont` (variable de clase), cuyo valor incrementamos en el constructor y decrementamos en el método `finalize`; es decir, la incrementamos cuando se crean los objetos de la clase y la decrementamos cuando se destruyen.

Por ser `cont` una variable `static`, será única y compartida por todos los objetos de la clase. Luego, `cont` cuenta la cantidad de instancias activas de la clase `TestGC`.

Aunque el *garbage collector* es muy eficiente y tiene gran capacidad de respuesta, debemos ser prudentes a la hora de codificar el método `finalize`, porque podríamos hacer que la tarea de liberar memoria se enlentezca.

2.3.12. CONSTANTES

Cualquier variable de clase que declaramos con el modificador `final` se convierte en una constante. Como ejemplo podemos mencionar las constantes `PI` (3.1415...) y `E` (2.7182...), ambas declaradas en la clase `java.lang.Math`.

```
public class Math
{
   public static final double PI = 3.1415;
   public static final double E = 2.7182;
}
```

Además, por haberlas declarado `public` se puede acceder a ellas desde cualquier otra clase. El hecho de que sean estáticas es fundamental, porque esto nos permitirá utilizarlas sin tener que instanciar la clase donde estén declaradas. Las utilizamos del siguiente modo:

```java
double pi = Math.PI;
double e  = Math.E;

System.out.println("El numero PI es: " + pi);
System.out.println("El numero E es: " + e);
```

2.3.13. MÉTODOS DE CLASE

Los métodos que declaramos estáticos (`static`) se convierten en métodos de la clase. Pueden ser invocados directamente sobre la clase sin necesidad de instanciarla. Ya utilizamos varios de los métodos estáticos que son provistos como parte de la biblioteca, por ejemplo: `Math.pow` e `Integer.parseInt`.

Para identificar cuáles de ellos deberían ser estáticos, habríamos de preguntarnos si su valor de retorno se puede calcular exclusivamente en función de sus parámetros, sin necesidad de acceder a las variables de instancia. Estos serán *métodos de la clase*.

Justamente por ser de la clase no son de ninguna instancia en particular, y no pueden acceder a los valores propios de las instancias, como ser los atributos, variables de instancia y otros métodos no estáticos.

Pensemos en una clase `Numero`, con un método `sumar` que reciba los parámetros a y b, y retorne la suma de ambos valores.

```java
public class Numero
{
    public static double sumar(double a,double b)
    {
        return a+b;
    }
}
```

Como vemos, el valor de retorno del método `sumar` depende exclusivamente de los valores de sus parámetros. Entonces se trata de un método de la clase. Podemos invocarlo desde cualquier clase o programa así:

```
double c = Numero.sumar(2,5);
```

Agreguemos a la clase `Numero` una variable de instancia, que permita guardar un valor concreto para cada objeto de la clase, y un constructor, a través del cual le asignaremos su valor inicial. También sobrescribiremos el método `toString`.

```java
public class Numero
{
    // atributo
    private double valor;

    // constructor
    public Numero(double v)
    {
        valor = v;
    }

    @Override
    public String toString()
    {
        return Double.toString(valor);
    }

    public static double sumar(double a, double b)
    {
        return a+b;
    }

    // :
    // setters y getters...
    // :
}
```

A continuación, vamos a sobrecargar el método `sumar` para que reciba un único parámetro, el cual lo sumará al valor actual del atributo `valor`. Está claro que este método sí será un *método de instancia* (no estático), ya que modificará el valor de una variable de instancia.

```
public class Numero
{
    private double valor;

    public Numero sumar(double a)
    {
        valor+=a; // modificamos la variable de instancia
        return this;
    }

    public static double sumar(double a,double b)
    {
        return a+b;
    }

    // :
    // constructor
    // toString
    // setters y getters...
    // etc.
    // :
}
```

La versión sobrecargada del método `sumar` suma el valor de `a` a la variable de instancia `valor`, y retorna una referencia a la misma instancia (`this`), cuyo atributo `valor` ya fue modificado. Esto permitirá aplicar sucesivas invocaciones del método `sumar`, tal como veremos en el siguiente ejemplo.

```
public class TestNumero
{
    public static void main(String[] args)
    {
        // Sumamos utilizando el metodo estatico
        double d = Numero.sumar(2,3);
        System.out.println(d);

        // Sumamos utilizando el metodo de instancia
        Numero n1 = new Numero(5);
        n1.sumar(4);
```

```
    // Salida: 9
    System.out.println(n1);

    // Sumamos concatenando invocaciones al metodo sumar
    n1.sumar(4).sumar(6).sumar(8).sumar(1);

    System.out.println(n1); // Salida: 28
  }
}
```

2.3.14. CLASES UTILITARIAS

Las clases utilitarias se utilizan para agrupar métodos estáticos y, a través de estos, proveer funciones relacionadas con la misma clase utilitaria.

Por ejemplo, la clase `Math` es una clase utilitaria que agrupa y provee funciones matemáticas, como ser la funciones trigonométricas y logarítmicas, constantes como `PI` y `E`, y funciones de potenciación, entre muchas otras.

Los *wrappers* que envuelven a los tipos primitivos también lo son. Por ejemplo, a través de la clase `Integer` podemos convertir una cadena a un número entero y viceversa, realizar conversiones entre números expresados en diferentes bases numéricas, además de muchas otras funcionalidades relacionadas con los números enteros.

2.3.15. REFERENCIAS ESTÁTICAS

Como mencionamos previamente, dentro de los métodos estáticos no podemos acceder a las variables de instancia ni invocar métodos que no sean estáticos.

En el siguiente ejemplo declaramos la variable `a` y el método `unMetodo`, ambos de instancia, es decir, no estáticos. Luego, intentamos acceder a ellos a través del método `main` (que sí es estático), lo que ocasionará un error de compilación conocido como *hacer referencia a un campo (o método) no estático*.

```
public final class TestEstatico
{
    // variable de instancia
    private int a = 0;
```

```
// metodo de instancia
public void unMetodo()
{
    System.out.println("este es unMetodo()");
}

// metodo de clase (estatico)
public static void main(String[] args)
{
    // No tenemos acceso a la variable a
    System.out.println("a vale " + a); // ERROR

    // No tenemos acceso al metodo unMetodo
    unMetodo(); // ERROR
}
}
```

El compilador indicará el siguiente mensaje de error:

```
Cannot make a static reference to the non-static field a
TestContextoEstatico.java, line 16
Cannot make a static reference to the non-static
method unMetodo() from the type TestContextoEstatico
TestContextoEstatico.java, line 19
```

Podemos solucionar el problema haciendo que a y unMetodo sean estáticos; o bien, instanciar a TestEstatico dentro de main y usar dicha instancia para acceder a los miembros no estáticos de la clase, como veremos a continuación:

```
public static void main(String[] args)
{
    TestEstatico t = new TestEstatico();

    // Accedemos a la variable a y al metodo unMetodo
    System.out.println("a vale " + t.a);
    t.unMetodo();
}
```

Aunque la variable `a` es `private`, dentro del método `main` podemos acceder a ella sin problemas, porque `main` también es parte de la clase `TestEstatico`. Pero si `main` estuviese en otra clase, el único modo en que podríamos acceder a la variable privada `a` sería a través de sus métodos de acceso.

2.3.16. BLOQUES ESTÁTICOS

Dentro de un *bloque estático* podemos escribir líneas de código para que se ejecuten una única vez, justo antes de instanciar el primer objeto de la clase.

Veamos un ejemplo:

```java
public class TestBloqueEstatico
{
    // bloque estatico
    static
    {
        System.out.println("-- Bloque estatico --");
    }

    // constructor
    public TestBloqueEstatico(String n)
    {
        System.out.println("Constructor: "+n);
    }

    public static void main(String[] args)
    {
        // instanciamos tres objetos de la clase
        new TestBloqueEstatico("Juan");
        new TestBloqueEstatico("Pedro");
        new TestBloqueEstatico("Pablo");
    }
}
```

La salida de este programa será:

```
-- Bloque estatico --
Juan
Pedro
Pablo
```

2.3.17. COLECCIONES (INTRODUCCIÓN)

En esta sección analizaremos cómo desarrollar una clase que nos permita trabajar con un conjunto de objetos. Será una *colección de objetos*.

Esta clase, que llamaremos `MiColeccion`, debe proveer funcionalidad para agregar, insertar, obtener, eliminar y buscar elementos dentro del conjunto de objetos que representa. Además, debe soportar una cantidad ilimitada de elementos, es decir, que el usuario, el programador que la utilice, podrá agregarle tantos objetos como quiera.

Resumiendo, nuestra clase `MiColeccion` tendrá los siguientes métodos:

```java
// Agrega un elemento al final de la coleccion
public void agregar(Object elm);

// Inserta un elemento en la i-esima posicion
public void insertar(Object elm, int i);

// Retorna el i-esimo elemento de la coleccion
public Object obtener(int i);

// Elimina y retorna el objeto en la i-esima posicion
public Object eliminar(int i);

// Busca la primera ocurrencia del objeto especificado y
// retorna la posicion donde lo encuentra o un valor
// negativo si no encontro lo que buscaba
public int buscar(Object elm);

// Retorna la cantidad de elementos del conjunto
public int cantidad();
```

Observemos que los métodos `insertar` y `agregar` reciben un `Object` como parámetro. Con esto, permitiremos que la colección pueda contener objetos de cualquier tipo de dato. Análogamente, el valor de retorno de los métodos `obtener` y `eliminar` también es `Object`.

Para mantener en memoria al conjunto de objetos utilizaremos un *array*, cuyo tamaño inicial podemos establecer arbitrariamente, o bien permitir que el usuario lo especifique a través del constructor.

Aunque la longitud de los *arrays* es fija, la siguiente estrategia nos permitirá lograr que el nuestro *crezca* a medida que le agreguemos más objetos a la colección.

La estrategia será la siguiente: mientras el *array* tenga espacio disponible, agregaremos los objetos en sus posiciones consecutivas. Cuando se llene, crearemos un nuevo *array* cuya capacidad duplicará a la del anterior, y copiaremos *uno a uno* los elementos del viejo al nuevo, Al viejo le asignaremos null, para dejarlo desreferenciado y *que se lo lleve el garbage collector.*

Hasta aquí, la clase MiColeccion tendrá dos variables de instancia: un Object[] para contener la colección de objetos y un int con el que controlaremos la cantidad de elementos que actualmente tiene la colección, esto es, cuántos de los length elementos del *array* están siendo efectivamente utilizados. Esta variable nos permitirá determinar si el *array* se llenó, y en tal caso redimensionarlo.

```java
public class MiColeccion
{
    private static final int CAP_INIC=10;

    private Object datos[] = null;
    private int len = 0;

    public MiColeccion()
    {
        datos = new Object[CAP_INIC];
    }

    // sigue mas abajo....
    // :
```

En este fragmento de código hemos declarado las variables de instancia datos y len, y un constructor, donde instanciamos el *array*. Veamos ahora los métodos obtener y cantidad, que retornan respectivamente el objeto contenido en datos[i] y el valor de la variable len.

```java
    // :
    // viene de mas arriba...
```

```
public Object obtener(int i)
{
    return datos[i];
}

public int cantidad()
{
    return len;
}

// sigue mas abajo...
// :
```

A continuación, analizaremos el método `insertar`, cuyo objetivo es insertar un elemento en la *i*-ésima posición del *array*.

Dado que `MiColeccion` tendrá una capacidad ilimitada, primero debemos verificar que el *array* `datos` tenga espacio disponible; de lo contrario, lo tendremos que *redimensionar*. Esta lógica la desarrollaremos dentro de un método privado, pues no estamos interesados en que el usuario la utilice por su propia cuenta.

```
// :
// viene de mas arriba...

private void verificarYAgrandar()
{
    if( len==datos.length )
    {
        Object nuevo[] = new Object[datos.length*2];

        for(int i=0; i<datos.length; i++)
        {
            nuevo[i] = datos[i];
        }

        datos = nuevo;
        nuevo = null;
    }
}
```

```
// sigue mas abajo...
// :
```

Ahora sí, desarrollaremos el método `insertar`, que desplaza los elementos del *array* entre la última y la *i*-ésima posición, para asignar en esta el elemento que se pretende insertar. Al final incrementaremos el valor de la variable `len`, pues la longitud de la colección ha crecido.

```java
// :
// viene de mas arriba...

public void insertar(Object elm, int i)
{
    // Si corresponde agrandamos el array
    verificarYAgrandar();

    for(int j=len-1; j>=i; j--)
    {
        datos[j+1] = datos[j];
    }

    datos[i] = elm;
    len++;
}

// sigue mas abajo...
// :
```

`buscar` recorre el *array* hasta encontrar lo que busca. Retorna la posición del elemento que encontró, o un valor negativo en caso de no haberlo encontrado.

```java
// :
// viene de mas arriba...

public int buscar(Object elm)
{
```

```
    int i=0;
    while( i<len && !datos[i].equals(elm) )
    {
        i++;
    }

    return i<len?i:-1;
}

// sigue mas abajo...
// :
```

El método `agregar`, cuyo objetivo es añadir un elemento al final de la colección, se resuelve fácilmente invocando `insertar`, para que inserte el nuevo elemento en la posición `len`, que coincide con la primera posición libre del *array*.

```
// :
// viene de mas arriba...

public void agregar(Object elm)
{
    insertar(elm,len);
}

// sigue mas abajo...
// :
```

Por último, el método `eliminar` remueve el *i*-ésimo elemento del *array* desplazando hacia arriba los elementos ubicados a partir de la posición *i*+1. Luego, decrementa el valor de la variable `len` y retorna el elemento que fue removido de la colección.

```
// :
// viene de mas arriba...

public Object eliminar(int i)
{
```

```java
        Object aux = datos[i];
        for(int j=i; j<len-1; j++)
        {
            datos[j] = datos[j+1];
        }

        len--;
        return aux;
    }
}
```

Ahora, usaremos una instancia de `MiColección` para crear una lista de nombres y posteriormente mostrarlos por pantalla.

```java
MiColeccion mc = new MiColeccion();
mc.insertar("Pedro",0);
mc.insertar("Pablo",0);
mc.insertar("Juan",0);

for(int i=0; i<mc.cantidad(); i++)
{
    String s = (String)mc.obtener(i); // es necesario castear
    System.out.println(s);
}
```

Como utilizamos el método `insert` para agregar los nombres en la posición 0 de la colección, quedaron guardados en orden inverso. Así, al recorrer la colección, veremos:

```
Juan
Pedro
Pablo
```

La clase `MiColeccion`, que permite mantener en la memoria una colección ilimitada de objetos de cualquier tipo, tiene dos importantes problemas relacionados con el hechode recibir y devolver objetos tipo `Object`.

No podemos conocer *a priori* cuál es el tipo de dato de sus elementos. Sabemos que son `Object`, pero concretamente no conocemos cuál es su verdadero tipo.

```
public MiColeccion obtenerPersonas(){...}
public MiColeccion obtenerNombres(){...}
public MiColeccion obtenerNumerosGanadores(){...}
```

Todos estos métodos retornan instancias de `MiColeccion`, pero si no contamos con documentación adicional, no podemos saber cuál es el tipo de dato de los objetos que contienen las colecciones que retornan.

Por ejemplo, el método `obtenerNumerosGanadores` podría retornar una colección de `Integer`, de `Long` o de instancias de una clase `Jugada` que agrupe el número ganador, el nombre de la lotería y la fecha de la jugada ganadora.

El segundo problema está relacionado con el primero y surge cuando necesitamos acceder a alguno de los objetos de la colección.

Los métodos retornan `Object`, así que necesitaremos conocer cuál es el tipo de dato real del elemento al que accedemos para poderlo *castear*. Tal como hicimos en el programa anterior, donde sí pudimos *castearlo* correctamente, pues sabíamos que la colección contenía objetos de tipo `String`.

```
String s = (String)mc.obtener(i);
```

Estos problemas se resolverán haciendo que `MiColeccion` sea una clase genérica.

2.3.18. CLASES GENÉRICAS

Las clases genéricas permiten parametrizar los tipos de dato de sus variables de instancia, los tipos de sus parámetros y el valor de retorno de sus métodos. Veamos:

```
public class MiColeccion<T>
{
```

```
// :
public void insertar(T elm,int i){ ... }
public T obtener(int i) { ... }
// :
}
```

En este ejemplo, la clase MiColeccion trabaja con un tipo de dato genérico T. No sabemos concretamente cuál es, pero estamos en condiciones de asegurar que los tipos de dato del parámetro elm del método insertar y del valor de retorno del método obtener son los mismos, pues ambos son tipo T.

El valor concreto que tomará T lo especificaremos entre <> (mayor, menor) cuando instanciemos la clase. Como a continuación, donde T es String.

Observemos que, por ser genérica, MiColección validará los tipos de dato en tiempo de compilación; es decir, tras especificar que el tipo T es String, el método obtener retornará un String. Por esto, ya no será necesario *castear*. A su vez, el método insertar solo admitirá recibir un String, no admitirá ningún objeto que no sea una cadena de caracteres.

```
// una coleccion de cadenas (T es String)
MiColeccion<String> ms = new MiColeccion<>();

// Agregamos cadenas
ms.insertar("uno",0);
ms.insertar("dos",0);
ms.insertar("tres",0);

for(int i=0; i<ms.cantidad(); i++)
{
    // ya no es necesario castear
    String s = ms.obtener(i);
    System.out.println(s); // SALIDA: tres, dos, uno
}
```

Probemos instanciando una colección de números enteros:

```
// una coleccion de enteros
MiColeccion<Integer> mi = new MiColeccion<>();
mi.insertar(1,0);
mi.insertar(2,0);
mi.insertar(3,0);

for(int i=0; i<mi.cantidad(); i++)
{
    // ya no es necesario castear
    int x = mi.obtener(i);
    System.out.println(x); // SALIDA: 3, 2, 1
}
```

Veamos cómo queda el código genérico de la clase `MiColeccion`. Los cambios pasan, casi exclusivamente, por el prototipo de los métodos. Los algoritmos y la codificación es exactamente la misma. Por esta razón omitiremos volver a escribirla.

```
public class MiColeccion<T>
{
    private static final int CAP_INIC = 10;

    private T datos[] = null;
    private int len = 0;

    // constructor
    public MiColeccion()
    {
        // Necesitamos castear de Object[] a T[]
        datos = (T[])new Object[CAP_INIC];
    }

    public T obtener(int i){ /* ... */ }
    private void verificarYAgrandar(){ /* ... */ }
    public void insertar(T elm,int i) { /* ... */ }
    public int buscar(T elm) { /* ... */ }
    public void agregar(T elm) { /* ... */ }
    public T eliminar(int i) { /* ... */ }
}
```

2.4. *INTERFACES* Y FACTORÍAS DE OBJETOS

Previamente contamos que en Java no existe la herencia múltiple. Por este motivo, cada clase tiene un único padre (o una única clase base).

Lo anterior no debe considerarse una limitación. Por el contrario, la bibliografía sostiene que, si el diseño está bien formulado, una subclase nunca debería requerir heredar métodos o atributos de más de una clase base.

Sin embargo, como Java es un lenguaje fuertemente tipado, los objetos se manipulan a través de variables cuyos tipos de dato deben ser previamente declarados. Esto, en ocasiones, podría limitar el diseño de los programas.

Para ir metiéndonos en el asunto, pensemos qué responderíamos a la siguiente pregunta: ¿qué tienen en común un teléfono móvil, un telégrafo y una paloma mensajera? La respuesta será: los tres permiten enviar mensajes.

En términos de clases y subclases, podríamos crear una clase que llamaríamos `Comunicador`, que tendría un método abstracto `enviarMensaje`. Posteriormente, las clases `TelefonoCelular`, `PalomaMensajera` y `Telegrafo` serían subclases de `Comunicador`.

Si `TelefonoCelular` extiende a `Comunicador` su funcionalidad, quedaría limitada, pues podríamos necesitar que este sea una subclase de `Telefono`. Sin embargo, al no existir la herencia múltiple, `TelefonoCelular` solo podrá heredar de una única clase: `Comunicador` o `Telefono`, pero no de ambas.

Análogamente, podríamos requerir que `PalomaMensajera` herede de `Paloma`, y que `Telegrafo` herede de `Antiguedad`.

Las *interfaces* proveen una solución a este tipo de problemas, y constituyen uno de los recursos fundamentales para el diseño de aplicaciones Java.

En principio, podríamos afirmar que una *interface* es *una clase abstracta* que tiene todos sus métodos abstractos. Pero esto no es exactamente así, pues existe una diferencia muy importante entre *interface* y clase abstracta:

- Las clases abstractas *se extienden* (usando la palabra `extends`).
- Las *interfaces se implementan* (usando la palabra `implements`).

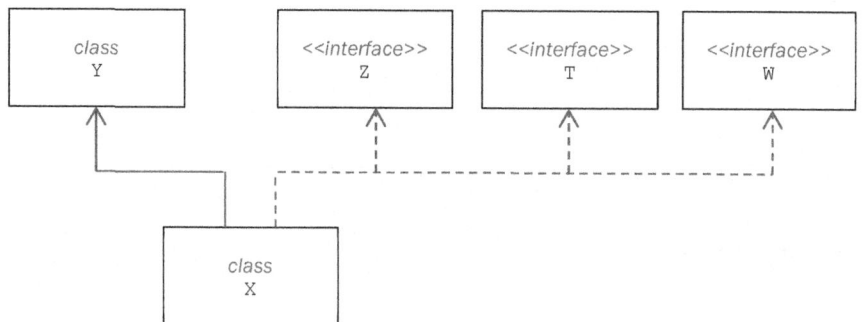

Figura 2.4. Diagrama de clases UML que distingue entre herencia e implementación.

Una clase solo se puede extender a una única clase, e implementar múltiples *interfaces*, cuyos métodos abstractos deberá sobrescribir. De no hacerlo será una clase abstracta.

Por ejemplo, la clase X puede extender a la clase Y e implementar las *interfaces* Z, T y W, como ilustra el diagrama UML de la figura *2.4*.

Retomando el ejemplo de los elementos de comunicación, podríamos plantearlo como veremos a continuación.

En primer lugar, las clases Telefono, Paloma y Antiguedad.

```java
public class Telefono
{
    // atributos y metodos...
}
```

```java
public class Paloma extends Ave
{
    // atributos y metodos...
}
```

```java
public class Antiguedad
{
    // atributos y metodos...
}
```

```
}
```

Luego la *interface* Comunicador, con su método enviarMensaje.

```
public interface Comunicador
{
    // metodo que deber ser implementado
    public void enviarMensaje(String mensaje);
}
```

TelefonoMovil, PalomaMensajera y Telegrafo heredan de clases diferentes, pero el hecho de que implementen Comunicador nos permite asegurar que todas sobrescriben el método enviarMensaje.

```
public class TelefonoMovil extends Telefono
                           implements Comunicador
{
    // implementacion
    public void enviarMensaje(String mensaje)
    {
        // hacer lo que corresponda aqui...
    }
}
```

```
public class PalomaMensajera extends Paloma
                             implements Comunicador
{
    // implementacion
    public void enviarMensaje(String mensaje)
    {
        // hacer lo que corresponda aqui...
    }
}
```

```
public class Telegrafo extends Antiguedad
                        implements Comunicador
{
    // implementacion
    public void enviarMensaje(String mensaje)
    {
        // hacer lo que corresponda aqui...
    }
}
```

Los objetos *teléfono móvil*, *paloma mensajera* y *telégrafo* tienen una base común. Todos son *comunicadores*, razón por la cual, perfectamente podrían ser asignados a variables tipo Comunicador.

```
Comunicador t1 = new TelefonoMovil();
Comunicador t2 = new PalomaMensajera();
Comunicador t3 = new Telegrafo();
```

A los objetos t1, t2 y t3 solo les podremos invocar el método enviarMensaje, pues este es el único método declarado en la *interface* Comunicador.

El gran potencial que tiene todo esto la comenzaremos a descubrir a continuación.

2.4.1. DESACOPLAMIENTO DE CLASES

Supongamos que disponemos de una clase utilitaria llamada ComunicadorManager, que tiene un método estático: crearComunicador:

```
public class ComunicadorManager
{
    public static Comunicador crearComunicador()
    {
        // una "paloma mensajera" es un "comunicador"
        return new PalomaMensajera();
    }
}
```

```
}
```

Utilizando esta clase podríamos escribir el siguiente programa, donde obtenemos una instancia de `Comunicador`. A través de esta enviamos un mensaje.

```
public class MiAplicacionDeMensajes
{
    public static void main(String args[])
    {
        Comunicador c = ComunicadorManager.crearComunicador();
        c.enviarMensaje("Hola, este es mi mensaje");
    }
}
```

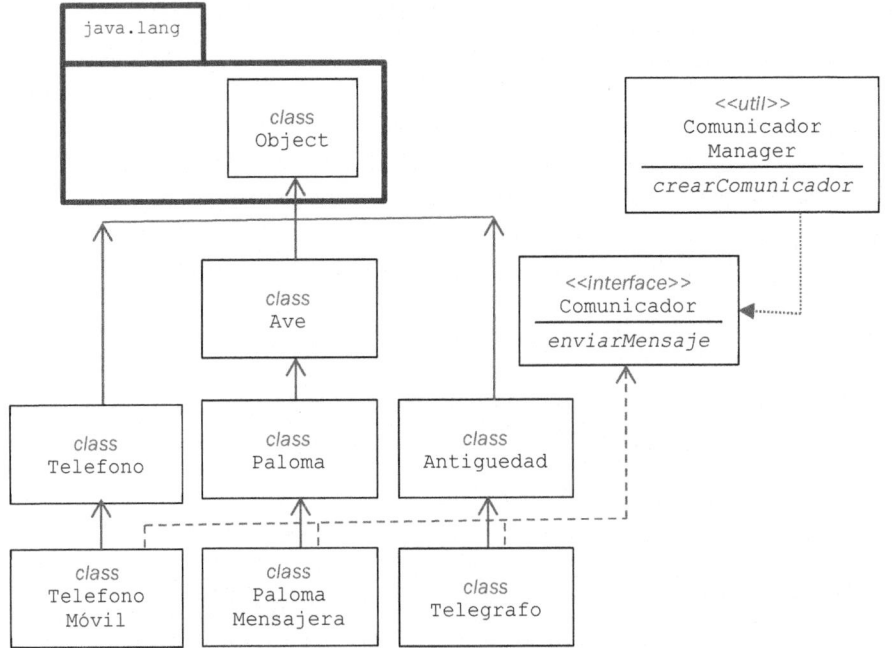

Figura 2.5. Diagrama de clases UML que expone el contexto las clases que implementan Comunicador.

Observemos que en el método `main` *no sabemos qué tipo de comunicador* vamos a usar. Sólo obtenemos un *comunicador* y le invocamos `enviarMensaje`.

Seguramente, enviar un mensaje a través de un teléfono móvil será más eficiente que enviarlo a través de una paloma mensajera o un telégrafo.

¿Qué podría suceder si modificamos el método `crearComunicador` de la clase `ComunicadorManager` y retornamos una instancia de `TelefonoMovil` en lugar de `PalomaMensajera`? Al hacerlo, ¿qué modificaciones tendremos que implementar en el método `main`?

```java
public class ComunicadorManager
{
    public static Comunicador crearComunicador
    {
        return new TelefonoMovil();
    }
}
```

En el método `main` trabajamos con una instancia de `Comunicador`. Esto nos permite hacer abstracción respecto de cuál es su verdadero tipo de dato.

No necesitamos conocer si este objeto es una paloma mensajera, un teléfono móvil o un telégrafo. Todos estos objetos son comunicadores, pues sus clases implementan `Comunicador`.

Nuestro programa quedó totalmente desacoplado con respecto a la implementación particular que se utiliza para enviar el mensaje. El *cambio de tecnología* que conlleva pasar de una paloma mensajera a un teléfono móvil no tiene ningún impacto negativo en el programa (el método `main`), por lo cual no será necesario adaptarlo ni reprogramarlo.

Para tener una visión global de las clases que intervienen en este ejemplo, la figura 2.5 ilustra su diagrama de clases. Este debe interpretarse de la siguiente manera: la clase `TelefonoMovil` extiende a `Telefono`, la clase `PalomaMensajera` extiende a `Paloma`, que a su vez extiende a `Ave`, y la clase `Telegrafo` extiende a `Antiguedad`.

En síntesis, todas estas clases, directa o indirectamente, son subclases de la clase base `Object`, la cual está ubicada en el paquete `java.lang`.

Las clases `TelefonoMovil`, `PalomaMensajera` y `Telegrafo` implementan la *interface* `Comunicador`. De esta *interface* heredan el método `enviarMensaje`. La clase `ComunicadorManager` crea una instancia de `Comunicador`, que en realidad será una instancia de cualquiera de sus implementaciones, porque las interfaces no se pueden instanciar.

2.4.2. *FACTORY METHOD*

El método `crearComunicador` de la clase `ComunicadorManager` nos permitió obtener una instancia de `Comunicador`, y hacer abstracción respecto de cuál es la implementación concreta que está detrás de esta. Gracias a este método, el programa quedó totalmente desacoplado de la implementación de `Comunicador`.

Como ya observamos, la migración de tecnología que implica dejar de utilizar una paloma mensajera y pasar a un teléfono móvil no ocasionó ningún efecto negativo en el programa, que quedó totalmente separado de esta implementación.

El método `crearComunicador` es una *fábrica de objetos comunicadores*. Lo invocamos para obtener una instancia de `Comunicador` y desentendernos de su clase o tipo. Diremos que `crearComunicador` es una *factoría de objetos*. A los métodos que realizan este tipo de tarea se los denomina *factory* o *factory method*.

2.4.3. ABSTRACCIÓN A TRAVÉS DE *INTERFACES*

Las *interfaces* nos ayudan a incrementar el nivel de abstracción, porque permiten tener múltiples vistas de una misma clase.

Por ejemplo, una instancia de la clase `PalomaMensajera` puede ser tratada como un objeto de la clase `Paloma`, `Ave`, `Object` y `Comunicador`, porque `PalomaMensajera` implementa esta *interface*. Y si la clase `PalomaMensajera` implementase otras *interfaces*, sus instancias también podrían tratarse como objetos de cualquiera de estas.

Las siguientes preguntas nos ayudarán a entrar en la custión.

¿Podemos ordenar un conjunto de valores numéricos enteros?

Respuesta: Por supuesto que sí. El conjunto de los números enteros respeta un orden natural. Por lo tanto, nadie dudaría en colocar el número 2 antes que el 3, al 3 antes que el 4 y así sucesivamente.

¿Podemos ordenar un conjunto de cadenas de caracteres que corresponden a nombres de personas?

Respuesta: Claro que sí. Lo intuitivo sería ordenarlas alfabéticamente. Así, la cadena "Alberto" precedería a la cadena "Juan", y esta precedería a la cadena "Pablo".

¿Podemos ordenar un conjunto compuesto por los estudiantes de una escuela?

Respuesta: Esta pregunta no es tan sencilla de responder como las anteriores, pues primero deberíamos establecer cuál será el criterio de precedencia.

Si aceptamos que el criterio de precedencia sea la edad del estudiante, primero ubicaríamos a los más jóvenes y posteriormente a los más grandes.

Otra opción sería establecer que el criterio de precedencia es la nota promedio del alumno. En este caso, colocaremos primero a los estudiantes que tienen las notas más bajas, seguidos de aquellos que tienen las mejores calificaciones.

Desde el punto de vista del programador, si fuésemos a desarrollar un método para ordenar un conjunto de objetos, ¿deberíamos preocuparnos por conocer cuál es el criterio de precedencia de los elementos del conjunto? ¿Podríamos soslayarlo y dejar que sean los mismos objetos del conjunto quienes determinen si preceden o no a otro objeto de su misma especie?

La respuesta a las dos preguntas anteriores será: podemos ordenar cualquier conjunto de objetos, siempre y cuando cada elemento del conjunto pueda determinar si *precede* o no a otro objeto de su misma especie.

2.4.4. *INTERFACE* Comparable

Java provee la *interface* Comparable. Su código (abreviado) lo vemos a continuación:

```java
public interface Comparable<T>
{
    public int compareTo(T obj);
```

```
}
```

En esta *interface* se declara un único método: compareTo, cuya finalidad es comparar el objeto que recibe como parámetro (obj) con la propia instancia sobre la que el método está siendo ejecutado (this).

La implementación de este método debe retornar un valor numérico entero, que será *menor*, *igual* o *mayor* que 0 (cero), según las siguientes observaciones:

- Si consideramos que this *precede a* obj, el valor que debe retornar el método compareTo debe ser negativo (menor que 0).
- Si consideramos que this *sucede a* obj, el valor de retorno del método tendrá que ser positivo (mayor que 0).
- Si consideramos que ambos objetos (this y obj) son iguales, el valor de retorno de compareTo debe ser 0 (cero).

La *interface* Comparable es genérica, lo cual impide cualquier intento de comparar objetos que sean de tipos diferentes; es decir, que si intentásemos comparar una *fecha* con un *teléfono móvil*, tendremos un error de compilación.

Con el siguiente ejemplo podremos esclarecer este asunto. Declaramos la clase Alumno que implementa la *interface* Comparable<Alumno>, declara los atributos nombre, edad y notaPromedio, y sobrescribe el método compareTo para establecer que this *precede a* otroAlumno si su edad es menor.

```
public class Alumno implements Comparable<Alumno>
{
    private String nombre;
    private int edad;
    private double notaPromedio;

    // constructor
    public Alumno(String nom, int e, double np)
    {
        this.nombre = nom;
        this.edad = e;
        this.notaPromedio = np;
```

```
    }

    // metodo heredado de la interface Comparable
    @Override
    public int compareTo(Alumno otroAlumno)
    {
        return this.edad - otroAlumno.edad;
    }

    @Override
    public String toString()
    {
        return nombre+", "+edad+", "+notaPromedio;
    }

    // :
    // setters y getters
    // :
}
```

El método `compareTo` debe retornar un valor mayor, menor o igual a cero, según resulte la comparación entre el valor del atributo `edad` de la instancia (`this`) y el valor del atributo `edad` de `otroAlumno`.

```
return this.edad - otroAlumno.edad;
```

Si `this.edad` es menor que `otroAlumno.edad`, la diferencia entre ambos valores será negativa. Estaremos retornando un valor menor que cero, indicando que la instancia `this` precede a `otroAlumno`.

Si ambos valores son iguales, la diferencia será nula. Si `this.edad` es mayor que `otroAlumno.edad`, será positiva.

Ahora desarrollaremos una clase utilitaria `Util`, cuyo método estático `ordenar` permitirá ordenar un *array* de objetos *comparables* que recibe como parámetro. Al decir «objetos comparables» me estoy refiriendo a objetos cuyas clases implementan la *interface* `Comparable`. Utilizaremos el algoritmo *Bubble Sort*.

```java
public class Util
{
    public static <T extends Comparable<T>> void ordenar(T arr[])
    {
        for(int n=0;n<arr.length;n++)
        {
            for(int i=0;i<arr.length-1;i++)
            {
                if(arr[i+1].compareTo(arr[i])<0)
                {
                    T aux = arr[i];
                    arr[i] = arr[i+1];
                    arr[i+1] = aux;
                }
            }
        }
    }
}
```

Pongamos especial atención sobre esta parte del código, que indica que T debe ser una implementación de Comparable<T>; es decir, T puede ser cualquier clase que implemente la *interface* Comparable especializada en T.

```java
<T extends Comparable<T>>
```

En el método ordenar recibimos un *array* de objetos tipo T. Como T debe extender a Comparable<T>, todos los elementos del *array* tendrán el método compareTo y podrán responder si *preceden* o no a otro objeto de su misma especie.

Ahora, veamos un programa que ordena un Alumno[] y lo muestra por pantalla, ordenado según el criterio establecido por el método compareTo de la clase Alumno.

```java
public class TestOrdenar
{
    public static void main(String[] args)
    {
```

```
      // Declaramos un array de alumnos
      Alumno arr[] = { new Alumno("Juan",20,8.5)
                     , new Alumno("Pedro",18,5.3)
                     , new Alumno("Alberto",19,4.6) };

      // Lo ordenamos
      Util.ordenar(arr);

      // Lo mostramos ordenado
      for(int i=0;i<arr.length;i++)
      {
          System.out.println(arr[i]);
      }
   }
}
```

La salida de este programa será:

```
Pedro, 18, 5.3
Alberto, 19, 4.6
Juan, 20, 8.5
```

Los métodos (estáticos o no) pueden ser genéricos independientemente de que la clase lo sea. Como `ordenar`, que es estático y recibe un parámetro de tipo `T[]`.

El tipo `T` no existe dentro de la clase `Util`, pues esta no es una clase genérica. Por lo tanto, el único modo en que `ordenar` podría recibir un parámetro de este tipo de dato genérico es que el mismo método lo declare, es decir, que el método sea genérico.

Para hacer que un método sea genérico indicaremos, justo antes del tipo de dato de su valor de retorno, cuáles serán los identificadores de sus tipos genéricos. Después de esto, dentro del método podremos hacer uso de estos tipos de dato.

También podemos restringir el alcance del tipo genérico. En nuestro caso, como ya explicamos, `T` debe ser alguna clase que implemente `Comparable<T>`.

```
public static <T extends Comparable<T>> void ordenar(T arr[])
```

NOTA: Las *interfaces* se implementan. Sin embargo, la sintaxis que restringe el alcance del tipo de dato genérico utiliza la palabra `extends`, lo cual puede resultar confuso.

La clase `Alumno` cumple con este requisito. Recordemos su encabezado.

```
public class Alumno implements Comparable<Alumno>
```

Luego, invocaremos el método estático y genérico `ordenar` del siguiente modo:

```
Util.ordenar(arr);
```

El diagrama que veremos a continuación repasa la relación existente entre las clases `Alumno`, `Util` y la *interface* `Comparable`.

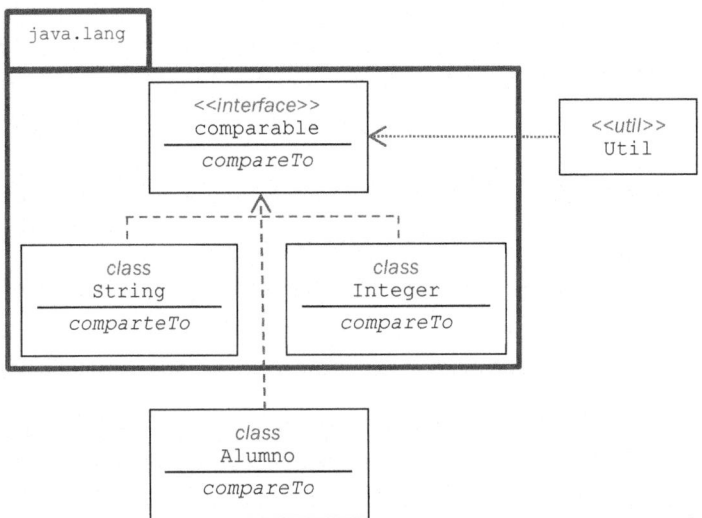

Figura 2.6. Diagrama de clases UML que ilustra la relación entre Comparable y el método ordenar.

En el diagrama vemos que la clase `Alumno` implementa la *interface* `Comparable` y sobrescribe el método `compareTo`. Por otro lado, la clase `Util` tiene un método `ordenar` que ordena un `T[]`, siendo `T[i]` una instancia de `Comparable<T>` (para todo valor de *i*). `Alumno` encaja perfectamente en `T`, pues el único requisito es que `T` sea una clase que implemente `Comparable`.

El diagrama también refleja que las clases `String` e `Integer` (provistas por Java en el paquete `java.lang`) son implementaciones de `Comparable`. Así que el método `ordenar` perfectamente podrá ordenar *arrays* de `String` e `Integer`, pues, al ser ambas clases *comparables*, sus elementos también lo serán.

Ampliaremos el método `main` de la clase `TestOrdenar` para ordenar un *array* de `String` y otro de `Integer`.

```java
public class TestOrdenar
{
    public static void main(String[] args)
    {
        // Ordenamos y mostramos un Alumno[]
        Alumno arr1[] = {new Alumno("Juan",20,8.5)
                        ,new Alumno("Pedro",18,5.3)
                        ,new Alumno("Alberto",19,4.6)};

        Util.ordenar(arr1);
        muestraArray(arr1);

        // Ordenamos y mostramos un String[]
        String[] arr2 = {"Pablo","Andres","Marcelo"};
        Util.ordenar(arr2);
        muestraArray(arr2);

        // Declaramos y mostramos un Integer[]
        Integer[] arr3 = {3,1,2};
        Util.ordenar(arr3);
        muestraArray(arr3);
    }

    private static <T> void muestraArray(T arr[])
    {
        for(int i=0;i<arr.length;i++)
        {
            System.out.println(arr[i]);
        }
    }
}
```

En este ejemplo utilizamos `Util.ordenar` para ordenar *arrays* de diferentes tipos de dato: `Alumno`, `String` e `Integer`. Estas clases son muy diferentes entre sí, pero tienen en común que son *comparables*, razón por la cual sus elementos tienen el método `compareTo`, que utilizamos dentro del método `ordenar`.

Adicionalmente, agregamos a `TestOrdenar` el método `muestraArray`, que recibe un `T[]`, lo recorre y muestra sus elementos por consola.

Observemos el prototipo de `muestraArray`:

```
private static <T> void muestraArray(T arr[])
```

Aquí no exigimos que `T` sea una implementación de `Comparable<T>`. Esto se debe a que no estamos interesados en invocar el método `compareTo` sobre los elementos del *array*. En otras palabras, `muestraArray` es más amplio que `ordenar`, en el sentido de que lo podemos usar para mostrar *arrays* de cualquier tipo, sin ninguna restricción.

Para terminar, y volviendo a la consigna original, hemos logrado que el método `ordenar` ordene objetos de cualquier tipo, siempre y cuando ese tipo de dato implemente `Comparable`.

2.4.5. DESACOPLAR TODAVÍA MÁS

En el ejemplo anterior hicimos que `Alumno` implemente `Comparable`, estableciendo que el criterio de precedencia entre dos alumnos es su edad. Según este criterio, un alumno *precede* a otro si el valor de su atributo `edad` es menor que el valor del mismo atributo del otro alumno.

Con la *interface* `Comparable` pudimos desarrollar un método capaz de ordenar conjuntos de objetos de cualquier tipo, siempre que estos fuesen *comparables*. Sin embargo, si quisiéramos cambiar el criterio de comparación para establecer que un alumno *precede* a otro según el orden alfabético de su nombre, tendremos que reprogramar `compareTo`, lo que conllevaría perder el criterio de comparación anterior, porque solo podemos sobrescribir `compareTo` una única vez. La *interface* `Comparable` nos obliga a hardcodear el criterio de comparación en las clases que la implementan.

Lo lógico sería tener la posibilidad de ordenar el conjunto de alumnos en función de cualquier criterio de precedencia, como ser el nombre del alumno, su edad o su nota promedio, en orden ascendente o descendente, y las diferentes combinaciones de todo esto. Por ejemplo, ordenarlo descendentemente por `notaPromedio`, y a igual `notaPromedio`, ascendentemente por `nombre`.

Con un pequeño cambio en el diseño de `ordenar` podremos separar o desacoplar la clase y el criterio de precedencia. Nos apoyaremos en la siguiente *interface*, cuyo método `comparar` recibe dos valores del mismo tipo, y retorna un valor mayor, menor o igual a cero, según resulte de la comparación entre esos parámetros.

```java
public interface Criterio<T>
{
    public int comparar(T a,T b);
}
```

Analicemos el siguiente diagrama:

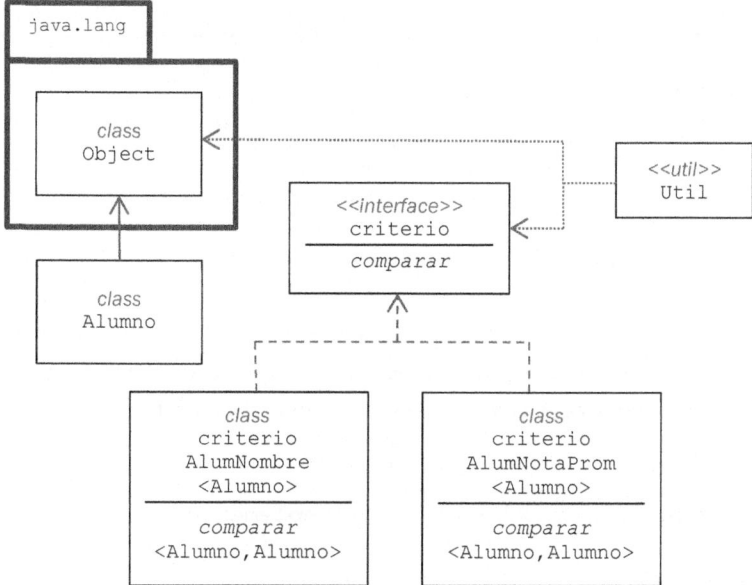

Figura 2.7. La interface Criterio y algunas de sus implementaciones.

En el diagrama observamos que `Alumno` ya no implementa `Comparable`. También vemos dos implementaciones de la *interface* `Criterio`: una que compara alumnos en función de su nombre y otra que lo hace según su nota promedio. Y por supuesto, podríamos tener tantas otras implementaciones como quisiésemos.

La nueva versión del método `Util.ordenar` recibirá el `T[]` y una implementación de `Criterio`. El único cambio que tendremos que hacer en el algoritmo consistirá en invocar el método `comparar` en lugar de `compareTo`.

La *interface* `Criterio` es genérica en `T`, por esto podemos asegurar que los dos objetos que se vayan a comparar con el método `comparar` serán del mismo tipo.

Veamos el código de las dos implementaciones de `Criterio<T>` que se exponen en el diagrama: `CriterioAlumNombre`, que compara dos alumnos por su nombre, y `CriterioAlumNotaProm`, que lo hace teniendo en cuenta su nota promedio.

En la siguiente implementación, invocamos el método `compareTo` del nombre del alumno `a` para compararlo con el nombre del alumno `b`. Justamente, dicho método retorna un valor entero con el signo que nosotros estamos necesitando.

```java
public class CriterioAlumNombre implements Criterio<Alumno>
{
    public int comparar(Alumno a,Alumno b)
    {
        return a.getNombre().compareTo(b.getNombre());
    }
}
```

En la siguiente implementación no podemos retornar directamente la diferencia entre ambas notas promedio (`diff`), porque al ser `double` su diferencia también lo será. Usaremos un *if inline* para evaluar el signo de esa diferencia y retornaremos 1, -1 o 0.

```java
public class CriterioAlumNotaProm implements Criterio<Alumno>
{
    public int comparar(Alumno a,Alumno b)
    {
        double diff=a.getNotaPromedio()-b.getNotaPromedio();
```

```
        return diff>0 ? 1: diff <0 ? -1 : 0;
    }
}
```

Recordemos cómo funciona el *if inline*, que en este caso serán dos *if inline* anidados.

```
return diff>0 ? 1: diff <0 ? -1 : 0;
```

Primero preguntamos si `diff` es mayor que cero; en tal caso retornamos 1. Si no se verifica la condición anterior, preguntamos si `diff` es menor que cero; de ser así retornamos -1 . Y si no se verifican ambas condiciones retornamos cero.

Veamos ahora cómo debemos modificar al método `ordenar` para que reciba un `T[]` y una implementación de la *interface* `Criterio`.

```
public class Util
{
    public static <T> void ordenar(T arr[],Criterio<T> cr)
    {
        for(int n=0;n<arr.length;n++)
        {
            for(int i=0;i<arr.length-1;i++)
            {
                if(cr.comparar(arr[i],arr[i+1])>0)
                {
                    T aux = arr[i];
                    arr[i]=arr[i+1];
                    arr[i+1]=aux;
                }
            }
        }
    }

    public static <T> void imprimir(T arr[])
    {
        for(int i=0;i<arr.length;i++)
        {
```

```
          System.out.println(arr[i]);
      }
   }
}
```

Aprovechamos e incluimos en la clase `Util` el método `imprimir`, que recorre y muestra por consola todos los elementos de un `T[]`.

Para terminar, veremos un ejemplo donde declaramos un `Alumno[]` y lo imprimimos ordenado, primero por `nombre` y luego por `notaPromedio`.

```java
public class TestCriterio
{
   public static void main(String[] args)
   {
      Alumno arr[]= { new Alumno("Carlos",23,7.3)
                    , new Alumno("Martin",25,4.5)
                    , new Alumno("Anastasio",20,9.8)};

      Util.ordenar(arr,new CriterioAlumNombre());
      Util.imprimir(arr);

      Util.ordenar(arr,new CriterioAlumNotaProm());
      Util.imprimir(arr);
   }
}
```

2.4.6. EXPRESIONES LAMBDA

Las expresiones lambda permiten implementar *interfaces*. La única restricción es que la *interface* debe tener declarado un único método.

Por ejemplo, la clase `CriterioAlumNombre`, que escribimos para implementar `Criterio`, podría ser reemplazada por la siguiente expresión lambda:

```java
Criterio<Alumno> c1 = (a,b)->a.getNombre()
                              .compareTo(b.getNombre());
```

La expresión lambda del código anterior la interpretaremos del siguiente modo:

1. Asignamos una expresión lambda a la variable `c1`, cuyo tipo de dato es `Criterio<Alumno>`.
2. `a` y `b` son los parámetros del método `comparar` de la *interface* `Criterio` que estamos implementando. Ambos son tipo `Alumno`, pues declaramos la variable `c1` como `Criterio<Alumno>`.
3. La flecha `->` señala el valor que retornará el método `comparar` que estamos implementando con la expresión lambda.

La clase `CriterioAlumNotaProm` podrá reemplazarse con esta otra expresión.

```
Criterio<Alumno> c2 = (a,b) -> {
    double diff=a.getNotaPromedio()-b.getNotaPromedio();
    return diff>0?1:diff<0?-1:0;
};
```

En este caso:

1. Asignamos la expresión lambda a `c2`, cuyo tipo es `Criterio<Alumno>`.
2. `a` y `b` son los parámetros del método `comparar` de `Criterio`. Como `c2` es `Criterio<Alumno>`, `a` y `b` son tipo `Alumno`.
3. La flecha `->` está seguida de un bloque de código delimitado por llaves `{ }`.
4. El bloque de código es la implementación del método `comparar`.

Al principio la sintaxis puede parecer un poco engorrosa, pero, una vez que estemos familiarizados, las expresiones lambda nos resultarán muy ágiles y útiles.

Finalmente, modificaremos el programa principal para reemplazar las instancias de `CriterioAlumNombre` y `CriterioAlumNotaProm` por estas dos expresiones lambda, resolviendo así ambas implementaciones de `Criterio`. Con esto, las clases `CriterioAlumNombre` y `CriterioAlumNotaProm` ya no serán necesarias.

```
public static void main(String[] args)
{
    Alumno arr[]= { new Alumno("Carlos",23,7.3)
                  , new Alumno("Martin",25,4.5)
                  , new Alumno("Anastasio",20,9.8)};
```

```
// Determinamos un orden alfabetico ascendente
Criterio<Alumno> c1=(a,b)->a.getNombre()
                            .compareTo(b.getNombre());

Util.ordenar(arr,c1);
Util.imprimir(arr);

// Determinamos un orden ascendente por nota promedio
Criterio<Alumno> c2=(a,b) -> {
    double diff=a.getNotaPromedio()-b.getNotaPromedio();
    return diff>0?1:diff<0?-1:0;
};

Util.ordenar(arr,c2);
Util.imprimir(arr);
}
```

2.4.7. **INTERFACE** Comparator

Esta *interface* del paquete java.util tiene exactamente la misma funcionalidad que Criterio, que desarrollamos y utilizamos en los apartados anteriores. Su código es:

```
public interface Comparator<T>
{
    public int compare(T a,T b);
}
```

Como Comparator forma parte de la biblioteca de clases e *interfaces* del lenguaje de programación Java, Criterio ya no tiene sentido, así que reemplazaremos el uso de la *interface* Criterio en Util.ordenar por Comparator.

```
// Reemplazamos Criterio por Comparator
public static <T> void ordenar(T arr[],Comparator<T> cr)
{
    for(int n=0;n<arr.length;n++)
    {
```

```
        for(int i=0;i<arr.length-1;i++)
        {
            // Reemplazamos comparar por compare
            if(cr.compare(arr[i],arr[i+1])>0)
            {
                T aux = arr[i];
                arr[i]=arr[i+1];
                arr[i+1]=aux;
            }
        }
    }
}
```

En el siguiente programa creamos una lista de números enteros y la ordenamos de diferentes modos.

```
public static void main(String[] args)
{
    Integer[] x = {2,5,3,9,7,1,6};

    // ordeno de menor a mayor
    Comparator<Integer> c1 = (a,b)->{return a-b;};
    Util.ordenar(x,c1);
    Util.imprimir(x);

    // ordeno de mayor a menor
    Comparator<Integer> c2 = (a,b)->{return b-a;};
    Util.ordenar(x,c2);
    Util.imprimir(x);
}
```

Siempre debemos priorizar el uso de los recursos que son nativos del lenguaje, como en este caso lo es la *interface* Comparator.

En tal sentido, la clase MiColeccion y el método ordenar de la clase Util también carecen de utilidad, pues Java provee una extensa API estándar para el manejo de colecciones de objetos.

2.5. *FRAMEWORK* DE COLECCIONES DE JAVA

JCF (*Java Collections Framework*) es un conjunto de *interfaces* y clases que implementan diversas estructuras de datos. Se trata de una API o biblioteca cuyas clases proveen la funcionalidad necesaria para gestionar colecciones de objetos.

2.5.1. LISTAS Y COLECCIONES

Llamaremos *colección* a cualquier conjunto de objetos. Un `String[]` es una colección de cadenas, un `int[]` es una colección de números enteros y un `Object[]` es una colección de objetos. Pero, cuando hablamos de *listas* o *colecciones*, generalmente estaremos haciendo referencia a clases que implementan las *interfaces* `List` o `Collection` del paquete `java.util`.

Además, la *interface* `List` extiende a `Collection`, por lo cual hablaremos indistintamente de *lista* o *colección*. En el siguiente diagrama veremos la relación de herencia que existe entre estas *interfaces* y la clase `ArrayList`, que es una de las clases más utilizadas para contener colecciones de objetos.

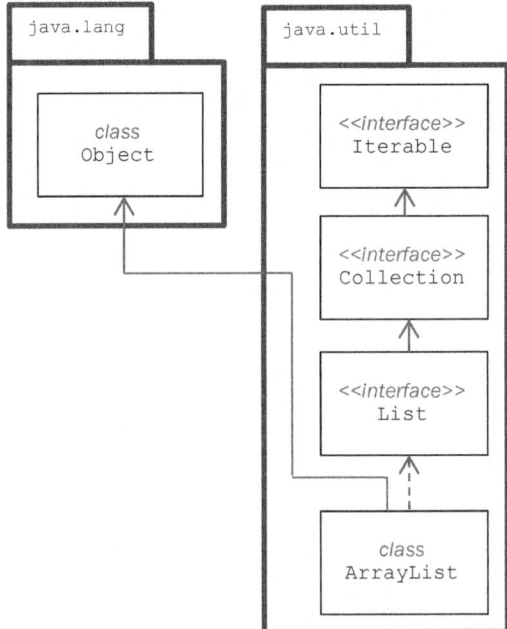

Figura 2.8. Interfaces List, Collection y la clase ArrayList.

Para que resulte más claro, en el diagrama omití indicar que, en realidad, `ArrayList` no extiende directamente a `Object`, sino que es una subclase de `AbstractList`, quien a su vez es subclase de `AbstractCollection`, la cual sí extiende directamente a `Object`. (Recordemos que podemos omitir aquellos detalles que consideremos irrelevantes o confusos, o que momentáneamente no aporten información.)

A continuación, veremos un ejemplo que ilustra cómo utilizar *la colección* `ArrayList`. Creamos un *arraylist*, le agregamos algunos valores y lo iteramos para mostrar por consola su contenido.

```java
// coleccion de cadenas
ArrayList<String> a = new ArrayList<>();

// le asigno algunos valores
a.add("Pablo");
a.add("Juan");
a.add("Carlos");

for(int i=0;i<a.size();i++ )
{
    // el metodo get retorna el i-esimo elemento
    String aux = a.get(i);
    System.out.println(aux);
}
```

No debemos confundir *array* con `ArrayList`. El primero es una estructura de datos primitiva que forma parte del lenguaje de programación. Como programadores, no podemos programar un *array*. En cambio, `ArrayList` es una clase programada en Java que está incluida en la biblioteca de clases estándar.

Es importante entender que una instancia de `ArrayList` mantiene en memoria una lista de objetos. No conocemos cómo lo hace ni qué estrategia utiliza, porque detrás de las clases quedan encapsuladas las estructuras de datos y la lógica de sus operaciones asociadas.

Utilizaremos `ArrayList` siempre y cuando nos resulte útil y eficiente; de lo contrario, podemos buscar en la biblioteca estándar alguna clase similar, o desarrollar la nuestra propia (como hicimos más arriba con `MiColeccion`).

¿Qué sucedería si utilizásemos `ArrayList` y posteriormente la quisiéramos cambiar por otra clase? Tendríamos que *buscar y reemplazar* en todo el código fuente, lo cual no sería una tarea del todo grata.

¿Qué sucedería si los métodos que invocamos sobre la instancia de `ArrayList` no coincidiesen con los métodos de la clase que habíamos escogido para reemplazarla?

Estos interrogantes refuerzan los conceptos que estudiamos en las secciones anteriores, donde hablamos de desacoplamiento y factorías de objetos.

Reformularemos el ejemplo anterior, pero considerando que la lista de nombres la obtendremos a través de una clase utilitaria que llamaremos `NombresUtil`. Esta clase tendrá un método estático `obtenerLista`.

```java
public class NombresUtil
{
    public static List<String> obtenerLista()
    {
        ArrayList<String> a = new ArrayList<>();
        a.add("Pablo");
        a.add("Juan");
        a.add("Carlos");
        return a;
    }
}
```

Aunque `obtenerLista` indica que retornará un `List<String>`, en su código podemos ver que retorna un `ArrayList<String>`, lo cual es perfectamente válido, porque `ArrayList` es una implementación de `List`. Además, por ser `List` una *interface*, no es pasible de que sea instanciada.

Aplicando lo anterior, en el programa podremos obtener la lista de nombres a través de `NombresUtil.obtenerLista`, y así desentendernos de cuál es la implementación concreta de `List`.

```java
List<String> lst = NombresUtil.obtenerLista();
for(String nom: lst)
{
```

```
    System.out.println(nom);
}
```

Desde el punto de vista del programa que invoca `obtenerLista`, no conocemos cuál es la implementación concreta de `List` que este método nos entregó. Podría ser `ArrayList` o cualquier otra implementación de `List` de las que se proveen en la biblioteca estándar de clases, como por ejemplo `LinkedList`. Incluso, si en `MiColeccion` hubiéramos implementado `List`, perfectamente `obtenerLista` podría retornar una instancia de nuestra propia colección de objetos.

Está claro que `obtenerLista` es un *factory method*.

2.5.2. *FOR-EACH*

En el ejemplo anterior utilizamos un ciclo `for` especial que aún no hemos explicado. Se trata del *for-each*, una variación del ciclo iterativo `for` que, en ocasiones, simplifica la tarea de recorrer listas o *arrays*.

Dentro del *for-each* tenemos que declarar una variable cuyo tipo de dato debe coincidir con el de los elementos de la lista. El `for` recorrerá la colección y asignará cada uno de sus elementos a la variable que hemos declarado.

```
for(String nom: lst)
{
    System.out.println(nom);
}
```

Podemos iterar instancias de `List`, `Collection`, `Iterator` y *arrays*, siempre y cuando estas sean *tipadas*. Por ejemplo, `List<Integer>` o `Collection<String>`.

2.5.3. CAMBIO DE IMPLEMENTACIÓN

Supongamos que en `NombresUtil.obtenerLista`, por el motivo que fuere, decidimos reemplazar `ArrayList` por `LinkedList`, que como ya mencionamos es otra implementación de `List`.

```
public class NombresUtil
{
    public static List<String> obtenerLista()
    {
        LinkedList<String> x = new LinkedList<String>();
        x.add("Pablo");
        x.add("Juan");
        x.add("Carlos");
        return x;
    }
}
```

Este cambio de implementación no ocasionará ningún impacto negativo en el programa principal, pues el tipo de dato de la variable `lst` que utilizamos para referenciar la colección de nombres es `List`. El hecho de usar variables del tipo de la *interface* nos vuelve independientes de cualquier implementación particular que decidamos utilizar.

2.5.4. MAPAS O DICCIONARIOS DE DATOS

`Map` es una *interface* que representa un conjunto de elementos, cada uno de ellos compuesto por una dupla {clave,valor}. Aunque no existe ninguna relación de herencia entre `Map` y `List`, `Collection` o `Iterator`, solemos describir a `Map` como *una colección de pares*.

Java provee diversas implementaciones de `Map`. La más utilizada es `HashMap`. Veamos un ejemplo.

```
HashMap<String,Integer> m = new HashMap<>();
m.put("uno",1);
m.put("dos",2);
m.put("tres",3);

// recupero el valor asociado a la key "dos"
int x = m.get("dos");
System.out.println(x); // SALIDA: 2
```

Los mapas se pueden iterar para tener acceso a sus claves o a sus valores.

```
HashMap<String,Integer> m = new HashMap<>();
m.put("uno",1);
m.put("dos",2);
m.put("tres",3);

// Iteramos por values
for(int i:m.values())
{
    System.out.println(i);
}

// Iteramos por keys
for(String s:m.keySet())
{
    System.out.println(s);
}
```

2.5.5. LAS CLASES Collections y Arrays

Estas clases utilitarias proveen funcionalidad relacionada con la gestión de colecciones de objetos. A continuación, veremos algunos ejemplos.

2.5.5.1. Convertir *arrays* en List y viceversa

En el siguiente ejemplo convertimos un *array* primitivo en una instancia de List.

```
int[] arr = {1,2,3,4};
List<Integer> lst = Arrays.asList(arr);
```

Aunque no conocemos cuál es la implementación de List, nos entregó asList. Este detalle resulta irrelevante para nosotros, pues asList es un *factory method*.

También podemos obtener una lista a partir de un conjunto de elementos.

```
List<Integer> lst = Arrays.asList(1,2,3,4);
```

El caso inverso será convertir una instancia de List en un *array* primitivo.

```
List<Integer> lst = Arrays.asList(1,2,3,4);
Integer[] arr = (Integer[])lst.toArray();
```

2.5.5.2. Ordenar listas y *arrays*

En el siguiente ejemplo usamos Collections.sort para ordenar una lista en función de dos criterios diferentes, establecidos por *comparators* que implementamos a través de expresiones lambda.

```
List<Integer> lst = Arrays.asList(5,3,1,4,2);

// Ordenamos de mayor a menor
Comparator<Integer> cmp1 = (a,b)->a-b;
Collections.sort(lst,cmp1);

System.out.println(lst);

// Ordenamos de menor a mayor
Comparator<Integer> cmp2 = (a,b)->b-a;
Collections.sort(lst,cmp2);
System.out.println(lst);
```

Asimismo, el método Arrays.sort permite ordenar *arrays*.

En el siguiente ejemplo usamos Arrays.sort para ordenar un *array* según dos criterios diferentes. A diferencia del ejemplo anterior, aquí no asignaremos las expresiones lambda en variables, sino que se las pasaremos como argumento al método sort.

```
Integer[] arr = {2,5,1,4,3,7,6};

// Ordenamos de menor a mayor
Arrays.sort(arr,(a,b)->a-b);

// Ordenamos de mayor a menor
Arrays.sort(arr,(a,b)->b-a);
```

2.5.6. La clase `Properties`

Al igual que `Map`, la clase `Properties` (propiedades) representa un conjunto de pares {clave,valor}. Sin embargo, en esta clase ambos elementos del par deben ser cadenas de caracteres.

En realidad, `Properties` extiende a `Hashtable`, que es una implementación de `Map`; así que `Propereties` también lo es. Pero no nos interesa su faceta de *map*, sino la funcionalidad que ofrece para grabar y leer propiedades en archivos de texto.

Los principales métodos de `Properties` son `setProperty` y `getProperty`, que respectivamente permiten agregar un nuevo par al conjunto y recuperar un valor existente asociado a una determinada clave. Indistintamente podemos referirnos a cada par {clave,valor} como *property* o bien {*key,property*}.

En el siguiente ejemplo creamos un objeto de la clase `Properties`, le agregamos algunas *properties* con `setProperty` y las recuperamos con `getProperty`.

```java
// Declaramos una instancia de Properties
Properties prop = new Properties();

// Asignamos propiedades y valores
prop.setProperty("nombre","Pablo");
prop.setProperty("apellido","Sznajdleder");
prop.setProperty("fechaNacimiento","24/5/1970");
prop.setProperty("dni","23122343");
prop.setProperty("direccion","Av. Del Libertador 2312");

// Obtenemos el valor de una propiedad
String dir = prop.getProperty("direccion");
System.out.println(dir); // SALIDA: Av. Del Libertador 2312

// Intentamos leer el valor de una propiedad que no existe
String edad = prop.getProperty("edad");
System.out.println(edad); // SALIDA: null
```

Observemos que en ningún momento hemos asignado la propiedad `edad`, por lo que `peop.getProperty("edad")` retornará `null`.

La salida de este programa será la siguiente:

```
Av. Del Libertador 2312
null
```

2.5.6.1. Grabar *properties* en un archivo de texto

El método `store` graba en un archivo de texto las *properties* que contiene una instancia de `Properties`. Para invocarlo será necesario encerrarlo dentro de un bloque *try-catch* (esto lo estudiaremos más adelante).

```java
try
{
    // Abrimos el archivo y grabamos las properties
    String filename = "c:/archivos/persona.properties";
    FileOutputStream fos = new FileOutputStream(filename);
    prop.store(fos,"Esto es un comentario");
}
catch(Exception ex)
{
    ex.printStackTrace();
}
```

Este código genera el archivo `persona.properties` en la carpeta `c:\archivos`. Si no indicamos la ruta, este se creará en la carpeta del proyecto. Veamos el archivo:

```
#Esto es un comentario
nombre=Pablo
apellido=Sznajdleder
fechaNacimiento=24/5/1970
dni=23122343
direccion=Av. Del Libertador 2312
```

2.5.6.2. Leer *properties* almacenadas en un archivo de texto

El método `load` lee las *properties* almacenadas en un archivo de texto y las agrega a una instancia de `Properties`.

```java
try
{
```

```
// Creamos la instancia, abrimos el archivo y lo leemos
Properties prop = new Properties();
String filename = "c:/archivos/persona.properties";
FileInputStream fis = new FileInputStream(filename);
prop.load(fis);

System.out.println(prop.getProperty("nombre"));
System.out.println(prop.getProperty("apellido"));
System.out.println(prop.getProperty("direccion"));
System.out.println(prop.getProperty("edad")); // null
}
catch(Exception ex)
{
    ex.printStackTrace();
}
```

La salida será:

```
Pablo
Sznajdleder
Av. Del Libertador 2312
null
```

Por omisión, si no especificamos una ruta concreta para el archivo, se espera que este exista en la carpeta del proyecto.

2.5.6.3. Archivo de propiedades ubicado dentro del CLASSPATH

El archivo *properties* también podría estar en alguna de las carpetas del CLASSPATH; es decir, en el *package root* o en alguno de los paquetes. En tal caso pasará a ser un recurso del sistema y podremos desentendernos de su ubicación. Incluso, hasta podría estar dentro de un archivo .jar o .zip.

```
try
{
    // classloader
    ClassLoader loader = Thread.currentThread()
                                .getContextClassLoader();
```

```
    // preparamos para leer el archivo
    String filename = "persona.properties";
    InputStream is = loader.getResourceAsStream(filename);

    // leemos las propiedades desde el archivo
    Properties prop = new Properties();
    prop.load(is);
}
catch(Exception ex)
{
    ex.printStackTrace();
}
```

En el ejemplo se espera que `persona.properties` esté ubicado en el *package root*. Si estuviese ubicado en algún paquete, como puede ser `javaafondo.recursos`, el valor inicial que deberíamos darle a `filename` sería el siguiente:

```
String filename = "javaafondo/recursos/persona.properties";
```

2.5.6.4.   Simplificando el modo en que accedemos a un archivo de propiedades

Los archivos de propiedades son muy usados. Por esto, vamos a desarrollar una clase utilitaria para encapsular y simplificar las líneas de código anteriores. La llamaremos `PropertiesUtil` y tendrá un método `getProperties` sobrecargado dos veces:

- `static Properties getProperties(String fullFilename)`
- `static Properties getProperties(Class<?> clazz)`

La primera versión del método recibe el nombre completo del archivo. Simplemente lo leerá y retornará su contenido en una instancia de `Properties`.

La segunda versión recibe una instancia de `Class`, y asumirá que el nombre del archivo y su ubicación coinciden con el nombre de la clase y el paquete al que pertenece.

(En el código de `PropertiesUtil`, que veremos a continuación, utilicé algunos recursos que aún no hemos estudiado. Por ejemplo, la palabra `throws` y el bloque *trycatch con recurso*. Ambas cuestiones las estudiaremos antes de finalizar el presente capítulo. También la clase `InputStream`, que abordaremos más adelante, en el capítulo de *flujos de entrada y salida*.)

```java
public class PropertiesUtil
{
    // Leemos la propiedades desde un InputStream
    private static Properties _getProperties(InputStream is)
                                                    throws Exception
    {
        Properties prop = new Properties();
        prop.load(is);
        return prop;
    }

    public static Properties getProperties(String filename)
    {
        // Obtenemos el FileInputStream y leermos la props
        try(FileInputStream fis = new FileInputStream(filename))
        {
            return _getProperties(fis);
        }
        catch(Exception e)
        {
            e.printStackTrace();


            throw new RuntimeException(e);
        }
    }

    public static Properties getProperties(Class<?> clazz)
    {
        // obtenemos el nombre del archivo
        String fname = clazz.getName().replace('.','/');
        fname += ".properties";

        ClassLoader loader = Thread.currentThread()
                                    .getContextClassLoader();

        try(InputStream is=loader.getResourceAsStream(fname))
        {
            return _getProperties(is);
        }
        catch(Exception e)
        {
            e.printStackTrace();
```

```
            throw new RuntimeException(e);
        }
    }
}
```

Veamos cómo utilizar `PropertiesUtil` para acceder a las propiedades que describe el archivo `persona.properties`, ubicado en la carpeta del proyecto.

```
Properties props =
        PropertiesUtil.getProperties("persona.properties");
```

La versión sobrescrita de `getProperties` hace posible que un archivo de propiedades esté vinculado a una clase. Dicho de otro modo, permite que una clase disponga de un archivo de propiedades exclusivo.

Por ejemplo, si tuviésemos una clase `MiSistema` para la cual necesitásemos describir propiedades, como podrían ser ciertos parámetros para conectarse con una base de datos, la dirección de un *server* donde están hospedadas las imágenes, o una contraseña principal, el archivo debería llamarse `MiSistema.properties` y estar ubicado en el mismo *package* que la clase. Su contenido sería algo así:

```
userDB=scott
pwdDB=tiger
imageHost=miapp.com/imagenes
mainPwd=123
```

Luego, podríamos acceder a su contenido de la siguiente manera:

```
Properties props =
        PropertiesUtil.getProperties(MiSistema.class);
```

2.6. EXCEPCIONES

2.6.1. INTRODUCCIÓN

Las excepciones son un mecanismo de tratamiento de error que permite que, ante la ocurrencia de uno, los métodos finalicen abruptamente *y arrojen una excepción.*

El prototipo de un método permite declarar que en caso de error se arrojará una excepción de uno u otro tipo. Para esto se utiliza la palabra throws. Quien invoque este método estará obligado a encerrar la llamada dentro de un bloque *try-catch*. El programa ejecutará linealmente el código encerrado dentro del bloque try, y si llegase a ocurrir algún error, el control pasará de inmediato al bloque catch, donde será nuestra responsabilidad determinar qué hacer.

Por ejemplo, el constructor de FileInputStream declara que, si surgiese un error, se arrojará una excepción tipo FileNotFoundException.

```
public FileInputStream(String filename)
                    throws FileNotFoundException;
```

Si quisiéramos instanciar a esta clase, sí o sí tendremos que hacerlo dentro de un bloque *try-catch*. De otro modo no compilaría.

```
FileInputStream fis = null;

try
{
    fis = new FileInputStream("unArchivo.txt");
    // ...
}
catch(FileNotFoundException ex)
{
    // aqui hacemos algo con el error que ocurrio...
}
```

Existen dos tipos de excepciones: *declarativas* y *no declarativas*. Las excepciones *declarativas*, como `FileNotFoundException`, son aquellas que declaramos en los prototipos de los métodos. Obligan a los programadores que las invocan a encerrar la llamada dentro de un bloque *try-catch*. Por el contrario, las *no declarativas* pueden ocurrir aún sin que el método las declare y sin que el programador encierre la llamada al método en un bloque *try-catch*. Un ejemplo de este tipo de excepciones es `ArrayIndexOutOfBoundException`. Veamos:

```java
public void unMetodo()
{
    // Un array con capacidad para 3 valores enteros
    int arr[] = {1,2,3};

    for(int i=0;i<10;i++)
    {
        // El valor de i excede la capacidad del array
        System.out.println( arr[i] );
    }
}
```

En la cuarta iteración del ciclo `for`, cuando `i` vale 3, se generará una excepción tipo `ArrayIndexOutOfBoundException`, que hará que el método `unMetodo` finalice abruptamente. Su llamador también finalizará abruptamente, y así sucesivamente, a no ser que en algún lugar de la pila de llamadas hayamos utilizado un bloque *try-catch*.

Dentro del bloque `catch` podemos hacer lo que consideremos necesario para enmendar el error ocurrido, ya sea mostrar un mensaje al usuario, escribir una línea de *log*, intentarlo por segunda vez, etc. Pero lo que estamos obligados a hacer es mostrar por consola el estado de la pila de llamadas en el momento que ocurra el error. Esto se llama *stack trace* y lo mostramos con el método `printStackTrace`.

```java
    // ...
}
catch(FileNotFoundException ex)
{
    // mostramos la pila de llamadas en la consola
    ex.printStackTrace();
```

```
}
```

Aunque mostrar el *stack trace* no es obligatorio, no hacerlo sería una pésima práctica de programación, pues la información que permite visualizar es crucial para entender qué originó el error y solucionarlo. Mucho peor todavía sería dejar vacío el `catch`, porque, si llegase a ocurrir un error, el método saltaría al `catch` y luego seguiría su curso como si nada hubiera sucedido, originando otros errores derivados del anterior.

```
    // ...
}
catch(FileNotFoundException ex)
{
}
```

Los métodos pueden *propagar* las excepciones que ocurren en su interior, es decir, en lugar de capturarlas con un bloque *try-catch* podemos propagarlas para que sea el llamador del método quien se haga cargo de tratarlas. En este caso, en el prototipo del método debemos declarar que, eventualmente, el método arrojará una excepción. Lo vemos a continuación, donde ya no estamos obligados a usar *try-catch* para instanciar a `FileInputStream`, pero sí lo estará quien invoque al método `usaUnArchivo`.

```
public void usaUnArchivo() throws FileNotFoundException
{
    FileInputStream fis = new FileInputStream("unArchivo.txt");
    // ...
}
```

Para finalizar esta introducción, mencionaremos que un método podría declarar varias excepciones, todas de diferentes tipos. En tal caso quien lo llame tendrá que invocarlo dentro de un bloque *try-catch*, que deberá tener tantos `catch` como excepciones de diferentes tipos el método pudiera arrojar.

En el siguiente ejemplo instanciamos a `FileInputStream`, cuyo constructor declara una excepción tipo `FileNotFoundException`. Invocamos el método `read`, que declara arrojar una excepción tipo `IOException`. Ambos métodos los invocamos dentro del bloque `try`, y capturamos sus errores con dos bloques `catch`.

```java
FileInputStream fis = null;

try
{
    // Abrimos el archivo
    fis = new FileInputStream("unArchivo.txt");

    // Leemos el primer caracter
    int c = fis.read();

    // ...
}
catch(FileNotFoundException ex)
{
    // aqui hacemos algo con el error que ocurrio...
}
catch(IOException ex)
{
    // aqui hacemos algo con el error que ocurrio...
}
```

También quiero destacar el hecho de que todas las excepciones son instancias de clases que heredan de `Exception`. Esto es muy importante, pues con un único bloque `catch` podremos capturar todos los errores, sean del tipo que sean.

```java
FileInputStream fis = null;

try
{
    // Abrimos el archivo y leemos el primer caracter
    fis = new FileInputStream("unArchivo.txt");
    int c = fis.read();
    // ...
```

```
}
catch(Exception ex)
{
    // aqui hacemos algo con el error que ocurrio...
}
```

2.6.2. EJEMPLO DE USO

Supongamos que disponemos de una clase `Aplicacion`, con un método `login`, a través del cual el usuario del sistema se podrá identificar. Este método recibe dos cadenas, `username` y `password`, y retorna una instancia de `Usuario`.

Los datos para validar la autenticación estarán en un archivo de propiedades propio de la clase `Aplicacion`. Su nombre será: `Aplicacion.properties`.

Aceptaremos también que contamos con la clase `Usuario`, que representa al usuario (único usuario) del sistema, cuyos atributos serán: `username`, `password`, `nombre`, `direccion` y `mail`, entre otros.

El método `login` verificará que los valores de las cadenas que recibe como parámetro (`username` y `password`) concuerden con las propiedades del archivo, y retornará una instancia de `Usuario` (o `null`, si alguno de estos valores no es correcto).

```
Aplicacion app = new Aplicacion();

// Intentamos el login
Usuario u = app.login("juan","juan123");

// Si el usuario o el password no son correctos...
if( u==null )
{
    System.out.println("usuario y/o password incorrectos");
}
else
{
    System.out.println("Felicitaciones, login exitoso!");
    System.out.println("Nombre: "+u.getNombre());
    System.out.println("Email: "+u.getEmail());
}
```

Así como está planteado, el método `login` encierra un importante error de diseño, pues solo considera dos escenarios posibles:

- El usuario se identifica correctamente (retorna una instancia de `Usuario`).
- El usuario no se puede identificar porque el *username* o el *password* ingresados son incorrectos (retorna `null`).

¿Qué valor debería retornar el método `login` si `Aplicacion.properties` no exis-tiese, estuviera corrupto o no incluyera una o ambas propiedades? Respondiendo a esta pregunta, `login` debería finalizar abruptamente *arrojando una excepción*.

Teniendo el archivo de propiedades creado y ubicado en la raíz del `CLASSPATH`, y aprovechando la clase `PropertiesUtil` que desarrollamos previamente, codificaremos la clase `Aplicacion` y el método `login`.

```java
public class Aplicacion
{
    public Usuario login(String u,String p)
    {
        try
        {
            // Leemos el archivo
            Properties prop = PropertiesUtil

.getProperties(Aplicacion.class);

            // Leemos el valor de la username y password
            String usr = prop.getProperty("username");
            String pwd = prop.getProperty("password");

            Usuario usuario = null;
            if( usr.equals(u) && pwd.equals(p) )
            {
                // Instanciamos un usuario y seteo los datos
                usuario = new Usuario();
                usuario.setUsrname(usr);
                usuario.setPassword(pwd);
                usuario.setNombre(prop.getProperty("nombre"));
                usuario.setEmail(prop.getProperty ("email"));
```

```
    }

    return usuario;
    }
catch(Exception ex)
    {
    // Ante cualquier error "salimos por excepcion"
    String mssg="Error verificando los datos";
    throw new RuntimeException(mssg,ex);
    }
    }
}
```

Como podemos ver, todo el código del método `login` está encerrado dentro de un bloque *try-catch*. Decimos que *intentamos ejecutar esas líneas* y suponemos que todo saldrá bien, incluso el `return` del método también está dentro del bloque `try`; pero. si algo llegase a fallar, la ejecución del código saltaría automáticamente a la primera línea del bloque `catch`.

En el `catch` usamos la palabra `throw` para *arrojar* una excepción *no declarativa* tipo `RuntimeException`, instanciándola con un mensaje y la excepción original.

¿Y qué podría salir mal dentro del método `login` que dé origen a una *exception*? Prestemos atención a la siguiente línea de código, donde le pedimos a `prop` la *property* asociada a la clave `username`.

```
String usr = prop.getProperty("username");
```

Si en `Aplicacion.properties`, por el motivo que fuere, no estuviera definida la *property* username, el método `getProperty` retornará `null` y la variable `usr` será `null`. Posteriormente, cuando preguntemos si `usr.equals(s)` tendremos un `NullPointerException`, pues no podemos invocar métodos sobre un objeto nulo.

Recordemos que una *exception* es una instancia de alguna clase que extiende a `Exception`, que a su vez es una subclase de `Throwable`.

Cuando programamos usando excepciones logramos un código más claro, directo y lineal, pues lo escribimos sin pensar en los errores que podrían ocurrir. Y sabemos que, ante la ocurrencia del primer error (*exception*), el programa *saltará* al bloque `catch`, donde le podremos dar al error un tratamiento adecuado; o bien, como en el ejemplo anterior, arrojar una nueva excepción, que deberá ser tratada por quien invocó el método que la arrojó.

Veamos el programa que utiliza el método `login` de la clase `Aplicacion`.

```java
public class TestLogin
{
    public static void main(String[] args)
    {
        try
        {
            Aplicacion app = new Aplicacion();

            // Intentamos el login
            Usuario u = app.login("juan","juan123");

            if( u!=null )
            {
                // Mostramos el resultado
                System.out.println(u);
            }
            else
            {
                String err = "Usuario y/o password incorrecto";
                System.out.println(err);
            }
        }
        catch(Exception ex)
        {
            // Ocurrio un error
            System.out.print("Fuera de servicio, ");
            System.out.println("Intente mas tarde.");
            System.out.println(ex.getMessage());
        }
    }
}
```

2.6.3. EXCEPCIONES DECLARATIVAS Y NO DECLARATIVAS

Como mencionamos en la introducción, existen dos tipos de excepciones: *declarativas* y *no declarativas*. Las primeras se declaran en el prototipo del método que las arroja, obligando a quien lo invoque a encerrar la llamada dentro de un bloque *try-catch*. Las excepciones no declarativas no necesitan ser declaradas ni atrapadas con *try-catch*, y por lo general son instancias de RuntimeException o subclases de esta.

En el ejemplo anterior trabajamos con excepciones no declarativas, por esto no usamos la palabra throws en el prototipo del método login. Sin embargo, dentro del método usamos *try-catch* para atrapar cualquier excepción declarativa que pudiese ocurrir, y la reemplazamos por otra no declarativa que arrojamos con throw.

```
    // ...
    }
    catch(Exception ex)
    {
        throw new RuntimeException("Error al verificar",ex);
    }
}
```

2.6.4. *STACK TRACE*

El *stack trace* es fundamental para depurar errores, pues describe la pila de llamadas en el momento de ocurrida una excepción, proveyendo información sobre cuál es el error y dónde ocurrió. En el bloque catch podemos invocar printStackTrace para imprimir toda esta valiosa información en la consola.

```
    // ...
    }
    catch(Exception ex)
    {
        ex.printStackTrace();
    }
}
```

Por ejemplo, en la línea de código 93 del `main` de un programa invocamos el método a, que en la línea de código 25 invoca el método `b`, quien en la línea de código 238 invoca el método `c`, que al intentar ejecutar su línea de código 184 arroja una excepción tipo `NullPointerException`. Si este fuera el caso, la pila de llamadas se vería del siguiente modo:

```
Ocurrio una excepción tipo NullPointerException
...en el método c, línea 184
que fue llamado por el método b, línea 238
que fue llamado por el método a, línea 25
que fue llamado por el método main, línea 93
```

Es muy importante entender que el *stack trace* provee información para el programador, no para el usuario final, pues es fundamental para depurar el programa. Por esta razón en los bloques `catch` siempre debemos invocar `printStackTrace`.

2.6.5. EXCEPCIONES PROPIAS

Algunos programadores prefieren usar sus propias excepciones. Para mostrar cómo hacerlo, programaremos la excepción declarativa `ErrorFisicoException`, que llegado el caso arrojaremos desde el método `login`.

Para programar nuestra propia excepción declarativa, todo lo que tenemos que hacer es crear una clase que extienda a `Exception`. Y si quisiésemos que fuera no declarativa, deberíamos extender a `RuntimeException`.

```java
public class ErrorFisicoException extends Exception
{
    public ErrorFisicoException(Exception ex)
    {
        super("Ocurrio un Error Fisico",ex);
    }
}
```

El próximo paso será agregar la palabra `throws` al prototipo de `login` para declarar que, llegado el caso, el método arrojará una excepción `ErrorFisicoException`. Esto obligará al llamador del método a encerrar la llamada en un bloque *try-catch*.

```
public Usuario login(String u
                     ,String p) throws ErrorFisicoException
```

El único cambio que haremos en `login`, además de agregar `throws` al prototipo, será arrojar la instancia de `ErrorFisicoException`.

```java
public class Aplicacion
{
    public Usuario login(String u,String p)
                                throws ErrorFisicoException
    {
        try
        {
            // :
            // Aqui nada cambio... todo sigue igual
            // :
        }
        catch(Exception ex)
        {
            // arrojamos la excepcion customizada
            throw new ErrorFisicoException(ex);
        }
    }
}
```

Lo anterior nos obliga a invocar el método `login` dentro de un bloque *try-catch*.

```java
public class TestLogin
{
    public static void main(String[] args)
    {
        try
        {
            Aplicacion app = new Aplicacion();
            Usuario u = app.login("juan","juan123");
            // ...
```

```
        }
    catch(ErrorFisicoException ex)
    {
        // ocurrio un error
        System.out.print("Ocurrio un error: ");
        System.out.println( ex.getMessage() );
        ex.printStackTrace();
    }
    }
}
```

2.6.6. BLOQUE `try-catch-finally`

El bloque *try-catch* puede complementarse con la sección `finally`, que nos garantiza que las líneas de código que allí incluyamos serán ejecutadas. Para entender la importancia de esta sección, analizaremos el siguiente fragmento de código.

A continuación, dentro del `try` instanciamos un `FileInputStream`, lo usamos y lo cerramos. Previendo la posibilidad de que algo pudiera salir mal, también lo cerramos en el `catch`.

```java
public void unMetodo() throws Exception
{
    FileInputStream fis = null;

    try
    {
        fis = new FileInputStream("a.txt");
        // ...

        fis.close();
    }
    catch(FileNotFoundException ex)
    {
        fis.close();
        ex.printStackTrace();
    }
}
```

Sin embargo, el programa solo pasará por el catch si ocurre una excepción tipo FileNotFoundException. Cualquier otra excepción, el método unMetodo la *arrojará* por el throws Exception y el recurso *fileInputStream* quedará sin cerrar.

Con el bloque finally podemos solucionar el problema anterior, pues asegura que, suceda lo que suceda, el programa ejecutará el código que allí coloquemos. Siendo así, utilizaremos la sección finally para cerrar el recurso *fileInputStream*.

```java
public void unMetodo() throws Exception
{
    FileInputStream fis = null;

    try
    {
        fis = new FileInputStream("a.txt");
        // ...
    }
    catch(FileNotFoundException ex)
    {
        ex.printStackTrace();
    }
    finally
    {
        fis.close();
    }
}
```

Instanciamos a FileInputStream en el try y lo cerramos en el finally. Si ocurriese un FileNotFoundException, el programa ejecutará el catch y luego el finally, momento en el cual el método close cerrará el archivo. Si durante el try llegase a ocurrir cualquier otra excepción, el programa saltará directamente al finally (allí cerraremos el archivo) y luego saldrá por el throws Exception.

El código anterior no es del todo correcto por dos motivos muy importantes.

1. Si al instanciar a FileInputStream ocurre un FileNotFoundException, fis quedará siendo null, y esto ocasionará que fis.close() arroje un NullPointerException.

2. El método `close` de `FileInputStream` debe estar dentro de su propio *try-catch*, pues en caso de error arrojará una excepción `IOException`.

A continuación, solucionamos estos dos problemas, asegurándonos que `fis` no sea nulo, y encerrando la llamada dentro de un *try-catch* anidado en el `finally`.

```java
    // ...
    }
    finally
    {
        try
        {
            if( fis!=null ) fis.close())
        }
        catch(Exception ex)
        {
            ex.printStackTrace();
        }
    }
}
```

Los bloques *try-catch* anidados son engorrosos. Existen los bloques *try-catch con recurso* que nos ayudarán a mejorar el código. (Sobre esto hablaremos más adelante.)

En el siguiente programa mostramos "Hola, chau" y finalizamos con `return`. Antes de concluir, se ejecutará el código encerrado dentro de la sección `finally`.

```java
public class Demo1
{
    public static void main(String[] args)
    {
        try
        {
            System.out.println("Hola, chau.");
            return;
        }
        catch(Exception ex)
        {
```

```
            System.out.println("Entre al catch...");
        }
    finally
        {
            System.out.println("Esto sale siempre.");
        }
    }
}
```

La salida será:

```
Hola, chau.
Esto sale siempre.
```

En el siguiente ejemplo, contemplamos la posibilidad de que ocurra una excepción de un tipo determinado, pero ocurre una excepción de un tipo diferente.

```java
public class Demo2
{
    public static void main(String[] args) throws Exception
    {
        try
        {
            int i = Integer.parseInt("no es un numero...");
            System.out.println("Esto no sale.");
            System.out.println("Esto tampoco.");
        }
        catch(ArrayIndexOutOfBoundsException ex)
        {
            System.out.println("Entre al catch...");
        }
        finally
        {
            System.out.println("Esto sale siempre.");
        }
    }
}
```

Si bien nos preparamos para atrapar un `ArrayIndexOutOfBoundExcepcion`, la excepción que ocurrirá será `NumberFormatException`, porque dentro del `try` intentamos convertir a `int` una cadena que no tiene formato numérico. En este caso el programa no entrará al `catch`, ejecutará el `finally` y saldrá por el `throws`. Las líneas posteriores a `Integer.parseInt` no se ejecutarán.

Para finalizar, tengamos en cuenta que podemos combinar los diferentes bloques *try-catch-finally*:

- *try-catch*
- *try-finally*
- *try-catch-finally*

2.6.7. BLOQUE *try* CON RECURSO

Este bloque, que es una variación del `try` original, permite declarar y abrir recursos directamente en su encabezado. Concluido el `try`, o eventualmente el `catch`, los recursos se cerrarán automáticamente, por lo cual podemos prescindir del `finally`.

Utilizamos un *try con recurso* en el método `getProperties` de `PropertiesUtil`.

```java
public static Properties getProperties(String filename)
{
    // Obtenemos el FileInputStream y leermos la props
    try(FileInputStream fis = new FileInputStream(filename))
    {
        return _getProperties(fis);
    }
    catch(Exception e)
    {
        e.printStackTrace();
        throw new RuntimeException(ex);
    }
}
```

En el encabezado del `try` podemos declarar e instanciar cualquier clase, siempre que implemente la *interface* `closeable`, como es el caso de `FileInputStream`.

Es posible instanciar varios recursos separándolos entre sí con `;` (punto y coma), como en el siguiente ejemplo, donde instanciamos un objeto `PreparedStatement` y otro `ResultSet`. (Sobre estas cuestiones, así como sobre `Connection`, hablaremos más adelante.)

```java
public void ejecutarSQL(Connection con,String sql)
{
    try(PreparedStatement pstm = con.prepareStatement(sql)
        ;ResultSet rs = pstm.executeQuery())
    {
        // ...
    }
    catch(Exception ex)
    {
        ex.printStackTrace();
        throw new RuntimeException(ex);
    }
}
```

2.7. AUTOEVALUACIÓN Y EJERCICIOS

Autoevaluación   *Ejercicios*

2.8. RESUMEN

Hemos estudiado detalladamente el paradigma de la programación orientada a objetos, así como algunos patrones de diseño que maximizan su potencial. Implementamos *interfaces* mediante expresiones lambda, abordamos los tipos de dato genéricos y las colecciones de objetos.

En el siguiente capítulo profundizaremos sobre el uso de las expresiones lambda. Además veremos *streams*, que es un recurso que se incorporó en Java8 para agilizar la operatoria sobre colecciones, permitiendo usar técnicas de programación funcional.

CAPÍTULO 3
LAMBDA, *STREAMS* Y PROGRAMACIÓN FUNCIONAL

3.1. INTRODUCCIÓN

La programación funcional se basa en la idea de escribir funciones que transformen los datos de entrada en datos de salida, sin modificar ningún estado externo como podrían ser las variables de instancia o de clase, y rigiéndose únicamente por los valores que estas funciones reciben como parámetros.

Si bien los métodos estáticos (o de clase) podrían encajar parcialmente en esta definición, no es exactamente esto a lo que nos estamos refiriendo, pues los métodos estáticos deben escribirse dentro de una clase y estar identificados con un nombre, y sí podrían alterar el estado de las variables de la clase.

Cuando hablamos de *programación funcional* nos referimos a programar el proceso de transformación de una función dentro del código de un método, utilizando una expresión lambda, y que esa expresión pueda ser pasada como argumento de otro método, el cual la podrá invocar como si se tratase de una función.

En el capítulo anterior vimos que existe cierta relación entre las expresiones lambda y las colecciones de objetos, pues utilizamos esas expresiones para establecer diversas implementaciones de la *interface* `Comparator`, las que usamos para ordenar colecciones con el método `Collections.sort`.

En este capítulo profundizaremos sobre las expresiones lambda y aprenderemos a usar *streams*, que proveen un modo funcional para manipular colecciones de objetos. Además, veremos algunas de las *interfaces* del paquete `java.util.function`, las cuales podremos utilizar para contener expresiones lambda.

Al utilizar en conjunto todos estos recursos estaremos programando funcionalmente.

La programación funcional no es mejor ni peor que la programación orientada a objetos o la programación estructurada; simplemente se trata de una herramienta que podemos utilizar si consideramos que nos resulta de utilidad. Y sea lo que fuere que programemos usando los recursos de la programación funcional, también lo podremos programar usando los recursos tradicionales.

Quiero advertir al lector que este capítulo podría resultar un poco difícil, especialmente para aquellos programadores con poca experiencia. Si fuera el caso, sugiero dejarlo de momento de lado y retomarlo luego tras haber leído el resto de la obra.

3.2. *INTERFACES* FUNCIONALES

Cuando una *interface* declara un único método, decimos que se trata de una *interface funcional*. Esto es solo una cuestión descriptiva que nos ayudará a referirnos a las *interfaces* que tienen esta característica.

Por ejemplo, la *interface* `Comparator`, que estudiamos en el capítulo anterior, es funcional, pues declara un único método: `compare`. Si bien en aquella oportunidad preferí omitirlo, ahora veremos que el encabezado de esta *interface* comienza con la *annotation* `@FunctionalInterface`.

```
@FunctionalInterface
public interface Comparator<T>
{
    public int compare(T a,T b);
}
```

La *annotation* @FunctionalInterface es opcional y sirve para que el compilador constate que tiene exactamente un único método. Si por algún motivo declarásemos más métodos en una *interface* anotada de este modo, tendremos un error de compilación.

Todas las *interfaces* que declaren un único método son funcionales, independientemente de que estén anotadas o no con @FunctionalInterface.

3.2.1. PROTOTIPO DE UN MÉTODO O FUNCIÓN

El prototipo de una función, al igual que el de un método, es el conjunto compuesto por su nombre, los tipos de dato de los parámetros que espera recibir y el tipo de dato de su valor de retorno. Si fuera necesario, también podríamos agregar sus modificadores, como ser public, static, final, etc.

Por ejemplo, el prototipo del método log de la clase Math, que retorna el logaritmo neperiano del valor que recibe como parámetro, es el siguiente:

```
double log(double); // prototipo de log
```

3.2.2. REFERENCIAS A MÉTODOS

Aunque en Java no existe el concepto de *puntero a función* como sí hay en C o Pascal, los métodos estáticos pueden usarse para implementar *interfaces* funcionales.

Dicho de otro modo, una *interface* funcional puede contener la referencia a un método estático, por lo cual una variable del tipo de la *interface* se comportaría como un *puntero a función*.

Por ejemplo, a continuación, declaramos una *interface* funcional llamada MiFuncion, cuyo único método es: invocar.

```
@FunctionalInterface
public interface MiFuncion
{
    public String invocar(int v);
}
```

Veamos ahora dos métodos estáticos cuyos prototipos concuerdan con el prototipo del método `invocar`: `String.valueOf` e `Integer.toBinaryString`. Ambos métodos esperan recibir un valor tipo `int` y retornan un valor tipo `String`.

```
String valueOf(int);           // prototipo de valueOf
String toBinaryString(int);    // prototipo de toBinaryString
```

Por lo anterior, una variable tipo `MiFuncion` podría contener una referencia (o un puntero) a cualquiera de estos métodos. Para obtener la referencia a un método estático usaremos el operador `::` (cuatro puntos).

```
MiFuncion p1 = String::valueOf;
String r1 = p1.invocar(123);  // retorna: "123"

MiFuncion p2 = Integer::toBinaryString;
String r2 = p2.invocar(255);  // retorna: "11111111"
```

Más adelante, en este mismo capítulo, veremos que Java provee diversas *interfaces* funcionales genéricas que nos evitarán la tarea de tener que escribirlas nosotros mismos. La *interface* `MiFuncion` ya no será necesaria, pues la podremos reemplazar por `Function`, del paquete `java.util.function`.

3.3. EXPRESIONES LAMBDA

En el capítulo anterior hicimos una introducción a las expresiones lambda. Vimos que podemos utilizarlas para implementar *interfaces* funcionales sin necesidad de escribir una clase para tal fin.

Por ejemplo, hemos implementado `Comparator` con distintas expresiones lambda que nos permitieron establecer diferentes criterios de precedencia para ordenar una colección de números enteros. Esto ocurre en el siguiente código, donde ordenamos de menor a mayor y de mayor a menor una colección de números enteros.

```
// creamos una lista con los numeros de 1 a 10 desordenados
List<Integer> lst = Arrays.asList(5,2,4,3,7,9,6,1,10,8);

Comparator<Integer> c1 = (a,b)->a-b; // de menor a mayor
Collections.sort(lst,c1);

Comparator<Integer> c2 = (a,b)->b-a; // de mayor a menor
Collections.sort(lst,c2);
```

Las variables `c1` y `c2` no son necesarias, pues la misma expresión lambda puede pasar como argumento de un método.

```
List<Integer> lst = Arrays.asList(5,2,4,3,7,9,6,1,10,8);

// ordenamos de menor a mayor
Collections.sort(lst,(a,b)->a-b);

// ordenamos de mayor a menor
Collections.sort(lst,(a,b)->b-a);
```

No es obligatorio declarar una variable para contener una expresión lambda, pero en ocasiones puede contribuir a mejorar la legibilidad del código. Por ejemplo, cuando la expresión es compleja o requiere ser escrita en más de una línea.

```
List<String> lst = Arrays.asList("Pablo"
                        ,"Juan"
                        ,"Octaviano"
                        ,"Alberto"
                        ,"Romulo");

// de menor a mayor segun la cantidad de caracteres
Comparator<String> c = (a,b)->{
    int lenA = a.length();
    int lenB = b.length();
    return lenA-lenB;
};
```

```
Collections.sort(lst,c);
```

3.4. FUNCIONES, PREDICADOS Y CONSUMIDORES

Existen *interfaces* funcionales genéricas, diseñadas para evitar que escribamos nuestras propias *interfaces* funcionales. De este modo, solo tendremos que escoger cuál utilizar e implementarla mediante una expresión lambda adecuada. Estas *interfaces* genéricas están empaquetadas en el *package* `java.util.function`. Según cuál sea el prototipo de la función que vamos a implementar, utilizaremos una u otra del mencionado paquete.

Las *interfaces* funcionales de `java.util.function` se dividen en tres grupos:

- *Functions:* funciones cuyo valor de retorno no es `void` ni `boolean`.
- *Predicates:* para representar funciones cuyo valor de retorno es `boolean`.
- *Consumers:* para representar funciones que no tienen valor de retorno.

Los ejemplos que plantearemos a continuación los vamos a utilizar para desarrollar métodos estáticos que nos permitirán manipular funcionalmente colecciones de objetos. Estos métodos son los que iremos incorporando a una clase utilitaria que llamaremos `ListUtil`, cuyo código (por ahora vacío) es el que vemos a continuación.

```java
public class ListUtil
{
}
```

3.4.1. LA INTERFACE Predicate

Esta *interface*, cuyo código veremos a continuación, representa a una función que recibe un único parámetro tipo T. Retorna un valor booleano.

```java
@FunctionalInterface
public interface Predicate<T>
{
    public boolean test(T t);
```

```
}
```

Utilizaremos esta *interface* para programar el método estático `filter`, cuyo objetivo es filtrar los elementos de una colección y obtener solo aquellos que cumplen una determinada condición.

El método `filter` debe recibir la colección con los elementos que queremos filtrar y un predicado que permita establecer si un elemento de la colección cumple o no con la condición deseada. El código es:

```java
public static <T> List<T> filter(List<T> lst
                                 ,Predicate<T> pred)
{
    // lista que va a contener los elementos
    // que cumplen con la condicion del filtro
    List<T> ret = new ArrayList<>();

    // iteramos la lista a filtrar...
    for(T t:lst)
    {
        // si t cumple con la condicion de filtrado,
        // lo agregamos a la coleccion resultante
        if( pred.test(t) )
        {
            ret.add(t);
        }
    }

    return ret;
}
```

En este código:

1. Creamos la colección `ret`, inicialmente vacía, que contendrá el subconjunto de los elementos que sí cumplen con la condición de filtrado.
2. Iteramos uno a uno los elementos de la colección original. Si cumple con la condición del filtro, lo agregamos a la colección `ret`.

3. Observemos que no es nuestra responsabilidad establecer si el elemento t cumple o no con la condición de filtrado, pues es el usuario (programador que invoca `filter`) quien debe proveer una implementación de `Predicate`, la cual nosotros (dentro del método `filter`) nos limitamos a invocar.

Recordemos que el método `filter` formará parte de `ListUtil`, por lo cual debemos invocarlo del siguiente modo:

```java
public static void main(String args[])
{
    // creamos una lista con los numeros de 1 a 10
    List<Integer> lst = Arrays.asList(1,2,3,4,5,6,7,8,9,10);

    // obtenemos los numeros pares
    Predicate<Integer > fPar = (i)->i%2==0;
    List<Integer> pares = ListUtil.filter(lst,fPar);

    // obtenemos los numeros impares (sin declarar variable)
    List<Integer> impares = ListUtil.filter(lst,(i)->i%2!=0);
}
```

En este otro ejemplo usaremos `filter` para filtrar aquellas cadenas de caracteres que tienen más de 3 letras.

```java
// creamos una lista de cadenas de caracteres
List<String> sLst = Arrays.asList("Casa"
                                  ,"Sol"
                                  ,"Perro"
                                  ,"No"
                                  ,"Si"
                                  ,"Pileta"
                                  ,"Ok");

// obtengo las palabras con mas de tres letras
List<String> x = ListUtil.filter(sLst,s->s.length()>3);
```

3.4.2. LA INTERFACE `BiPredicate`

La interface `BiPredicate` representa a una función que recibe dos parámetros cuyos tipos son `T` y `U`. Retorna un valor booleano. Su código es más o menos este:

```
@FunctionalInterface
public interface BiPredicate<T,U>
{
   public boolean test(T t,U u);
}
```

Desarrollaremos el método `find` para buscar un elemento dentro de una colección de objetos. Este método recibirá una colección de objetos tipo `T`, una clave de búsqueda tipo `U` y un predicado que comparará un valor tipo `T` con otro tipo `U`, y que retornará `true` o `false` según considere que esos elementos sean iguales o no.

Es importante entender que la clave de búsqueda debe ser de un tipo de dato diferente al tipo de los objetos de la colección. Esto nos permitirá, por ejemplo, buscar en una colección de estudiantes aquel estudiante identificado por un determinado número de matrícula. En este caso, `T` sería `Estudiante` y `U` sería `int`.

El método `find` retorna el elemento buscado (es `null` si ninguno de los elementos de la colección concuerda con la clave de búsqueda).

```
public static <T,U> T find(List<T> lst
                          ,U u
                          ,BiPredicate<T,U> pred)
{
   T ret = null;
   for(int i=0; i<lst.size() && ret!=null; i++)
   {
      if( pred.test(t,u) )
      {
         ret = t;
      }
   }

   return ret;
```

```
}
```

Para probar este método aceptaremos que disponemos de la clase `Persona`, que tiene los atributos *dni* (documento nacional de identidad), *nombre* y *dirección*, sus correspondientes *setters* y *getters*, y un constructor que recibe los valores iniciales para esos atributos. Buscaremos con `find` una persona cuyo *dni* sea 123.

```
// creamos una lista de personas
List<Persona> pLst = Arrays.asList(
              new Persona(141,"Juan","San Martin 231")
             ,new Persona(574,"Pedro","Libertador 773")
             ,new Persona(123,"Pablo","Cevallos 91")
             ,new Persona(836,"Carlos","Los Alpes 5884")

BiPredicate<Persona,Integer> f = (t,u)->t.getDNI()==u;
Persona p = ListUtil.find(pLst,123,f);
```

También podemos usar `find` para buscar a una persona por su nombre. Por ejemplo, podemos buscar a alguien llamado "Pablo".

```
BiPredicate<Persona,String> f=(t,u)->t.getNombre().equals(u);
Persona p = ListUtil.find(pLst,"Pablo",f);
```

Date cuenta de que `find` retorna la primera persona que cumple con la búsqueda, es decir, si hubiese dos personas que se llamasen "Pablo", el método solo retornaría la primera. Si fuera el caso y quisiéramos obtener todas las personas cuyo nombre es "Pablo", deberíamos utilizar el método `filter`, que previamente analizamos y programamos.

```
Predicate<Persona> pred=(p)->p.getNombre().equals("Pablo");
List<Persona> pablos = ListUtil.filter(pLst,pred);
```

3.4.3. **LA INTERFACE** Consumer

La *interface* Consumer está diseñada para representar una función void, es decir, una función que recibe un parámetro tipo T y no retorna ningún valor. Su código es:

```
@FunctionalInterface
public interface Consumer<T>
{
    public void accept(T t);
}
```

La utilizaremos para desarrollar la función forEach, cuyo objetivo es iterar la colección de objetos aplicándole a cada uno un determinado proceso.

```
public static <T> void forEach(List<T> lst,Consumer<T> cons)
{
    for(T t)
    {
        cons.accept(t)
    }
}
```

Veamos un ejemplo donde usamos forEach para mostrar por consola todos los elementos de una colección de números enteros.

```
List<Integer> lst = Arrays.asList(1,2,3,4,5,6,7,8,9,10);
ListUtil.forEach(lst, (i)>System.out.println(i));
```

El mismo ejemplo podríamos haberlo desarrollado pasándole a forEach una referencia a System.out.println.

```
List<Integer> lst = Arrays.asList(1,2,3,4,5,6,7,8,9,10);
ListUtil.forEach(lst,System.out::println);
```

3.4.4. LA INTERFACE BiConsumer

Análogamente, la *interface* BiConsumer representa una función void que recibe dos parámetros.

```
@FunctionalInterface
public interface BiConsumer<T,U>
{
    public void accept(T t,U u);
}
```

Utilizaremos BiConsumer para sobrescribir el método forEach, permitiendo que también pueda iterar un Map<T,U>. De este modo, T sería el tipo de dato de la *key* del *map* y U, el tipo del *value*.

```
public static <T,U> void forEach(Map<T,U> map
                                ,BiConsumer<T,U> cons)
{
    for(Map.Entry<T,U> entry:map.entrySet())
    {
        T key = entry.getKey();
        U value = entry.getValue();
        cons.accept(key,value);
    }
}
```

A continuación, creamos un Map<String,Integer> y lo mostramos por consola:

```
Map<String,Integer> map = new HashMap<>();
map.put("uno",1);
map.put("dos",2);
map.put("tres",3);
ListUtil.forEach(map, (t,u)->System.out.println(t+","+u));
```

3.4.5. **LA INTERFACE** `Function`

Esta *interface* representa a una función diseñada para transformar un dato tipo T en otro tipo R. Su código es el siguiente:

```java
@FunctionalInterface
public interface Function<T,R>
{
    public R apply(T t);
}
```

Utilizaremos esta *interface* para programar el método `transform`, cuyo objetivo es transformar los elementos de una colección. Por ejemplo, podríamos convertir a mayúsculas o minúsculas todas las cadenas de una colección.

Veamos el código.

```java
public static <T,R> List<R> transform(List<T> lst
                                    ,Function<T,R> func)
{
    List<R> ret = new ArrayList<>();
    for(T t:lst)
    {
        ret.add(func.apply(t));
    }

    return ret;
}
```

En el siguiente código usamos `transform` para obtener dos listas de cadenas de caracteres a partir de una lista original. Una en mayúsculas y otra en minúsculas.

```java
List<String> lst = Arrays.asList("Hola","Si","No","Bueno");
List<String> l1 = ListUtil.transform(lst,s->s.toUpperCase());
List<String> l2 = ListUtil.transform(lst,s->s.toLowerCase());
```

También podríamos obtener una colección de números enteros a partir de una colección de cadenas numéricas.

```
List<String> lst = Arrays.asList("123","456","789");
List<Integer> l1=ListUtil.transform(lst,Integer::parseInt);
```

3.4.6. LA INTERFACE `BiFunction`

Siguiendo la misma lógica de `Predicate` y `Consumer`, la *interface* `BiFunction` representa a una función que recibe dos parámetros tipo `T` y `U`, los procesa y retorna un valor tipo `R`.

```
@FunctionalInterface
public interface BiFunction<T,U,R>
{
    public R apply(T t,U u);
}
```

Usaremos `BiFunction` para programar el método `reduce`, cuyo objetivo será procesar todos los elementos de una colección para reducirlos a un único valor final. Por ejemplo, con `recude` podríamos obtener la sumatoria de todos los elementos de una colección de números enteros.

Estel código de `reduce`:

```
public static <T,R,U> R reduce(List<T> lst
                              ,U initValue
                              ,BiFunction<T,U,R> f)
{
    // resultado parcial
    R resultadoParcial = initValue;
    for(T t:lst)
    {
        // modificamos el resultado parcial
        r = f.apply(t,r);
    }
```

```
    // retornamos el resultado parcial, que ahora es final
    return r;
}
```

Antes de explicarlo, veamos cómo podríamos invocar este método para sumar los elementos de una colección de números enteros.

```
List<Integer> lst = Arrays.asList(1,2,3,4,5,6,7,8,9,10);

// invocamos reduce para obtener la sumatoria de los numeros
int sumatoria = ListUtil.reduce(lst,0,(sum,i)->sum+i);
```

Como vemos, `T` es `Integer` (el tipo de los elementos de la lista); `U` también es `Integer`, pues es el 0 (cero) que le pasamos como segundo argumento; y la función que implementamos con la expresión lambda recibe dos parámetros tipo, `T` y `U` (en este caso ambos son `Integer`) y también retorna un `Integer`, pues la suma de números enteros es un número entero.

Con esto en mente, podemos observar y analizar el código de `reduce`:

1. Comienza declarando la variable `resultadoParcial` y asignándole el valor del parámetro `initValue` (que en nuestro caso es 0).
2. Luego itera a través de los elementos de la lista e invoca la *bifunción*, pasándole `resultadoParcial` y el elemento de la iteración.
3. Le asigna a `resultadoParcial` el valor de retorno de la *bifunción*.
4. Finalmente, retorna el valor de `resultadoParcial`.

Si en lugar de calcular la sumatoria quisiéramos obtener la productoria, el valor inicial debería ser 1, que resulta neutro para el producto.

```
List<Integer> lst = Arrays.asList(1,2,3,4,5,6,7,8,9,10);
int productoria = ListUtil.reduce(lst,1,(sum,i)->sum*i);
```

Veamos cómo invocar `reduce` para totalizar la cantidad de caracteres que tienen las cadenas que componen una lista de *string*.

```
// totaliza la cantidad de caracteres
List<String> lst = Arrays.asList("Pablo","Juan","Alberto");
int cant = ListUtil.reduce(lst,0,(c,s)->c+s.length());
```

Aquí, `T` es `String` (el tipo de los elementos de la lista); `U` y `R` son `Integer`.

Y si quisiésemos recorrer la lista para concatenar todos sus elementos en una única cadena, invocaríamos `reduce` del siguiente modo:

```
// concatena todas las cadenas de la lista
List<String> lst = Arrays.asList("Pablo","Juan","Alberto");
String x = ListUtil.reduce(lst,"",(c,s)->c+s);
```

3.5. *STREAMS*

3.5.1. INTRODUCCIÓN

Previamente, mencionamos que los *streams* conforman un mecanismo a través del cual podemos procesar los elementos de las colecciones. No tienen ninguna utilidad fuera de este tipo de uso. No existe nada que podamos hacer con *stream* que no podamos hacer programando del modo tradicional.

Salvando las distancias, la clase `ListUtil` que programamos en el apartado anterior podría ser nuestra propia versión de *stream*.

Sin embargo, la API de *stream* es mucho más potente y su lógica, más compleja. Pero el hecho de haber trabajado sobre `ListUtil` nos allanará el camino, pues podremos encontrar varias similitudes entre nuestra clase y los *streams*.

3.5.2. FUNDAMENTOS

Un *stream* no es la colección de objetos, sino un canal vinculado a una colección a través del cual manipularemos sus elementos.

```
// una coleccion
List<Integer> lst = Arrays.asList(3,1,4,2,8,7,9,6,10,5);

// accedemos al stream vinculado a la coleccion
Stream<Integer> s = lst.stream();
```

Sobre este canal (el *stream*) aplicaremos diferentes operaciones, que llamaremos *intermedias*. Estas operaciones no producen resultados inmediatos (se dice que son *lazy* o perezosas). Como retornan un *stream*, pueden ser concatenadas entre sí.

En otras palabras, para procesar una colección de objetos comenzamos pidiéndole un *stream*, sobre el que podríamos excluir los elementos que no necesitamos (`filter`), procesar los que quedan (`map`) y luego ordenarlos (`sorted`).

El párrafo anterior ilustra el uso de tres operaciones intermedias concatenadas: `filter`, `map` y `sorted`.

Para concluir el procesamiento de los elementos de la lista, debemos aplicar una *operación final*, pues no debemos olvidar que los elementos procesados aún permanecen dentro del *stream*.

Las operaciones finales, que veremos más adelante, indican qué queremos hacer con los elementos del *stream*. Por ejemplo, podríamos llevarlos a una nueva colección.

Colección de objetos → *stream* → Op. Intermedia 1 → Op. Intermedia 2 → ... → Operación final → Resultado

Es importante tener en cuenta que los datos de la colección original no resultarán afectados, que todo el procesamiento se realiza dentro del *stream*. Eventualmente, según cuál sea la operación final que utilicemos, obtendremos los elementos modificados en una nueva colección de objetos, entre otras posibilidades.

3.5.3. OPERACIONES SOBRE *STREAMS*

3.5.3.1. Operaciones intermedias

Las operaciones intermedias que podemos aplicar (y concatenar) sobre un *stream* son las siguientes:

- `map`: A través de este método aplicamos una función (`Function`) a cada uno de los elementos del *stream* para modificarlo.
- `filter`: Permite seleccionar los elementos del *stream* que cumplen con una determinada condición, establecida por un predicado (`Predicate`).
- `sorted`: Es el método que usaremos para ordenar los elementos del *stream*.

Ya veremos algunos ejemplos concretos, pero primero será necesario conocer y analizar las diferentes operaciones finales.

3.5.3.2. Operaciones finales

Luego de haber procesado los elementos del *stream* tenemos que determinar qué haremos con ellos, es decir, cómo los recuperaremos. Existen tres posibilidades:

- `collect`: A través de este método podremos recolectar los elementos (ya procesados) del *stream* y llevarlos, por ejemplo, a una nueva colección.
- `forEach`: Este método iterará los elementos del *stream* para aplicar una determinada acción sobre cada uno de ellos.
- `reduce`: Este método se utiliza para procesar todos los elementos del *stream*, con lo que se obtiene un único valor como resultado del proceso.

3.5.4. EJEMPLOS

3.5.4.1. Filtrar elementos de una colección

En el siguiente ejemplo filtramos los elementos de una colección de números enteros, quedándonos solo con los números pares, que recuperaremos en orden decreciente.

Observemos que el método `filter` recibe un predicado (que implementamos con la expresión lambda: `i->i%2==0`) y que el método `sorted` recibe un *comparator*, que implementamos con la expresión lambda: `(a,b)->b-a`.

```
// una coleccion
List<Integer> lst = Arrays.asList(3,1,4,2,8,7,9,6,10,5);

// excluimos los impares recuperando los pares
// en orden decreciente
List<Integer> pares = lst.stream()
                          .filter(i->i%2==0)   // Predicate
                          .sorted((a,b)->b-a)  // Comparator
                          .collect(Collectors.toList());
```

La operación final `collect` recibe una instancia de la *interface* `Collector`, que nos permite describir cómo queremos recuperar los elementos del *stream*.

No vamos a profundizar en este asunto, pues utilizaremos los métodos estáticos de la clase `Collectors` para obtener el *collector* que mejor se adapte a nuestras necesidades.

En un ejemplo anterior usamos `Collectors.toList` para recuperar los elementos del *stream* en una nueva lista (o colección).

Si quisiéramos recuperar los elementos del *stream* en un *array*, lo haríamos del siguiente modo:

```
List<Integer> lst = Arrays.asList(3,1,4,2,8,7,9,6,10,5);
Integer pares[] = lst.stream()
                 .filter(i->i%2==0)   // Predicate
                 .sorted((a,b)->b-a)  // Comparator
                 .collect(Collectors.toArray(Integer[]::new));
```

3.5.4.2.   Buscar un elemento dentro de una colección

En el siguiente ejemplo utilizamos `filter` para buscar todas las ocurrencias de un determinado elemento dentro de una colección. Como resultado obtendremos otra colección, cuyo tamaño será:

- 1: Si el elemento que buscamos aparece solo una vez dentro de la colección.
- Mayor que 1: Si en la colección existen varias ocurrencias del elemento.
- 0: Si la colección no contiene ninguna ocurrencia del elemento buscado.

```java
// una coleccion
List<Integer> lst = Arrays.asList(3,1,4,2,8,7,9,6,10,5);

// buscamos el elemento 6
int elm = 6;
List<Integer> r = lst.stream()
                     .filter(i->i==elm)  // Predicate
                     .collect(Collectors.toList());
```

3.5.4.3. Iterar y mostrar los elementos de la colección

En este caso, el método `forEach` recibe un `Consumer`.

```java
// una coleccion
List<Integer> lst = Arrays.asList(3,1,4,2,8,7,9,6,10,5);

// ordenamos y mostramos por consola
List<Integer> r = lst.stream()
                     .sorted((a,b)->a-b)
                     .forEach(i->System.out.println(i));
```

También podríamos implementar el *consumer* que recibe el método `forEach` pasándole una referencia al método estático `System.out.println`.

```java
// ordenamos y mostramos por consola
List<Integer> r = lst.stream()
                     .sorted((a,b)->a-b)
                     .forEach(System.out::println);
```

3.5.4.4. Procesar los elementos de la colección

En el siguiente ejemplo utilizaremos el método `reduce` para sumar los elementos de la colección. Observemos que `reduce` recibe un valor inicial (que en nuestro caso es 0) y una *bifunción* cuyos parámetros son la suma parcial y el elemento que queremos procesar.

```
// una coleccion
List<Integer> lst = Arrays.asList(3,1,4,2,8,7,9,6,10,5);

// obtenemos la sumatoria
int result = lst.stream().reduce(0,(sum,i)->sum+i);
```

Para obtener la productoria de los elementos de la lista, usaremos el valor inicial 1.

```
// una coleccion
List<Integer> lst = Arrays.asList(3,1,4,2,8,7,9,6,10,5);

// obtenemos la productoria
int result = lst.stream().reduce(1,(prod,i)->prod*i);
```

A continuación, usamos reduce sobre una colección de cadenas, para obtener una única cadena que resulte de la concatenación de todos los elementos de la colección.

```
// una coleccion de cadenas
List<String> lst = Arrays.asList("Uno","Dos","Tres",);

// obtenemos la productoria
String result = lst.stream().reduce("",(cad,s)->cad+s);
```

3.6. AUTOEVALUACIÓN Y EJERCICIOS

Autoevaluación   Ejercicios

3.7. RESUMEN

Hemos estudiado diferentes modos de procesar los elementos de las colecciones. El hecho de haber programado la clase `ListUtil` nos ayudó a entender el porqué de los parámetros que los *streams* esperan recibir.

Pero quiero incidir en la idea de que todo lo que hagamos con *streams* también lo podemos hacer del modo tradicional, por ejemplo sumar los números pares de una lista de números enteros.

Modo tradicional	Con *streams*

```
int sumar(List<Integer> x)          int suma = lst.stream()
{                                        .filter(i->i%2==0)
    int sum = 0;                         .reduce(0,(sum,i)->sum+i);
    for(int i:x)
    {
        if( i%2==0 )
        {
            sum+=i;
        }
    }

    return sum;
}
```

No cabe duda de que el código es mucho más compacto, pero también mucho más difícil de leer para los programadores sin experiencia. Por esto, debemos considerar que los *streams* son solo una herramienta más (poderosa, eso sí) que está a nuestra disposición, y que utilizaremos siempre y cuando la consideremos conveniente.

En el próximo capítulo veremos cómo consultar y modificar la información de una base de datos, pues el objetivo será desarrollar una aplicación completa que, aplicando patrones de diseño, le permita al usuario interactuar con datos persistentes.

CAPÍTULO 4
ACCESO A BASES DE DATOS (JDBC)

4.1. INTRODUCCIÓN

Desde nuestros programas Java podemos conectarnos a una base de datos y acceder a la información allí almacenada. Esto lo haremos a través de la API llamada JDBC (*Java Database Connectivity*), cuyas clases e *interfaces* se encuentran ubicadas en el paquete `java.sql`.

Introducción a SQL

El código QR de la derecha nos lleva a un vídeo que muestra cómo construir la base de datos que usaremos durante este curso, cómo ejecutar consultas SQL dentro de Eclipse, y algunos ejemplos y conceptos básicos sobre SQL y bases de datos relacionales, que podrán aprovechar aquellos lectores que no cuenten con una base mínima de conocimientos.

4.1.1. *DRIVER* Y LA CADENA DE CONEXIÓN URL

Para conectar un programa Java con una base de datos se requieren dos cosas:

1. Disponer del *driver* encargado de encauzar la conexión.
2. Conocer la *cadena de parámetros de la conexión*, también llamada URL.

El *driver*, que generalmente lo provee el fabricante de la base de datos, consiste en un archivo con extensión `.jar` o `.zip`. Este archivo contiene múltiples clases y paquetes, y una clase principal que será *el driver* propiamente dicho. Para saber cuál es este archivo o desde qué página de Internet lo podemos descargar, tendremos que consultar la documentación de la base de datos con la que vamos a trabajar.

La URL es una cadena de caracteres que emplearemos para indicar ciertos parámetros de la conexión. Cada fabricante define un formato propietario para esta cadena. Por lo tanto, también debemos recurrir a la documentación de la base de datos para conocer cuál es el formato adecuado.

En esta obra trabajaremos con la base de datos Hyper SQL (HSQLDB). El *driver* de esta se encuentra en un archivo llamado `hsqldb.jar` y la clase principal es: `org.hsqldb.jdbcDriver`. La URL debe tener el siguiente formato: `jdbc:hsqldb:hsql://`*IPoHOSTNAME*`/`*DATABASE*, donde *IPoHOSTNAME* es la dirección de la base de datos y *DATABASE* es su nombre. Aunque opcionalmente esta cadena podrá incluir datos adicionales como el *username*, el *password* y el *port*, en este libro siempre utilizaremos la URL con el formato que acabamos de describir.

4.1.2. *QUERIES* Y *UPDATES*

En JDBC, las sentencias SQL se dividen en dos categorías: *queries* y *updates*. Todo lo que no sea una consulta (*query*) será una modificación (*update*).

En otras palabras, las sentencias SQL que comienzan con la palabra SELECT son *queries* y todas las demás (como INSERT, UPDATE, DELETE, DROP y ALTER, entre otras) se consideran *updates*.

Conocer esta diferenciación es muy importante, porque, dependiendo de cuál sea la sentencia, la ejecutaremos con uno u otro de los siguientes métodos: `executeQuery` y `executeUpdate`.

4.1.3. ESTRUCTURA DE UN PROGRAMA QUE USA JDBC

La API JDBC provee diversas *interfaces* que permiten interactuar con la base de datos. Generalmente, un programa que se conecta con una base de datos a través de JDBC tiene la estructura que veremos a continuación, donde aparecen los tipos de dato (*interfaces*) Connection, PreparedStatement y ResultSet, y los parámetros driver, url, user y password.

```java
public static void main(String args[])
{
    Connection con = null;
    PreparedStatement pstm = null;
    ResultSet rs = null;

    try
    {
        // el driver
        String driver = "org.hsqldb.jdbcDriver";

        // la cadena de conexion
        String url = "jdbc:hsqldb:hsql://localhost/xdb";

        // usuario de la base de datos
        String user = "sa";

        // password
        String password = "";

        // sigue mas abajo
        // :
```

Luego, registramos el *driver* ante la *máquina virtual Java* y establecemos la conexión.

```java
        // :
        // viene de mas arriba

        // registro el driver
        Class.forName(driver);

        // establezco la conexion
        con = DriverManager.getConnection(url,user,password);

        // sigue mas abajo
        // :
```

Ya estamos en condiciones de preparar una sentencia SQL y ejecutarla con el método que corresponda, según se trate de un *query* o un *update*.

Para ejecutar un *query* lo haremos a través del método `executeQuery`, que retorna una instancia de `ResultSet`, que es una especie de cursor a través del cual podremos recorrer el conjunto de los resultados que obtuvimos.

Veamos cómo ejecutar un *query*:

```
// :
// viene de mas arriba

String sql="";
sql+="SELECT id_producto, descripcion ";
sql+="FROM producto ";
pstm = con.prepareStatement(sql);

// ejecuto el query y obtengo un resultSet
rs = pstm.executeQuery();
```

Si fuésemos a ejecutar un *update*, el método que invocar sería `executeUpdate`, cuyo valor de retorno es un `int`, que indica cuántas filas resultaron afectadas a raíz de la sentencia que acabamos de ejecutar. Veamos cómo lo haríamos:

```
// :
// viene de mas arriba

String sql="";
sql+="INSERT INTO producto (id_producto,descripcion)";
sql+="VALUES (1,'Notebook') ";
pstm = con.prepareStatement(sql);

// ejecuto el update y obtengo un int
int rtdo = pstm.executeUpdate();
```

Como la mayoría de las funciones declaran arrojar `SQLException`, lo habitual es encerrar el código JDBC dentro de un gran bloque *try-catch* y en el `finally` cerrar todos los recursos (`ResultSet`, `PreparedStatement` y `Connection`).

```java
try
{
    // todo el codigo va aqui
}
catch(Exception e)
{
    e.printStackTrace();
    throw new RuntimeException(e);
}
finally
{
    try
    {
        if(rs!=null) rs.close();
        if(pstm!=null) pstm.close();
        if(con!=null) con.close();
    }
    catch(Exception e)
    {
        e.printStackTrace();
        throw new RuntimeException(e);
    }
}
```

En todos los ejemplos que analizaremos durante este capítulo usaremos los siguientes identificadores de variable para cada uno de los tipos de dato mencionados:

Identificador	Tipo de dato
con	Connection
pstm	PreparedStatement
rs	ResultSet

Tabla 4.1. Objetos necesarios para establecer una conexión JDBC.

4.1.4. CONEXIÓN CERRADA FRENTE A CONEXIÓN NULA

Cuando instanciamos una conexión JDBC estamos creando un objeto Connection que establece y encapsula un vínculo entre el programa Java y la base de datos. Cuando cerramos la conexión haciendo `con.close()`, damos por finalizado ese vínculo, lo cual de ninguna manera significa que el objeto `con` pasará a ser `null`.

```
// ...
Connection con = DriverManager.getConnection(url,usr,pwd);
// :
con.close();

if( con!=null )
{
    System.out.println(con); // imprime el toString de con
}
```

En cambio, si asignamos `null` a una conexión que está activa, anularemos el objeto Java. Pero la conexión con la base de datos continuará activa y habremos perdido toda posibilidad de utilizarla y cerrarla correctamente.

```
// ...
Connection con = DriverManager.getConnection(url,usr,pwd);
// :
con = null; // ERROR; mal hecho
```

4.2. EJECUTAR SENTENCIAS SQL

A lo largo de esta obra trabajaremos con un modelo de datos, cuya lógica explicamos a continuación. Su diagrama de entidad/relación (DER) y el *script* necesario para crear todas las tablas del modelo los podemos descargar a través del código QR de la derecha.

Diagrama Entidad Relación

El modelo de datos representa un esquema de órdenes de compra (`ORDEN`) de productos (`PRODUCTO`). Cada orden, que se compone de varios ítems (`DETALLE_ORDEN`), es confeccionada por un empleado (`EMPLEADO`) para un determinado cliente (`CLIENTE`).

Existen varias promociones (PROMOCION), las cuales involucran diversos productos (PROMOCION_PRODUCTO) durante un período de vigencia (PROMOCION_VIGENCIA).

Los productos se clasifican en diferentes categorías (CATEGORIA), provistas por muchos proveedores (PROVEEDOR_CATEGORIA). También los clientes se clasifican en diferentes tipos (TIPO_CLIENTE).

4.2.1. *QUERIES*

4.2.1.1. Obtener múltiples filas

En el ejemplo que veremos a continuación ejecutamos un *query* muy sencillo que retorna múltiples filas, una por cada uno de los productos de la tabla PRODUCTO. Luego recorremos el *resultSet* y mostramos por consola los resultados obtenidos.

```java
public static void main(String[] args)
{
    Connection con = null;
    PreparedStatement pstm = null;
    ResultSet rs = null;

    try
    {
        String drv="org.hsqldb.jdbcDriver";
        String url="jdbc:hsqldb:hsql://localhost/xdb";
        String usr="sa";
        String pwd="";

        Class.forName(drv);
        con = DriverManager.getConnection(url,usr,pwd);

        String sql="";
        sql+="SELECT id_producto, descripcion ";
        sql+="FROM producto ";
        pstm = con.prepareStatement(sql);
        rs = pstm.executeQuery();

        while( rs.next() )
        {
            int idProducto = rs.getInt("id_producto");
            String descripcion = rs.getString("descripcion");
```

```java
            // Mostramos los resultados por consola
            System.out.println(idProducto+", "+descripcion);
        }
    }
    catch(Exception e)
    {
        e.printStackTrace();
        throw new RuntimeException(e);
    }
    finally
    {
        try
        {
            if(rs!=null) rs.close();
            if(pstm!=null) pstm.close();
            if(con!=null) con.close();
        }
        catch(Exception e)
        {
            e.printStackTrace();
            throw new RuntimeException(e);
        }
    }
}
```

4.2.1.2.   Obtener una o ninguna fila

Al ejecutar el siguiente *query* esperamos obtener una única fila (o ninguna, si no existe un producto cuyo `id_producto` coincida con el valor indicado). En casos como estos utilizaremos `if` en vez de `while`.

```java
// id del producto que queremos obtener
int idProd = 5;

String sql="";
sql+="SELECT id_producto, descripcion ";
sql+="FROM producto   ";
sql+="WHERE id_producto = "+idProd;

pstm = con.prepareStatement(sql);
rs = pstm.executeQuery();
```

```
if( rs.next() )
{
    int idProducto = rs.getInt("id_producto");
    String descripcion = rs.getString("descripcion");
    System.out.println(idProducto+", "+descripcion);
}
else
{
    String mssg="No existe un producto con id="+idProd;
    System.out.println(mssg);
}
```

4.2.1.3.   *Queries* con JOIN

Cuando los campos del SELECT provienen de diferentes tablas, tendremos que asignarles un *alias* que nos permita identificarlos unívocamente.

```
String sql="";
sql+="SELECT prod.id_producto AS prodId ";
sql+="       ,prod.descripcion AS prodDesc ";
sql+="       ,cat.descripcion  AS catDesc ";
sql+="FROM producto prod, categoria cat ";
sql+="WHERE prod.id_categoria = cat.id_categoria ";

pstm = con.prepareStatement(sql);
rs = pstm.executeQuery();

while( rs.next() )
{
    int prodId = rs.getInt("prodId");
    String prodDesc = rs.getString("prodDesc");
    String catDesc = rs.getString("catDesc");

    // Mostramos los resultados por consola
    System.out.println("Id Producto: "+prodId);
    System.out.println("Descripcion: "+prodDesc);
    System.out.println("Categoria: "+catDesc);
}
```

4.2.1.4. *Queries* de funciones de la base de datos

En el siguiente *query* invocamos la función COUNT, que retorna la cantidad de filas que tiene una tabla.

```java
String sql="";
sql+="SELECT COUNT(*) AS cantProds FROM producto ";

pstm = con.prepareStatement(sql);
rs = pstm.executeQuery();

if( rs.next() )
{
    int cantProds= rs.getInt("cantProds");
    System.out.println("Cantidad de productos: "+cantProds);
}
```

4.2.1.5. *Queries* parametrizados

Los parámetros de un *query* se representan con ? (signo de interrogación) y se identifican según la posición que cada uno ocupa dentro de la sentencia.

Luego de crear la sentencia y antes de ejecutarla, será el momento de asignarle un valor a cada uno de los parámetros. Para esto especificaremos el tipo de dato del parámetro y su posición, comenzando desde 1.

```java
String sql="";

sql+="SELECT prod.id_producto AS prodId ";
sql+="        ,prod.descripcion AS prodDesc ";
sql+="        ,cat.descripcion  AS catDesc ";
sql+="FROM producto prod, categoria cat ";
sql+="WHERE prod.id_producto = cat.id_categoria ";
sql+="  AND cat.descripcion LIKE ? ";

pstm = con.prepareStatement(sql);

// asignamos un valor para el parametro nro 1
pstm.setString(1, "Compu%");
```

4.2.1.6.   *Queries* con fechas

Los parámetros SQL DATE requieren valores Java tipo `java.sql.Date`, cuyos métodos en su mayoría están `deprecated`. Por esto, lo habitual es construir el valor del
parámetro usando una instancia de `GregorianCalendar` y posteriormente con-
verterla a `Date`. Lo veremos en el siguiente *query*, donde obtenemos todas las
promociones que estuvieron vigentes a la fecha 5 de octubre de 2018.

```java
String sql="";
sql+="SELECT promo.descripcion AS promoDesc ";
sql+="      ,vige.fecha_fin AS vigeFin ";
sql+="FROM promocion promo, promocion_vigencia vige ";
sql+="WHERE promo.id_promocion = vige.id_promocion ";
sql+="  AND vige.fecha_inicio <= ? "; // parametro 1
sql+="  AND vige.fecha_fin >= ? ";    // parametro 2

pstm = con.prepareStatement(sql);

// Establecemos la fecha 5 de octubre de 2018
GregorianCalendar gc = new GregorianCalendar();
gc.set(Calendar.YEAR,2018);
gc.set(Calendar.MONTH,10-1); // octubre
gc.set(Calendar.DAY_OF_MONTH,5);

long ts = gc.getTimeInMillis();
Date d = new Date(ts);

// Asignamos los parametros
pstm.setDate(1,d);
pstm.setDate(2,d);
```

Para obtener las promociones vigentes a la fecha de hoy, el código será mucho más
sencillo, pues no necesitaremos usar un *gregorianCalendar* para instanciar a `Date`.

```java
String sql="";
sql+="SELECT promo.descripcion AS promoDesc ";
sql+="      ,vige.fecha_fin AS vigeFin ";
sql+="FROM promocion promo, promocion_vigencia vige ";
```

```
sql+="WHERE promo.id_promocion = vige.id_promocion ";
sql+="AND vige.fecha_inicio <= ? "; // parametro 1
sql+="AND vige.fecha_fin >= ? ";    // parametro 2
pstm = con.prepareStatement(sql);

// establecemos la fecha de hoy
long ts = System.currentTimeMillis();
Date d = new Date(ts);

// asignamos los parametros
pstm.setDate(1,d);
pstm.setDate(2,d);
```

4.2.1.7.   Funciones propietarias de la base de datos

En el apartado anterior utilizamos una instancia de `Date` para representar la fecha actual y pasársela como parámetro a la sentencia SQL. Sin embargo, las bases de datos proveen funciones nativas que retornan la fecha del sistema. En el caso de HSQLDB esta función es: CURRENT_DATE.

¿Podemos reemplazar la sentencia parametrizada del apartado anterior por esta otra, que reemplaza los parámetros por el valor que retorna la función CURRENT_DATE?

```
String sql="";
sql+="SELECT promo.descripcion AS promoDesc ";
sql+="       ,vige.fecha_fin AS vigeFin ";
sql+="FROM promocion promo, promocion_vigencia vige ";
sql+="WHERE promo.id_promocion = vige.id_promocion ";
sql+="  AND vige.fecha_inicio <= CURRENT_DATE ";
sql+="  AND vige.fecha_fin >= CURRENT_DATE ";
```

La respuesta es afirmativa, pero esta sentencia solo resultará válida si la ejecutamos sobre una base de datos que provea soporte para esa función.

En otras palabras, si por algún motivo tuviésemos que cambiar el motor de la base de datos, tendríamos que estar al pendiente de qué sentencias continúan siendo compatibles y cuáles no, y reescribirlas.

Al usar parámetros delegamos en el *driver* JDBC la potestad de determinar qué función SQL conviene utilizar. Recordemos que el *driver* lo proporciona por su fabricante. Su misión es hacer de puente entre Java y su propio motor de base de datos.

Aun así, si queremos prever la posibilidad de un cambio de motor de base de datos, la solución más eficiente la conseguiremos aplicando un patrón de diseño llamado DAO (*Data Access Object*), que estudiaremos más adelante.

4.2.2. **UPDATES**

Todas las sentencias que no son *query* son *update*. Por ejemplo, las llamadas DML (*Data Manipulation Language*): INSERT, UPDATE y DELETE, y las sentencias DDL (*Data Definition Language*), como DROP, ALTER y CREATE, entre otras.

4.2.2.1. Insertar una fila

En el siguiente ejemplo insertamos una fila en la tabla CATEGORIA y verificamos que executeUpdate devuelva una, pues queremos insertar exactamente una única fila. Si este valor de retorno fuese 0, nos estaría indicando que la fila no se insertó.

```java
int idCat = 99;
String descripcion = "Nueva Categoria";

String sql="";
sql+="INSERT INTO categoria (id_categoria,descripcion) ";
sql+="VALUES (?,?) ";
pstm = con.prepareStatement(sql);

// asigno valores a los parametros
pstm.setInt(1,idCat);
pstm.setString(2,descripcion);

// ejecuto el update
int rtdo = pstm.executeUpdate();

if( rtdo==1 )
{
    System.out.println("La fila se inserto correctamente");
```

```
}
else
{
    System.out.println("Ocurrio un error");
}
```

4.2.2.2. Valores autoincrementales

En el ejemplo anterior hardcodeamos el valor del campo `id_categoria`, que es la clave primaria o identificador de la tabla `CATEGORIA`. Si este identificador fuese autoincremental, el código del apartado anterior debería haber sido así:

```
String desc = "Nueva Categoria";

String sql="";
sql+="INSERT INTO categoria (descripcion) VALUES (?)";

// al crear el statement le indicamos que queremos el id
pstm = con.prepareStatement(
                    sql,
                    Statement.RETURN_GENERATED_KEYS);

// asignamos el parametro y ejecutamos el update
pstm.setString(1,desc);
int rtdo = pstm.executeUpdate();

if( rtdo==1 )
{
    System.out.println("La fila se inserto correctamente");
}

// recuperamos el id
ResultSet rs = pstm.getGeneratedKeys();
if( rs.next() )
{
    int id = rs.getInt(1);
    System.out.println("id="+id);
}
```

Observemos que en el código anterior, cuando creamos la sentencia preparada, agregamos la constante `Statement.RETURN_GENERATED_KEYS`.

```
pstm = con.prepareStatement(
                    sql,
                    Statement.RETURN_GENERATED_KEYS);
```

Luego, para recuperar el *id* que se generó, escribimos las siguientes líneas de código:

```
ResultSet rs = pstm.getGeneratedKeys();
if( genKeys.next() )
{
    int id = rs.getInt(1);
    System.out.println("id="+id);
}
```

4.2.2.3.   Modificar una fila

En el siguiente código, actualizamos la descripción de una fila de la tabla `CATEGORIA`. Es importante verificar que `executeUpdate` retorne exactamente 1; de lo contrario, lo que habrá ocurrido es que no habremos modificado ninguna fila o que habremos modificado unas cuantas.

```
int idCat = 1;
String descripcion = "Descripcion Modificada";

String sql="";
sql+="UPDATE categoria SET descripcion=? ";
sql+="WHERE id_categoria = ? ";
pstm = con.prepareStatement(sql);

// asigno valores a los parametros
pstm.setString(1,descripcion);
pstm.setInt(2,idCat);

// ejecuto el update
int rtdo = pstm.executeUpdate();
```

4.2.2.4. Borrar una fila

A continuación, veremos cómo borrar una fila de CATEGORIA. Del mismo modo que en el ejemplo anterior, si la intención es eliminar solo una, deberíamos verificar que el valor de retorno de executeUpdate sea 1.

```java
int idCat = 1;

String sql="";
sql+="DELETE FROM categoria WHERE id_categoria = ? ";
pstm = con.prepareStatement(sql);

// asigno valores a los parametros
pstm.setInt(1,idCat);

// ejecuto el update
int rtdo = pstm.executeUpdate();
```

4.2.2.5. Transacciones

Por defecto, JDBC ejecuta un *commit* automático (*autocommit*) tras cada *update*. Pero esta característica puede anularse con con.setAutoCommit(false).

Al anular el *autocommit* tendremos que indicar explícitamente dónde finaliza cada transacción, invocando con.commit() en caso de éxito, o con.rollback() si queremos que todo se quede como antes. Una vez que la transacción se haya confirmado (*commit*) o revertido (*rollback*), la siguiente transacción comenzará automáticamente en el momento de ejecutar el próximo *update*.

A continuación, insertamos una fila en la tabla ORDEN y varias en DETALLE_ORDEN, es decir, un *padre* y varios *hijos*. La idea es insertar *todas las filas* (en caso de éxito) o *ninguna* (si ocurriera algún error). De ningún modo será admisible que algunas filas se inserten y otras no, porque estaríamos registrando datos inconsistentes.

```java
try
{
    // ...
    con.setAutoCommit(false);
```

```
    // insertamos la orden para el cliente id=1
    int idCli = 1;
    int idOrden = insertarOrden(con,idCli);

    // el detalle de la orden seran estos id productos
    int productos[]={1,2,3};
    insertarDetalle(con,idOrden,productos);

    // fin de la transaccion
    con.commit();
}
catch(Exception e)
{
    // ...
}
finally
{
    // ...
}
```

El método `insertarOrden` retorna el *id* autogenerado de la orden, el cual usaremos para establecer la vinculación entre el *padre* (ORDEN) y los *hijos* (DETALLE_ORDEN).

Si ocurriese algún error en `insertarOrden` o en `insertarDetalle`, los métodos finalizarían por excepción y `con.commit()` no se llegaría a ejecutar. En el `finally` colocaremos `con.rollback()`, para garantizar su ejecución sea cual fuere el error que haya ocurrido. Si no hubo error y se ejecutó el *commit*, el *rollback* no tendrá efecto.

Dentro del método `insertarOrden` no nos preocupamos por la transacción, porque este se está ejecutando dentro de una transacción ya abierta.

```
private static int insertarOrden(Connection con,int idCli)
{
    PreparedStatement pstm = null;
    ResultSet rs = null;

    try
    {
        String sql="INSERT INTO orden (id_cliente) VALUES (?) ";
```

```java
        pstm=con.prepareStatement(sql
                        ,Statement.RETURN_GENERATED_KEYS);

        pstm.setInt(1,idCli);
        int rtdo = pstm.executeUpdate();

        if( rtdo!=1 )
        {
            String mssg = "Error en la orden, cli="+idCli;
            throw new RuntimeException(mssg);
        }
        // obtenemos el id
        rs=pstm.getGeneratedKeys();
        rs.next();
        return rs.getInt(1);
    }
    catch(Exception e)
    {
        // lo mismo de siempre...
    }
    finally
    {
        // lo mismo de siempre...
    }
}
```

En `insertarDetalle` recorremos el *array* que contiene los *id* de los productos que integran la orden e insertamos en `DETALLE_ORDEN` una fila por cada uno de ellos.

Notemos que utilizamos la misma sentencia preparada para insertar todas las filas. Por supuesto, tampoco debemos preocuparnos, pues este método también se ejecuta dentro de una transacción ya iniciada.

```java
private static void insertarDetalle(Connection con
                                , int idOrden
                                , int[] productos)
{
    PreparedStatement pstm = null;
    try
    {
```

```
        String sql="";
        sql+="INSERT INTO detalle_orden (id_orden,id_producto) ";
        sql+="VALUES (?,?) ";
        pstm=con.prepareStatement(sql);

        for(int idProd:productos)
        {
            pstm.setInt(1,idOrden);
            pstm.setInt(2,idProd);
            int rtdo = pstm.executeUpdate();

            if( rtdo!=1 )
            {
                String mssg="Error insertando item:"+idProd;
                throw new RuntimeException();
            }
        }
    }
    catch(Exception e)
    {
        // lo mismo de siempre...
    }
    finally
    {
        // lo mismo de siempre...
    }
}
```

4.3. ADMINISTRAR LA CONEXIÓN JDBC

Hasta aquí hemos instanciado manualmente la conexión JDBC, lo que no resulta práctico ni prolijo. A partir de ahora, veremos progresivamente cómo resolver elegante y eficientemente el manejo de la conexión con la base de datos.

4.3.1. FACTORÍA PARA INSTANCIAR LA CONEXIÓN

Podemos desentendernos fácilmente del problema de instanciar la conexión usando una clase utilitaria que lo haga por nosotros. La llamaremos `JdbcUtil` y tendrá un método estático `getConnection` que retornará una instancia de `Connection`. La primera versión será un poco grotesca, pero resolverá el problema.

```java
public class JdbcUtil
{
    public static Connection getConnection()
    {
        try
        {
            String drv="org.hsqldb.jdbcDriver";
            String url="jdbc:hsqldb:hsql://localhost/xdb";
            String usr="sa";
            String pwd="";

            Class.forName(drv);
            return DriverManager.getConnection(url,usr,pwd);
        }
        catch(Exception e)
        {
            e.printStackTrace();
            throw new RuntimeException(e);
        }
    }
}
```

Ahora estamos en condiciones de instanciar la conexión sin tener que escribir todas esas líneas de código tan tediosas.

```java
Connection con = JdbcUtil.getConnection();
PreparedStatement pstm = con.prepareStatement("SELECT... ");
```

Aunque el código mejoró considerablemente, `JdbcUtil`, tal como está planteada, no es eficiente, por los siguientes motivos:

1. Cada vez que invocamos `getConnection` volvemos a registrar el *driver*.
2. El método `getConnection` siempre crea una nueva conexión, cuando una única conexión es suficiente para abastecer a todas las sentencias que se ejecutan en el programa.
3. Los parámetros de la conexión están hardcodeados.

4.3.2. SINGLETON PARA GARANTIZAR UNA ÚNICA INSTANCIA DE LA CONEXIÓN

Agregaremos la variable de clase `con`, tipo `Connection`, a `JdbcUtil`. El método `getConnection` siempre retornará esa conexión y, si corresponde, la instanciará.

```java
public class JdbcUtil
{
    // unica conexion que manejaremos
    private static Connection con = null;

    public static Connection getConnection()
    {
        try
        {
            // si la conexion es nula o esta cerrada
            if( con==null || con.isClosed() )
            {
                String drv="org.hsqldb.jdbcDriver";
                String url="jdbc:hsqldb:hsql://localhost/xdb";
                String usr="sa";
                String pwd="";

                Class.forName(drv);
                con = DriverManager.getConnection(url,usr,pwd);
            }

            return con;
        }
        catch(Exception e)
        {
            e.printStackTrace();
            throw new RuntimeException(e);
        }
    }
}
```

La variable `con` podría ser `null`. También podría no serlo, pero sí que se hubiese cerrado. Ambos casos requieren crear una nueva conexión.

4.3.3. *PROPERTIES* PARA PARAMETRIZAR LOS ATRIBUTOS DE LA CONEXIÓN

Ya estudiamos qué es y cómo se utiliza un archivo de propiedades. Utilizaremos uno para parametrizar los valores de la conexión. Será `JdbcUtil.properties` y tendrá el siguiente formato:

```
jdbc.connection.url=jdbc:hsqldb:hsql://localhost/xdb
jdbc.connection.drv=org.hsqldb.jdbcDriver
jdbc.connection.usr=sa
jdbc.connection.pwd=
```

Es importante ser metódicos en el momento de establecer qué nombre le asignaremos a cada propiedad. En este caso hemos utilizado un esquema de nombres basado en un sistema de dominios, lo cual permitirá, si fuese necesario, agregar otras propiedades y tenerlas perfectamente identificadas.

El código de `getConnection` ahora será este:

```java
public class JdbcUtil
{
    private static Connection con = null;

    public static Connection getConnection()
    {
        try
        {
            // si la conexion es nula o esta cerrada
            if( con==null || con.isClosed() )
            {
                Class clazz = JdbcUtil.class;
                Properties prop = PropertiesUtil
                                        .getProperties(clazz);

                String url=prop.getProperty("jdbc.connection.url");
                String drv=prop.getProperty("jdbc.connection.drv");
                String usr=prop.getProperty("jdbc.connection.usr");
```

```
            String pwd=prop.getProperty("jdbc.connection.pwd");

            Class.forName(drv);
            con = DriverManager.getConnection(url,usr,pwd);
        }

        return con;
    }
    catch(Exception e)
    {
        e.printStackTrace();
        throw new RuntimeException(e);
    }
}
}
```

4.3.4. BLOQUE ESTÁTICO PARA REGISTRAR EL *DRIVER* UNA ÚNICA VEZ

Aunque con menor probabilidad, la posibilidad de registrar el *driver* más de una vez sigue latente, pues lo haremos cada vez que ingresemos al `if`. Para evitarlo, utilizaremos un *bloque de código estático*. Veamos cómo hacerlo.

```
public class JdbcUtil
{
    private static Connection con = null;
    private static Properties prop = null;

    static
    {
        prop = PropertiesUtil.getProperties(JdbcUtil.class);

        try
        {
            String propName="jdbc.connection.drv";
            String drv = prop.getProperty(propName);
            Class.forName(drv);
        }
        catch(Exception e)
        {
```

```java
            e.printStackTrace();
            throw new RuntimeException(e);
        }
    }

    public static Connection getConnection()
    {
        try
        {
            // si la conexion es nula o esta cerrada
            if( con==null || con.isClosed() )
            {
                // url
                String propName="jdbc.connection.url";
                String url = prop.getProperty(propName);

                // usr
                propName="jdbc.connection.usr";
                String usr = prop.getProperty(propName);

                // pwd
                propName="jdbc.connection.pwd";
                String pwd = prop.getProperty(propName);
                con = DriverManager.getConnection(url,usr,pwd);
            }

            return con;
        }
        catch(Exception e)
        {
            e.printStackTrace();
            throw new RuntimeException(e);
        }
    }
}
```

4.3.5. *SHUTDOWN HOOK* PARA CERRAR LA CONEXIÓN

Dado que usaremos la misma y única conexión para ejecutar todas las sentencias SQL, será necesario mantenerla abierta hasta que finalice la ejecución del programa. En otras palabras, la cerraremos justo antes del *shutdown* de la máquina virtual.

Como programadores, podemos ser notificados justo un instante antes de que dicho evento ocurra. Para esto, debemos registrar un *shutdown hook* e indicar qué tareas queremos realizar antes de que la JVM finalice su ejecución.

Agregaremos las siguientes líneas dentro del bloque estático de `JdbcUtil`:

```java
static
{
    try
    {
        // :
        Thread t = new ShutdownHookImple();
        Runtime.getRuntime().addShutdownHook((Thread)t);

        // :
    }
    catch(Exception e)
    {
        // ...
    }
}
```

La clase `ShutdownHookImple` debe extender a `Thread` y sobrescribir el método `run`, que será invocado por la JVM justo antes de concluir. Ahí cerraremos la conexión.

```java
public class ShutdownHookImple extends Thread
{
    @Override
    public void run()
    {
        try
        {
            Connection con = JdbcUtil.getConnection();
            con.close();
            System.out.println("bye bye...");
        }
        catch(Exception e)
        {
            e.printStackTrace();
            throw new RuntimeException(e);
```

```
            }
        }
    }
```

4.4. ENCAPSULAR EL ACCESO A LOS DATOS

Con `JdbcUtil` mejoramos considerablemente el código JDBC, encapsulando y para-metrizando la conexión. Pero aún tenemos pendiente encapsular las sentencias SQL.

Encapsular estas sentencias es muy importante, porque no solo simplificamos el código fuente del programa, sino que también lo independizamos del repositorio de datos, haciendo posible que los datos provengan indistintamente de bases de datos, servicios web o archivos de texto, solo por mencionar algunas opciones. De todos modos, en esta obra nuestro interés se focalizará exclusivamente en las bases de datos.

Para encapsular las sentencias SQL combinaremos dos técnicas:

1.   Representar el modelo de datos relacional con un modelo de objetos.
2.   Programar clases DAO, cuyos métodos ejecutarán las sentencias SQL.

4.4.1. MODELO DE OBJETOS O MODELO DE DOMINIO

La idea del *modelo de objetos*, también llamado *modelo de dominio*, es usar clases para representar las tablas del modelo de datos relacional. Los objetos o instancias de las clases se corresponderán con las filas de las tablas que representan y sus atributos se corresponderán con los campos. A este conjunto de correspondencias entre clases y tablas, atributos y campos, y objetos y filas, lo llamaremos *mapeo* o *mapping*.

Escribiremos una clase por cada una de las tablas del modelo. El nombre de la clase debe coincidir con el nombre de la tabla y los nombres de sus atributos deben con los nombres de los campos de la tabla.

La clase debe tener al menos dos constructores: un constructor nulo y un constructor que permita inicializar el *id*. También es recomendable sobrescribir el método `equals`.

Por convención utilizaremos las siguientes reglas de nomenclatura:

- Si el nombre de la tabla que vamos a representar está compuesto por una única palabra, por ejemplo, CLIENTE, la clase deberá llamarse Cliente (solo debe tener la primera letra en mayúscula).
- Si el nombre de la tabla que vamos a representar es un nombre compuesto por dos o más palabras, por ejemplo: DETALLE_ORDEN, el nombre de la clase deberá ser DetalleOrden, suprimiendo el *guion bajo* y escribiendo en mayúscula la inicial de cada una.
- Exactamente las mismas reglas hay que aplicar para los nombres de los atributos que representan a los campos de la tabla, solo que la primera palabra siempre debe comenzar en minúscula.

Resumiendo, para representar la tabla CLIENTE crearemos la clase Cliente. Sus atributos se corresponderán uno a uno con los campos de la tabla y tendrán los siguientes nombres, acordes con las reglas de nomenclatura que acabamos de dar.

Campo	Atributo
id_cliente	idCliente
nombre	nombre
direccion	direccion
id_tipo_cliente	idTipoCliente

Tabla 4.2. Correlación entre los campos de una tabla y los atributos de la clase que la representa.

Veamos el código de la clase Cliente.

```java
public class Cliente
{
    private int idCliente;
    private String nombre;
    private String direccion;
    private int idTipoCliente;

    public Cliente(){}
    public Cliente(int id){this.idCliente=id;}

    public boolean equals(Object o)
    {
        return ((Cliente)o).idCliente==this.idCliente;
    }
}
```

```
    // setters, getters, ...
}
```

4.4.2. *DATA ACCESS OBJECT* (DAO)

Para encapsular las sentencias SQL escribiremos clases diseñadas especialmente para tal fin. A estas clases las llamaremos *Data Access Object* o DAO.

En principio habría que escribir una clase DAO por cada una de las tablas del modelo de datos, pero luego veremos que esto no necesariamente siempre será así. Estas clases no deben tener atributos ni variables de instancia, solo métodos, dentro de los cuales ejecutaremos las sentencias SQL que manipulan la tabla asociada a la clase DAO. Retomando el ejemplo de la tabla CLIENTE, cuyo *mapping* es Cliente, su clase DAO será ClienteDAO.

Así, si quisiéramos buscar un cliente dentro de la tabla CLIENTE, deberíamos escribir el método buscar en ClienteDAO, el cual retornaría una instancia de Cliente, o null si ninguna fila de la tabla CLIENTE representa al cliente que buscamos. Dentro de este método encapsularemos la sentencia SQL correspondiente.

4.4.2.1. Buscar una fila (método buscar o *find*)

Generalmente las clases DAO proveen el método find, a través del cual permiten buscar y obtener los datos de una fila de la tabla. En el caso de ClienteDAO, el método retornará una instancia de Cliente (o null si el cliente no existe).

```java
public class ClienteDAO
{
    public Cliente find(int idCliente)
    {
        PreparedStatement pstm = null;
        ResultSet rs = null;

        String sql="";
        sql+="SELECT id_cliente ";
        sql+="        ,nombre ";
        sql+="        ,direccion ";
        sql+="        ,id_tipo_cliente ";
```

```java
sql+="FROM cliente ";
sql+="WHERE id_cliente = ?";

try
{
    Connection con = JdbcUtil.getConnection();

    pstm = con.prepareStatement(sql);
    pstm.setInt(1,idCliente);

    rs = pstm.executeQuery();

    Cliente cli = null;
    if( rs.next() )
    {
        cli = new Cliente();
        cli.setIdCliente(rs.getInt("id_cliente"));
        cli.setNombre(rs.getString("nombre"));
        cli.setDireccion(rs.getString("direccion"));
        cli.setIdTipoCliente(rs.getInt("id_tipo_cliente"));
    }

    return cli;
}
catch(Exception e)
{
    e.printStackTrace();
    throw new RuntimeException(e);
}
finally
{
    try
    {
        if(rs!=null) rs.close();
        if(pstm!=null) pstm.close();
    }
    catch(Exception e2)
    {
        e2.printStackTrace();
        throw new RuntimeException(e2);
```

```
            }
        }
    }
}
```

Con el *mapping* y DAO de la tabla `CLIENTE` podemos desarrollar un programa para buscar y recuperar los datos de un cliente, sin preocuparnos por cómo establecer la conexión JDBC ni qué sentencia SQL ejecutar. En otras palabras, en el siguiente código obtenemos los datos del cliente cuyo `idCliente` es **1**, sin ni siquiera enterarnos de que existe una conexión JDBC, una sentencia SQL o una tabla `CLIENTE`.

```
// instanciamos a ClienteDAO
ClienteDAO dao = new ClienteDAO();

// buscamos el cliente cuyo idCliente es 1
Cliente cli = dao.find(1);

// debemos sobreescribir el toString en Cliente
System.out.println(cli);
```

4.4.2.2.   Acceso a los datos foráneos

La clase `Cliente` así como está diseñada no permite acceder a los datos que provienen de las tablas relacionadas, como por ejemplo `TIPO_CLIENTE`. Para mejorar el modelo de objetos vamos a mapear `TIPO_CLIENTE`, desarrollando las clases `TipoCliente` y `TipoClienteDAO`.

```
public class TipoCliente
{
    // atributos
    private int idTipoCliente;
    private String descripcion;

    // setters, getters, constructores, equals...
}
```

```java
public class TipoClienteDAO
{
    public TipoCliente find(int idTipoCliente)
    {
        // ...
    }
}
```

Con las clases `TipoCliente` y `TipoClienteDao` podemos acceder a los datos foráneos de un cliente, como veremos a continuación.

```java
// Obtenemos la instancia de Cliente
ClienteDAO clienteDAO = new ClienteDAO();
Cliente cliente = clienteDAO.find(1);
System.out.println(cliente);

// Obtenemos la instancia de TipoCliente
TipoClienteDAO tipoClienteDAO = new TipoClienteDAO();
int idTipoCliente = cliente.getIdTipoCliente();
TipoCliente tipoCliente = tipoClienteDAO.find(idTipoCliente);
System.out.println(tipoCliente);
```

4.4.2.3.   Representación orientada a objetos (composición)

Un objeto se compone de atributos (algunos de los cuales son objetos en sí mismos) compuestos por atributos que también podrían ser objetos, y así sucesivamente. Un auto, por ejemplo, se compone de un *motor* y cuatro *ruedas*, cada una de las cuales se compone de una *llanta*, una *cubierta* y cuatro *tornillos*. Esto, llevado a Java, podríamos representarlo con las clases `Auto`, `Motor`, `Rueda`, `Llanta`, `Cubierta` y `Tornillo`, como vemos a continuación.

```java
public class Auto
{
    private Motor motor;
    private Rueda[4] ruedas;

    // setters, getters, constructor, etc...
```

```
}
```

```
public class Rueda
{
    private Llanta llanta;
    private Cubierta cubierta;
    private Tornillo[4] tornillos;

    // setters, getters, constructor, etc...
}
```

Esta relación de dependencia que existe entre los objetos de las diferentes clases se llama *composición* y la usaremos para representar las relaciones de tipo *muchos a uno* que surgen entre las tablas de nuestro modelo de datos relacional, como es la relación que se da entre CLIENTE y TIPO_CLIENTE, que expone que *muchos clientes* pueden clasificarse en *un mismo tipo de cliente*. Es decir, muchas filas de CLIENTE podrían tener el mismo valor en id_tipo_cliente.

Por lo anterior, una versión mejorada del *mapping* de CLIENTE sería así:

```
public class Cliente
{
    private int idCliente;
    private String nombre;
    private String direccion;
    private TipoCliente tipoCliente;

    // setters, getters, constructores, equals, ...
}
```

El siguiente paso será modificar el método find de ClienteDAO, para recuperar los datos foráneos y asignarlos directamente al atributo tipoCliente.

Esto podemos hacerlo de dos modos:

1. Recuperar los datos foráneos directamente en el SELECT, usando un *join*.
2. Recuperar solo los datos de la tabla principal y posteriormente invocar el método `find` de `TipoClienteDAO` para obtener los datos que provienen de la relación.

La primera opción se resuelve de la siguiente manera:

```java
public class ClienteDAO
{
    public Cliente find(int idCliente)
    {
        PreparedStatement pstm = null;
        ResultSet rs = null;

        String sql="";
        sql+="SELECT c.id_cliente AS cIdCliente ";
        sql+="       ,c.nombre AS cNombre ";
        sql+="       ,c.direccion AS cDireccion ";
        sql+="       ,c.id_tipo_cliente AS cIdTipoCliente ";
        sql+="       ,tc.descripcion AS tcDescripcion ";
        sql+="FROM cliente c, tipo_cliente tc ";
        sql+="WHERE c.id_tipo_cliente = tc.id_tipo_cliente ";
        sql+="  AND c.id_cliente = ? ";
        try
        {
            // conexion, sentencia preparada y resultset
            Connection con = JdbcUtil.getConnection();
            pstm = con.prepareStatement(sql);
            pstm.setInt(1,idCliente);
            rs = pstm.executeQuery();

            Cliente cli = null;
            if( rs.next() )
            {
                cli = new Cliente();
                cli.setIdCliente(rs.getInt("cIdCliente"));
                cli.setNombre(rs.getString("cNombre"));
                cli.setDireccion(rs.getString("cDireccion"));

                // tipo de cliente
                TipoCliente tipoCli = new TipoCliente();
```

```
            tipoCli.setIdTipoCliente(rs.getInt("cIdTipoCliente"));
            tipoCli.setDescripcion(rs.getString("tcDescripcion"));

            // asignamos el objeto tipoCli
            cli.setTipoCliente(tipoCli);
        }

        return cli;
    }
    catch(Exception ex)
    {
// :
}
```

La segunda opción requiere invocar el método `find` de `TipoClienteDAO` dentro del método `find` de `ClienteDAO`.

```
public class ClienteDAO
{
    public Cliente find(int idCliente)
    {
        PreparedStatement pstm = null;
        ResultSet rs = null;

        String sql="";
        sql+="SELECT id_cliente ";
        sql+="        ,nombre ";
        sql+="        ,direccion ";
        sql+="        ,id_tipo_cliente ";
        sql+="FROM cliente ";
        sql+="WHERE id_cliente = ? ";

        try
        {
            Connection con = JdbcUtil.getConnection();
            pstm = con.prepareStatement(sql);
            pstm.setInt(1,idCliente);
            rs = pstm.executeQuery();
```

```
        Cliente cli = null;
        if( rs.next() )
        {
            cli = new Cliente();
            cli.setIdCliente(rs.getInt("id_cliente"));
            cli.setNombre(rs.getString("nombre"));
            cli.setDireccion(rs.getString("direccion"));

            // tipo de cliente
            int idTipoCli = rs.getInt("id_tipo_cliente");

            TipoClienteDAO tipoCliDAO = new TipoClienteDAO();
            TipoCliente tipoCli =
tipoCliDAO.find(idTipoCli);
            cli.setTipoCliente(tipoCli);
        }

        return cli;
    }
    catch(Exception ex)
    {
// ...
}
```

Ahora, el acceso a los datos foráneos asociados a la tabla CLIENTE resultará mucho más sencillo y totalmente transparente.

```
// obtenemos la instancia de Cliente
ClienteDAO clienteDAO = new ClienteDAO();
int idCliente = 1;
Cliente cliente = clienteDAO.find(idCliente);
System.out.println(cliente);

// tipo de cliente
TipoCliente tipoCliente = cliente.getTipoCliente();
System.out.println(tipoCliente);
```

4.4.2.4. **Recuperar todas las filas (método** buscarTodo **o** findAll**)**

Los DAO también deben proveer métodos a través de los cuales podamos recuperar conjuntos de filas de las tablas, ya sea aquellas que cumplen con una determinada condición o directamente todas, siempre y cuando la naturaleza de la tabla permita garantizar que no serán muchas, como es el caso de la tabla TIPO_CLIENTE. ¿Cuántos diferentes tipos de cliente podrían existir? Obviamente no muchos.

Desarrollaremos el método findAll en la clase TipoClienteDAO.

```java
public class TipoClienteDAO
{
    public List<TipoCliente> findAll()
    {
        PreparedStatement pstm = null;
        ResultSet rs = null;

        String sql="";
        sql+="SELECT id_tipo_cliente, descripcion ";
        sql+="FROM tipo_cliente tc ";

        try
        {
            // conexion, sentencia preparada y resultset
            Connection con = JdbcUtil.getConnection();
            pstm = con.prepareStatement(sql);
            rs = pstm.executeQuery();

            List<TipoCliente> lst = new ArrayList<>();

            while( rs.next() )
            {
                TipoCliente tcli = new TipoCliente();
                tcli.setIdCliente(rs.getInt("id_tipo_cliente"));
                tcli.setDescripcion(rs.getString("descripcion"));
                lst.add(tcli);
            }

            return tcli;
        }
        catch(Exception ex)
        {
```

```
// :
}
```

En el programa principal podríamos obtener el listado de los diferentes tipos de cliente registrados en nuestra base de datos.

```
TipoClienteDAO dao = new TipoClienteDAO();
for(TipoCliente tcli:dao.findAll())
{
    System.out.println(tcli);
}
```

Los métodos que retornan colecciones nunca deben retornar `null`. Si la tabla no tuviera filas o no existiesen filas que concordasen con el criterio de búsqueda, la colección que retornasen debería estar vacía.

4.4.2.5. Recuperar solo un conjunto de filas (métodos `buscarPor` o `findBy`)

Uno de los filtros básicos que solemos incluir en los DAO consiste en seleccionar solo aquellas filas de la tabla que tienen un determinado valor en uno de sus campos. Por ejemplo, para la tabla `CLIENTE` podría interesarnos obtener el conjunto de los clientes que son de un mismo tipo. Esto lo implementaremos en `ClienteDAO`, dentro del método `findByTipoCliente`.

Como disponemos del método `find`, que busca y retorna un cliente por su identificador, lo que haremos será obtener el conjunto de los identificadores de aquellos clientes que concuerden con el criterio mencionado (los que pertenecen a un mismo tipo de cliente). Luego, invocaremos `find` para recuperar los datos completos de cada uno de los clientes identificados.

```
public List<Cliente> findByTipoCliente(int idTipoCliente)
{
    PreparedStatement pstm = null;
    ResultSet rs = null;
```

```java
    String sql="";
    sql+="SELECT id_cliente FROM cliente ";
    sql+="WHERE id_tipo_cliente = ? ";

    try
    {
        Connection con = JdbcUtil.getConnection();

        pstm = con.prepareStatement(sql);
        pstm.setInt(1,idTipoCliente);

        rs = pstm.executeQuery();

        List<Cliente> res = new ArrayList<>();
        while( rs.next() )
        {
            int idCliente = rs.getInt("id_cliente");
            Cliente cli = find(idCliente);
            res.add(cli);
        }

        return res;
    }
    catch(Exception ex)
    {

// ...
}
```

Probemos el método `findByTipoCliente` recuperando los clientes cuyo tipo es 2.

```java
ClienteDAO dao = new ClienteDAO();

for(Cliente cli:dao.findByTipoCliente(2))
{
    System.out.println(cli);
}
```

4.4.2.6.   Insertar una fila

Los DAO deben tener métodos que permitan encapsular las sentencias tipo *update*, como INSERT, UPDATE y DELETE. En este caso veremos cómo insertar una fila en la tabla CLIENTE, para lo cual agregaremos el método insert en ClienteDAO. Este método recibirá una instancia de Cliente cuyos atributos tendrán los valores para los campos de la fila que vamos a insertar.

Aceptaremos que id_cliente es autoincremental, así que no lo mencionaremos en la sentencia INSERT. En lugar de esto, recuperaremos el valor de id_cliente que se generó automáticamente y lo asignaremos a la instancia de Cliente que recibimos como parámetro.

```java
public void insert(Cliente cli)
{
    PreparedStatement pstm = null;

    // sentencia SQL
    String sql="";
    sql+="INSERT INTO cliente (nombre ";
    sql+="                     ,direccion ";
    sql+="                     ,id_tipo_cliente) ";
    sql+="VALUES (?,?,?) ";

    try
    {
        // obtenemos la conexion
        Connection con = JdbcUtil.getConnection();

        pstm = con.prepareStatement(sql,
                        Statement.RETURN_GENERATED_KEYS);

        // asignamos los parametros
        pstm.setString(1,cli.getNombre());
        pstm.setString(2,cli.getDireccion());
        pstm.setInt(3,cli.getTipoCliente().getIdTipoCliente());

        // ejecuto el update
        int rtdo = pstm.executeUpdate();

        if( rtdo==1 )
        {
```

```java
        // recupero el id
        ResultSet rs = pstm.getGeneratedKeys();
        if( rs.next() )
        {
            // asignamos el id que se genero
            int id = rs.getInt(1);
            cli.setIdCliente(id);
        }
    }
    else
    {
        throw new RuntimeException("Error en insert");
    }
}
catch(Exception ex)
{
// ...
}
```

Probemos el método `insert`.

```java
ClienteDAO dao = new ClienteDAO();
Cliente cli = new Cliente();
cli.setNombre("Pablo");
cli.setNombre("Av. Del Libertador 123");
cli.setTipoCliente(new TipoCliente(1));

dao.insert(cli);

// transaccion
Connection con = JdbcUtil.getConnection();
con.commit();
```

Recordemos que la transacción depende de la conexión, razón por la cual nos vemos obligados a pedirla y sobre esta ejecutar el método `commit` (o si fuera el caso `rollback`).

Las dos últimas líneas del programa no parecen estar del todo bien, en el sentido de que nos remiten a la base de datos y tiran por la borda la abstracción que estábamos consiguiendo, pero las aceptaremos hasta que estemos en condiciones de mejorarlas.

```
// chau abstraccion
Connection con = JdbcUtil.getConnection();
con.commit();
```

4.4.2.7.　　*Update*

Agregaremos a `ClienteDAO` el método `update`, que permitirá modificar una fila de la tabla `CLIENTE`. El método recibirá una instancia de `Cliente` cuyos atributos tendrán los nuevos valores de la fila que vamos a modificar.

```
public void update(Cliente cli)
{
    PreparedStatement pstm = null;

    // sentencia sql
    String sql="";
    sql+="UPDATE cliente ";
    sql+="SET nombre = ? ";
    sql+="    ,direccion = ? ";
    sql+="    ,id_tipo_cliente = ? ";
    sql+="WHERE id_cliente = ? ";

    try
    {
        Connection con = JdbcUtil.getConnection();
        pstm = con.prepareStatement(sql);

        // asignamos los parametros
        pstm.setString(1,cli.getNombre());
        pstm.setString(2,cli.getDireccion());
        pstm.setInt(3,cli.getTipoCliente().getIdTipoCliente());
        pstm.setInt(4,cli.getIdCliente());

        // ejecuto el update
        int rtdo = pstm.executeUpdate();
```

```
    if( rtdo!=1 )
    {
        throw new RuntimeException("Error en update");
    }
}
catch(Exception ex)
{
// ...
}
```

4.4.2.8.   *Delete*

Para eliminar una fila, agregaremos a `ClienteDAO` el método `delete`, cuyo único parámetro será el identificador del cliente que queremos eliminar.

```java
public void delete(int idCliente)
{
    PreparedStatement pstm = null;

    String sql="";
    sql+="DELETE FROM cliente WHERE id_cliente = ?";

    try
    {
        Connection con = JdbcUtil.getConnection();
        pstm = con.prepareStatement(sql);

        // asignamos los parametros
        pstm.setInt(1,idCliente);

        // ejecuto el update
        int rtdo = pstm.executeUpdate();

        if( rtdo!=1 )
        {
            throw new RuntimeException("Error en update");
        }
    }
    catch(Exception ex)
    {
```

```
// ...
}
```

Probemos el método `delete` y observemos cómo queda expuesta la transacción.

```
ClienteDAO dao = new ClienteDAO();
dao.insert(1);

// transaccion
Connection con = JdbcUtil.getConnection();
con.commit();
```

4.4.3. ENCAPSULAR LA TRANSACCIÓN

Logramos encapsular la conexión JDBC y las sentencias SQL, pero, como vimos en los apartados anteriores, la transacción queda expuesta, y así no puede quedar.

Desarrollaremos la clase `Transaction`, que tendrá una variable de instancia tipo `Connection` y los métodos `commit` y `rollback`.

```
public class Transaction
{
    private Connection con = null;

    // contructor
    public Transaction(Connection con){this.con = con;}

    // metodo commit
    public void commit()
    {
        try
        {
            con.commit();
        }
        catch(Exception ex)
        {
            ex.printStackTrace();
```

```java
            throw new RuntimeException(ex);
        }
    }

    // metodo rollback
    public void rollback()
    {
        try
        {
            con.rollback();
        }
        catch(Exception ex)
        {
            ex.printStackTrace();
            throw new RuntimeException(ex);
        }
    }
}
```

Agregaremos el método `beginTransaction` a la clase `JdbcUtil`. Este método retornará una instancia de `Transaction` que tendrá asignada la conexión.

```java
public class JdbcUtil
{
    public static Transaction beginTransaction()
    {
        return new Transaction( getConnection() );
    }
    // getConnection, ...
}
```

Finalmente, las transacciones que ejecutemos en el programa quedarán delimitadas entre `beginTransaction` y `commit` o `rollback`.

```java
// comienza la transaccion
Transaction trx = JdbcUtil.beginTransaction();
```

```
Cliente cli = new Cliente();
cli.setNombre("Pablo");
cli.setNombre("Av. Del Libertador 123");
cli.setTipoCliente(new TipoCliente(1));

ClienteDAO dao = new ClienteDAO();
dao.insert(cli);

// finaliza a transaccion
trx.commit();
```

4.5. SEPARAR EL ACCESO A LOS DATOS EN API E IMPLEMENTACIÓN

El patrón de diseño DAO se complementa con una factoría de objetos para permitir múltiples implementaciones del DAO de una tabla. De este modo y si fuese necesario, podremos cambiar la tecnología de acceso a los datos sin que esto implique reprogramar la aplicación o parte de esta.

Si bien en este capítulo estudiamos JDBC para acceder a los datos que persisten en la base de datos, existen alternativas como Hibernate, TopLink, OpenJPA o JPA, que es la estandarización de todas estas. Hay otras opciones, como MyBatis, iBatis y muchas más que podrían aparecer en el futuro.

Al separar los DAO en *interface* e implementación, el programa no dependerá de la tecnología que decidamos utilizar, y seremos libres de cambiarla sin que esto conlleve implicancias negativas, como por ejemplo reprogramar parte del código.

4.5.1. ESCRIBIR LOS DAO COMO *INTERFACES*

El primer paso será declarar los DAO como *interfaces*. Así, cada DAO indicará únicamente cuáles son sus métodos y su implementación (que será dependiente de una tecnología específica) se resolverá en una clase aparte. Por ejemplo, la *interface* ClienteDAO quedaría así:

```
public interface ClienteDAO
{
```

```
    public Cliente find(int idCliente);
}
```

4.5.2. IMPLEMENTAR LAS *INTERFACES* SEGÚN UNA DETERMINADA TECNOLOGÍA

Ahora desarrollaremos una implementación JDBC de la *interface* ClienteDAO.

```
public class ClienteDAOImpleJDBC implements ClienteDAO
{
    @Overwrite
    public Cliente find(int idCliente)
    {
        PreparedStatement pstm = null;
        ResultSet rs = null;

        try
        {
            Connection con = JdbcUtil.getConnection();
            String sql= "";
            sql+="SELECT id_cliente, nombre, ... ";
            sql+="FROM cliente ";
            sql+="WHERE id_cliente = ? ";

            pstm = con.prepareStatement(sql);
            pstm.setInt(1,idCliente);
            rs = pstm.executeQuery();

            Cliente cli = null;
            if( rs.next() )
            {
                cli = new Cliente();
                cli.setIdCliente(idCliente);
                cli.setNombre(rs.getString("nombre"));
                // :
            }

            return cli;
        }
        catch(Exception ex)
        {
```

```
    // ...
    }
}
```

Como mencionamos anteriormente, JDBC no es la única opción, podríamos preferir acceder a los datos usando Hibernate. Si fuese el caso, la implementación Hibernate de `ClienteDAO` sería la siguiente:

```
public class ClienteDAOImpleHibernate implements ClienteDAO
{
    @Overwrite
    public Cliente find(int idCliente)
    {
        Session session = HibernateFactory.getSession();
        return session.get(Cliente.class,idCliente);
    }

//...
}
```

NOTA: el código anterior es ilustrativo, pues no estudiamos Hibernate en esta obra.

Veamos gráficamente la relación que existe entre la *interface* `ClienteDAO` y sus dos clases de implementación.

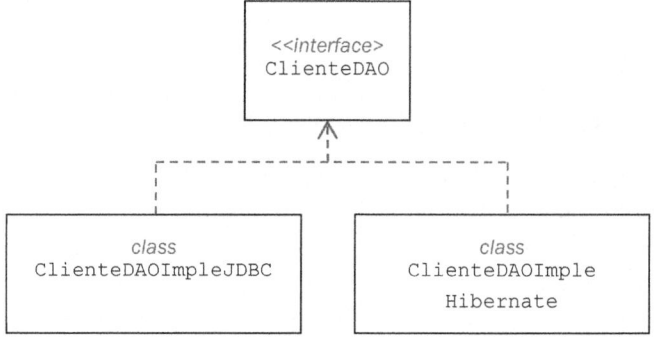

Figura 4.1. Un DAO y diversas implementaciones.

4.5.3. *FACTORY METHOD* PARA ABSTRAERNOS DE LA IMPLEMENTACIÓN

Para terminar, desarrollaremos un *factory method* que nos permita hacer abstracción sobre cuál es la implementación con la que el programa está trabajando.

```java
public class DaoUtil
{
    public static ClienteDAO getClienteDAO()
    {
        // trabajaremos con la implementacion JDBC
        return new ClienteDAOImpleJDBC();
    }
}
```

Ahora podremos obtener una instancia de `ClienteDAO` sin conocer qué implementación estaremos utilizando.

```java
// instanciamos ClienteDAO sin conocer la implementacion
ClienteDAO dao = DaoUtil.getClienteDAO();
Cliente cli = dao.find(1);
```

Si fuese necesario cambiar la tecnología de acceso a los datos, solo tendremos que modificar el método `getClienteDAO` en la clase `DaoUtil`.

```java
public class DaoUtil
{
    public static ClienteDAO getClienteDAO()
    {
        // ahora trabajaremos con la Hibernate
        return new ClienteDAOImpleHibernate();
    }
}
```

El programa será el mismo, pero ahora (sin saberlo) utilizará Hibernate, pues la implementación que retornará el *factory method* utiliza esa tecnología.

```
// instanciamos ClienteDAO sin conocer la implementacion
ClienteDAO dao = DaoUtil.getClienteDAO();
Cliente cli = dao.find(1);
```

Esta factoría de objetos es muy limitada, pues requiere escribir un método por cada uno de los DAO; peor aún, todos los métodos serán idénticos entre sí.

```java
public class DaoUtil
{
    public static ClienteDAO getClienteDAO()
    {
        return new ClienteDAOImpleJDBC();
    }

    public static ProductoDAO getProductoDAO()
    {
        return new ClienteDAOImpleHibernate();
    }

    // ...
}
```

4.5.4. *FACTORY METHOD* DINÁMICO

Vamos a mejorar el *factory method* utilizando un archivo de propiedades, donde vincularemos cada implementación con un nombre corto y amigable. Por ejemplo:

```
clienteDAO=javaafondo.domain.ClienteDAOImpleJDBC
```

Para esto, desarrollaremos el método `getObject`, que recibirá el nombre asociado a una implementación, instanciará dinámicamente la clase asociada a ese nombre y retornará la instancia solicitada. Este método leerá el archivo de propiedades, que tendrá tantas líneas como clases DAO hayamos desarrollado.

```
clienteDAO=javaafondo.domain.ClienteDAOImpleJDBC
productoDAO=javaafondo.domain.ProductoDAOImpleJDBC
```

Luego de agregar `getObject` a `DaoUtil`, el programa quedará así:

```
// instanciamos ClienteDAO sin conocer la implementacion
ClienteDAO dao = DaoUtil.getObject("clienteDAO");
Cliente cli = dao.find(1);
```

Veamos el código de `DaoUtil` con su método `getObject`.

```java
public class DaoUtil
{
    public static Properties prop = null;

    static
    {
        prop = PropertiesUtil.getProperties(DaoUtil.class);
    }

    public static <T> T getObject(String objName)
    {
        try
        {
            String classname = prop.getProperty(objName);
            Class<?> clazz = Class.forName(classname);
            return (T)clazz.newInstance();
        }
        catch(Exception e)
        {
            e.printStackTrace();
            throw new RuntimeException(e);
        }
    }
}
```

4.6. PONIENDO TODO EN PRÁCTICA

4.6.1. UNIFICAR LAS CLASES UTILITARIAS DE ACCESO A DATOS

En los apartados anteriores desarrollamos las clases `JdbcUtil`, con sus métodos `getConnection` y `getTransaction`, y `DaoUtil`, con su método `getObject`. Ambas clases utilizan archivos de propiedades para recuperar información parametrizada. Estos archivos son: `JdbcUtil.properties` y `DaoUtil.propertites`.

Resultará más práctico unificar ambas clases utilitarias en una nueva clase, que llamaremos `DataAccess`, cuyos métodos serán los de `JdbcUtil` y `DaoUtil`. El archivo de propiedades unificado será: `DataAccess.properties`:

```
#conexion con la base de datos
jdbc.connection.url=jdbc:hsqldb:hsql://localhost/xdb
jdbc.connection.drv=org.hsqldb.jdbcDriver
jdbc.connection.usr=sa
jdbc.connection.pwd=

#objetos de dominio
clienteDAO=javaafondo.domain.ClienteDAOImpleJDBC
detalleOrdenDAO=javaafondo.domain.DetalleOrdenDAOImpleJDBC
```

4.6.2. EJEMPLO COMPLETO

Para finalizar, veremos un ejemplo completo en el cual insertaremos una fila en la tabla `ORDEN` y otra en `DETALLE_ORDEN`. Ambos INSERT serán parte de una misma transacción. Las clases e *interfaces* que representan a las tablas `ORDEN` y `DETALLE_ORDEN` son `Orden`, `OrdenDAO`, `DetalleOrden` y `DetalleOrdenDAO` respectivamente, cuyo desarrollo quedará a cargo del lector.

```
// obtenemos los dao a traves del factory method
OrdenDAO ordenDAO = DataAccess.getObject("ordenDAO");
DetalleOrdenDAO detalleOrdenDAO = DataAccess.getObject(
                                    "detalleOrdenDAO");
// comienza la transaccion
Transaction trx = DataAccess.beginTransaction();
```

```java
// insertamos una orden
Orden orden = new Orden();
orden.setCliente(new Cliente(1));
orden.setEmpleado(new Empleado(2));
orden.setFechaGenerada(new Date(System.currTimeInMillis()));
orden.setEntregada(null);
ordenDAO.insert(orden);

// insertamos un detalle
DetalleOrden detalleOrden = new DetalleOrden();
detalleOrden.setOrden(orden);
detalleOrden.setProducto(new Producto(1));
detalleOrden.setCantidad(5);
detalleOrdenDAO.insert(detalleOrden);

// fin de la transacción
trx.commit();
```

4.7. AUTOEVALUACIÓN Y EJERCICIOS

Autoevaluación   *Ejercicios*

4.8. RESUMEN

Durante este capítulo nos hemos sumergido en la conexión de Java con bases de datos, explorando la complejidad del código y descubriendo técnicas para encapsularla eficientemente dentro de clases que reflejan el dominio del sistema. El último ejemplo que analizamos ilustra claramente este enfoque, donde nos encontramos únicamente con objetos del negocio, sin rastro alguno de código JDBC. Este nivel de abstracción no solo mejora la legibilidad del código, sino que también facilita el mantenimiento y la escalabilidad del sistema.

Adicionalmente, implementamos una estrategia efectiva al separar los DAO (objetos de acceso a datos) en *interfaces* e implementaciones, lo que aporta una capa extra de flexibilidad a nuestra aplicación. Esta separación nos permite adaptar fácilmente el sistema para trabajar con diversas tecnologías, asegurando así que nuestra aplicación esté preparada para futuras integraciones y cambios tecnológicos.

En el siguiente capítulo ampliaremos las técnicas que acabamos de adquirir con otras que nos permitirán abordar el desarrollo de una aplicación completa desde dos perspectivas fundamentales: el *backend* y el *frontend*. Con esta aproximación integral podremos explorar y comprender los aspectos esenciales de ambas partes de la aplicación, pues nos proporcionan una visión más completa y detallada del proceso de desarrollo.

CAPÍTULO 5
DISEÑO DE APLICACIONES JAVA

5.1. INTRODUCCIÓN

Las aplicaciones Java se pueden clasificar en dos grandes grupos: *estándar* y *enterprise* o *empresariales*.

Esta separación apunta, principalmente, al grado de requerimientos no funcionales que la aplicación debe cumplir y qué recursos utilizaremos para lograr satisfacer esas exigencias que exceden a lo funcional.

Dicho de otro modo, lo funcional indica qué cosas permitirá hacer la aplicación y lo no funcional alude a cuestiones vinculadas a la *performance*, a la tolerancia a fallas, y a la previsión sobre posibles cambios funcionales o tecnológicos en el futuro.

Cuando una aplicación, además de atender a los requerimientos funcionales, debe responder a una carga importante de cuestiones no funcionales, decimos que se trata de una aplicación *enterprise*.

Justamente, para satisfacer esas exigencias no funcionales, las aplicaciones *enterprise* se apoyan en infraestructuras de *hardware* y soluciones de *software* provistas por terceras partes, como JEE o Spring Framework.

5.2. ARQUITECTURA DE UNA APLICACIÓN JAVA

Habitualmente, cuando construimos aplicaciones Java nos apegamos a un modelo de desarrollo basado en capas. Cada capa se ocupa de resolver un conjunto de tareas previamente establecido. Trabajando de este modo reducimos el acoplamiento entre los componentes de la aplicación y la hacemos más mantenible y extensible.

El término *arquitectura* se refiere al diseño de la aplicación, pero no solo desde el punto de vista funcional, sino también desde un enfoque que tenga en consideración los requerimientos no funcionales mencionados más arriba (en los que profundizaremos a continuación).

5.2.1. ATRIBUTOS NO FUNCIONALES

Al diseñar una aplicación pensamos en su funcionalidad, es decir, qué cosas podremos hacer con ella una vez que esté desarrollada. Sin embargo, aunque el aspecto funcional es claramente el más importante, no es lo único que debemos tener en cuenta, pues existen diversas cuestiones *no funcionales* que se refieren al rendimiento y posterior mantenimiento de la aplicación. Por ejemplo, la *confiabilidad*, la *disponibilidad*, la *extensibilidad*, la *escalabilidad* y la *mantenibilidad*.

Todas estas habilidades constituyen lo que llamaremos *atributos no funcionales de la aplicación*, y se caracterizan por limitar o acotar los requerimientos funcionales.

Confiabilidad	Es la probabilidad de que un usuario pueda utilizar la aplicación sin que aparezcan fallas o errores. Por ejemplo: si se requiere una confiabilidad del 99%, significa que solo se admitirá una falla de cada 100 accesos a la aplicación.
Disponibilidad	Es la probabilidad de que la aplicación se encuentre operativa cada vez que un usuario la necesite. Por ejemplo: si se requiere una disponibilidad del 99,9%, significa que, en 1000 accesos, solo se tolerará que 1 no consiga acceder.
Extensibilidad	Se refiere a que el diseño de la aplicación permita extender su funcionalidad sin que conlleve un costo excesivo.
Escalabilidad	Indica que la aplicación debe estar preparada para soportar un incremento considerable sobre la carga de trabajo habitual.
Mantenibilidad	Informa de lo que costará mantener la aplicación.

Tabla 5.1. Atributos de una aplicación.

Por ejemplo, si un *requerimiento funcional* fuese que la aplicación muestre el listado de los productos de una determinada categoría que se encuentra en oferta al día de la fecha, una restricción *no funcional* podría acotar este requerimiento, exigiendo que el listado no se demore más de 30 segundos en aparecer; es decir, no basta con que el listado se genere y se muestre correctamente, sino que el proceso, además, no debería tardar más de 30 segundos en concretarse.

La tabla *5.1* describe a qué se refiere cada uno de estos atributos no funcionales.

Por lo general, los requerimientos de extensibilidad y mantenibilidad se pueden satisfacer adoptando un diseño adecuado durante el desarrollo de la aplicación; en cambio, los de confiabilidad y disponibilidad dependen casi exclusivamente de la infraestructura de *hardware* y software, que la mayoría de las veces la proveen terceras partes. Por otro lado, los requerimientos de escalabilidad dependen del diseño de la aplicación y de la infraestructura.

Los requerimientos no funcionales suelen estar relacionados con las aplicaciones empresariales. Aunque el estudio de este tipo de aplicaciones excede del alcance de la obra, nada impide que nos enfoquemos en plantear un diseño tal que nos permita maximizar la extensibilidad y la mantenibilidad de nuestra aplicación, y llegado el caso, si fuera necesario, que la podamos convertir en una aplicación *enterprise*.

5.2.2. *BACKEND* Y *FRONTEND*

Las aplicaciones se dividen en dos partes: *frontend* y *backend*.

El *frontend* es la parte que se ocupa de interactuar con el usuario: le permite introducir datos y le muestra los resultados obtenidos a partir de esos datos.

Por su parte, el *backend* recibe del *frontend* los datos que el usuario ingresó, los procesa y le entrega los resultados al *frontend* para que este se los muestre al usuario.

En la figura *5.1* podemos observar, de izquierda a derecha, cómo el usuario interactúa con la aplicación (*frontend*). Luego, la aplicación interactúa con el *façade* (punto de entrada al *backend*). El *façade* interactúa con los DAO y, finalmente, los DAO interactúan con la base de datos.

Desde el punto de vista del usuario, la aplicación es la clase `MiApp` (a la cual de aquí en adelante también podremos señalar como "el cliente").

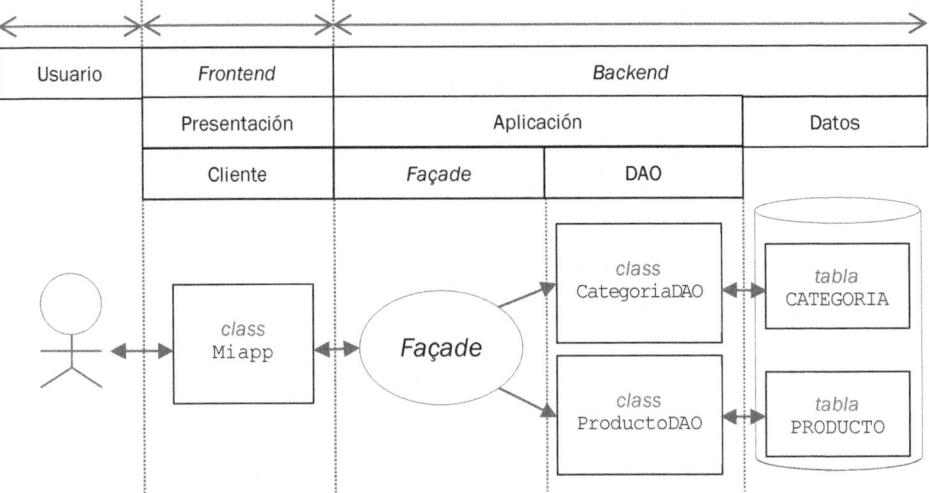

Figura 5.1. Componentes de una aplicación Java.

Dado que, de momento, no conocemos otras opciones, la clase `MiApp` podría ser una aplicación en modo texto: los datos y los resultados se introducen y se muestran por consola, tal como hemos venido haciendo hasta ahora.

Más adelante, el cliente podría convertirse en una ventana de Windows, en una página web, en una *app* para dispositivos móviles o en todo eso a la vez. Separando la aplicación en *frontend* y *backend* podríamos pensar en la posibilidad de tener múltiples clientes que se conecten a un mismo *backend*.

Sobre los DAO no hay mucho que aportar. Ya los estudiamos en detalle durante el capítulo anterior. Solo agregaremos que son una parte importante del *backend*.

La responsabilidad del *façade* es proveer una API a través de la cual el *frontend* y el *backend* puedan interactuar.

5.2.3. CAPAS LÓGICAS Y FÍSICAS DE LA APLICACIÓN

Cada uno de los componentes que analizamos en el gráfico del apartado anterior (cliente, *façade* y DAO) implementa una capa lógica de la aplicación, la cual queda delimitada por un conjunto de responsabilidades o tareas que debe llevar a cabo.

La tabla *5.2* resume los componentes que integran una aplicación Java y expone cuáles son las responsabilidades de cada uno.

Capa de	Componente	Responsabilidades
Presentación	Cliente	Interactuar con el usuario. Aceptar los datos de entrada, mandarlos a procesar al *backend* y presentarle al usuario los resultados obtenidos.
Negocio	*Façade*	Proveer al cliente un conjunto de servicios (API) diseñados de forma tal que permitan resolver la funcionalidad desde el punto de vista del negocio, abstrayéndolo del proceso y de la persistencia de los datos.
Acceso a datos	DAO	Encapsular el acceso a los datos, independientemente de que estos persistan en una base de datos o no.

Tabla 5.2. Descripción de los componentes de una aplicación Java.

Al plantear el desarrollo de este modo incrementamos la *mantenibilidad* de la aplicación, ya que, ante la ocurrencia de un error, fácilmente identificaremos en qué parte (en qué capa) lo debemos buscar.

Es decir, si se trata de un problema de cómo se presentan los datos, buscaremos en la capa de presentación; si se trata de un problema de cómo se procesan los datos, buscaremos en la capa de negocio; y si el problema fuera de persistencia de datos, buscaremos en la capa de acceso a datos.

También incrementamos la *extensibilidad*, pues para aumentar la funcionalidad solo tendremos que agregar más DAO o más métodos en los DAO ya existentes, o agregar métodos en el *façade*.

Si utilizamos factorías de objetos, estaremos contribuyendo *a incrementar la escalabilidad*, pues en cualquiera de las capas podremos implementar tecnologías con mayor *performance*, sin que esto afecte lo que ya tenemos desarrollado.

Si queremos incrementar la *performance*, la *disponibilidad* y la capacidad de afrontar un *incremento en el volumen de los datos* que la aplicación puede manejar, tendremos que considerar el uso de servidores que nos permitan ejecutar por separado las diferentes capas lógicas. En este caso estaremos hablando de las *capas físicas* de la aplicación y, por lo tanto, se tratará de una aplicación *enterprise*.

5.3. ANÁLISIS Y DESARROLLO DE UNA APLICACIÓN COMPLETA

5.3.1. FAÇADE Y DAO

El *façade* implementa la capa de negocio y es el punto de contacto entre el *frontend* y el *backend*. Su responsabilidad es abstraer al cliente sobre el proceso y la persistencia de los datos. Por esto debe proveer un método que resuelva cada uno de los requerimientos (o necesidades) del cliente.

Analicemos las siguientes pantallas:

Pantalla 1   **Pantalla 2**

```
+-----------------------------+     +------------------------------+
| CATEGORIAS                  |     | CATEGORIA 2 / PRODUCTOS      |
+-----------------------------+     +------------------------------+
| (1). Computacion            |     | (1). Samsung S9 mini         |
| (2). Telefonia              |     | (2). Sony Xpedia v6          |
| (3). Videojuegos            |     | (3). Huahuei P30             |
| Seleccione opcion: 2        |     | (4). Huahuei Mate 10         |
+-----------------------------+     | (5). Iphone X                |
                                    | Seleccione opcion:           |
                                    +------------------------------+
```

Figura 5.2. Pantallas de la aplicación.

En la pantalla de la izquierda se presenta el listado de todas las categorías en las que se clasifican los productos que se venden en un comercio.

Para que el cliente pueda mostrar esta pantalla, el *façade* deberá proveerle un método que llamaremos `obtenerCategorías`, que retornará una colección de instancias de `Categoria`.

Para resolver la pantalla de la derecha, que muestra el listado de todos los productos que pertenecen a una categoría en particular, el *façade* deberá proveerle un método que llamaremos `obtenerProductos`, que retornará una colección de instancias de `Producto` en función de un *idCategoria* que recibirá como parámetro.

Veamos el código de la *interface* `Facade`.

```
public interface Facade
{
    public List<Categoria> obtenerCategorias();
    public List<Producto> obtenerProductos(int idCat);
}
```

Observemos que, al declarar Facade como una *interface*, tendremos que proveer una implementación concreta y acceder a esta a través de un *factory method*.

Ya sabemos que el *façade* no accederá directamente a los datos, sino que lo hará a través de los DAO, que en este caso son ProductoDAO y CategoriaDAO. Estas clases las desarrollamos durante el capítulo anterior.

Observemos cómo, gracias a los DAO, la implementación del *façade* resulta muy fácil de programar, pues estos nos permiten hacer abstracción sobre la complejidad relacionada con el acceso a los datos.

```
public class FacadeImple implements Facade
{
    public List<Categoria> obtenerCategorias()
    {
        CategoriaDAO
dao=DataAccess.getObject("categoriaDAO");
        List<Categoria> categorias = dao.findAll();
        return categorias;
    }

    public List<Producto> obtenerProductos(int idCat)
    {
        ProductoDAO dao=DataAccess.getObject("productoDAO");
        List<Producto> productos = dao.findProductos(idCat);
        return productos;
    }
}
```

5.3.2. CLIENTE

Así como el *façade* se apoya en los DAO para abstraerse de las cuestiones vinculadas con el acceso a los datos, veremos cómo el cliente se apoya en el *façade* para abstraerse de las cuestiones vinculadas al negocio.

Si gracias a los DAO resultó fácil programar el *façade*, gracias al *façade* resultará fácil programar el cliente.

Veamos el código de la pantalla 1, que muestra el listado de todas las categorías donde se clasifican los productos.

```java
public class MiApp
{
    private Scanner scanner = new Scanner(System.in);

    public int pantalla1()
    {
        // Mensaje para el usuario
        System.out.println("Seleccione una categoria: ");

        // Obtenemos la lista de todas las categorias
        Facade f = DataAccess.getObject("facade");
        List<Categoria> categorias = f.obtenerCategorias();

        for(Categoria cat:categorias)
        {
            System.out.print(cat.getIdCategoria());
            System.out.println(cat.getDescripcion());
        }

        return scanner.nextInt();
    }
}
```

(Hemos omitido incluir los detalles *cosméticos* de la pantalla, como el título y el recuadro exterior, entre otras cosas, pues el objetivo de este capítulo, y de la obra en general, es explicar cómo diseñar y desarrollar aplicaciones Java desde el punto de vista funcional y atendiendo también a las cuestiones no funcionales. De ningún modo nos involucraremos en cuestiones de cosmética o estilo.)

El código de la pantalla 2 es el siguiente.

```java
public int pantalla2(int idCat)
{
    // Mensaje para el usuario
    System.out.println("-Productos de la categoria-");

    // Obtenemos la lista de productos
    Facade f = DataAccess.getObject("facade");

    List<Producto> productos = f.obtenerProductos(idCat);

    for(Producto prod:productos)
    {
        System.out.print(prod.getIdProducto());
        System.out.println(prod.getDescripcion());
    }

    return scanner.nextInt();
}
```

Veamos ahora el código del método `main`, de la clase `MiApp`.

```java
public class MiApp
{
    private Scanner scanner = new Scanner(System.in);

    // metodos pantalla1(), pantalla2()...

    public static void main(String args[])
    {
        MiApp app = DataAccess.getObject("miApp");
```

```
        // pantalla 1
        int idCat = app.pantalla1();

        // pantalla 2
        app.pantalla2(idCat);
    }
}
```

5.4. AUTOEVALUACIÓN Y EJERCICIOS

Autoevaluación   *Ejercicios*

5.5. RESUMEN

Si el objetivo de esta obra es explicar cómo desarrollar una aplicación Java completa aplicando los principales patrones de diseño que nos permitan maximizar su mantenibilidad y extensibilidad, podríamos decir que la tarea está cumplida.

Sin embargo, en el largo camino del desarrollo de aplicaciones, y la incesante tarea de reducir el acoplamiento, minimizar la cantidad de líneas que programamos y cumplir con las exigencias que imponen los atributos no funcionales de la aplicación, siempre intentaremos llegar un poco más allá.

El lector habrá observado lo tedioso y repetitivo que resulta programar los DAO. Las sentencias SQL, prácticamente idénticas entre sí, nos inducen a copiar, pegar y modificar el código, favoreciendo así la propagación de errores.

Estas tareas pueden automatizarse, y es en esa dirección hacia donde apuntaremos en los siguientes capítulos.

CAPÍTULO 6
INTROSPECCIÓN DE CLASES
Y OBJETOS

6.1. INTRODUCCIÓN

La introspección de clases y objetos es una característica del lenguaje Java que permite, en tiempo de ejecución, conocer detalles sobre la estructura de las clases y acceder a los valores de los atributos de los objetos.

Por ejemplo, dada una clase, podemos averiguar qué métodos tiene y cuáles son los tipos de dato de sus valores de retorno, qué parámetros espera recibir cada método en sus diversas versiones o sobrecargas, qué modificadores tiene asignados (`public`, `privated`, `static`), cuáles son sus campos (variables de instancia y variables de clase), sus modificadores y tipos de dato, cuántos constructores tiene y qué parámetros reciben, entre muchas otras posibilidades. También es posible instanciar objetos dinámicamente, e invocar cualquiera de sus métodos pasándole los argumentos que correspondan y obtener el correspondiente valor de retorno.

Así mismo, la introspección nos permite tener acceso a las *annotations* y a sus parámetros o atributos.

Recordemos la clase `Fecha` que desarrollamos en el capítulo 2, donde sobrescribimos el método `toString` para lograr que `System.out.println` nos muestre por consola una representación *natural* de los objetos.

El formato de esta representación *natural* lo impusimos arbitrariamente, dentro del código del método `toString`. Decimos que quedó hardcodeado.

```java
public class Fecha
{
    private int dia;
    private int mes;
    private int anio;

    public String toString()
    {
        return dia+"/"+mes+"/"+anio;
    }

    // constructor, setters, getters...
}
```

Para darle mayor versatilidad a la clase `Fecha`, podríamos diseñar una *annotation* que le permita al programador especificar cuál es el formato con el que quiere que los objetos de la clase sean representados.

```java
public class Fecha
{
    private int dia;
    private int mes;
    private int anio;

    @Formato(value="dd-mm-aaaa");
    public String toString()
    {
        // que hacemos ahora???
        // :
    }

    // constructor, setters, getters...
}
```

Usando introspección (también llamado *reflection*) podemos obtener una referencia a la *annotation* @Formato, acceder al valor del atributo value y, con un adecuado tratamiento de cadenas, generar dinámicamente una representación del objeto que concuerde con el formato que el programador especificó en la anotación.

Nota para el lector: Es probable que, a medida que avance con la lectura de este capítulo, le surjan dudas sobre cuál es la verdadera utilidad de las cuestiones que aquí se presentan. Debo pedirle que tenga un poco de paciencia, pues la utilidad de todo esto la apreciará más adelante, cuando comencemos a desarrollar *frameworks*.

6.2. COMENZANDO CON INTROSPECCIÓN

Para introspectar una clase necesitamos disponer de una instancia de la clase Class que represente a la clase que queremos introspectar.

Esta instancia de Class la podemos obtener de tres maneras:

1. Invocando el método getClass sobre un objeto.
2. Utilizando el atributo público y estático class que existe en todas las clases.
3. Invocando el método estático Class.forName.

La clase Class es la puerta de entrada al mundo de la introspección Java.

6.2.1. CLASE Class

Por heredar de Object, todos los objetos tienen el método getClass, que retorna una instancia de la clase Class.

```
Date d = new Date();
Class<?> clazz = d.getClass();
```

Class representa la estructura de las clases. A través de una instancia de Class podemos conocer qué métodos, constructores y campos (variables de instancia y variables de clase) tiene la clase cuya estructura está siendo representada.

Además, las clases tienen el atributo `class`, público y estático, que nos permite acceder a un objeto `Class`, instanciado de tal modo que funciona como una referencia a la clase en cuestión.

```
Class<?> clazz = Date.class;
```

Por ejemplo, en el siguiente código los objetos `c1` y `c2` son referencias a una misma instancia de `Class`, que representa la estructura de la clase `String`.

```
String s = new String("Hola");

Class<?> c1 = s.getClass();
Class<?> c2 = String.class;
```

También podemos obtener una instancia de `Class` a partir de una cadena de caracteres que indique el nombre completo de la clase que queremos introspectar. Para esto usaremos el método estático `Class.forName`.

```
Class<?> c = Class.forName("java.lang.String");
```

6.2.1.1. Acceder al nombre de la clase

El método `getName` retorna el nombre completo (incluyendo el *package*) de la clase representada por la instancia de `Class`. El método `getSimpleName` retorna solo el nombre de la clase representada, omitiendo el paquete.

```
Class<?> clazz = String.class;
String s1 = clazz.getName();       // java.lang.String
String s2 = clazz.getSimpleName(); // String
```

6.2.1.2. Acceder a los campos de la clase (variables de instancia y variables de clase)

Si conocemos de antemano la estructura de la clase y sabemos a qué campo queremos tener acceso, podemos usar el método `getDeclaredField`.

```
Class<?> clazz = Fecha.class;
Field f = clazz.getDeclaredField("dia");
```

Si no conocemos la clase con la que estamos trabajando, `getDeclaredFields`, que retorna un `Field[]`, nos permitirá indagar sobre qué campos tiene la clase.

```
Class<?> clazz = String.class;
Field[] declaredFields = clazz.getDeclaredFields();
```

6.2.1.3. Acceder a los métodos

Al igual que sucede con los campos, el método `getDeclaredMethods`, que retorna un `Method[]`, nos permitirá conocer qué métodos tiene la clase en cuestión.

```
Class<?> clazz = String.class;
Method[] methods = clazz.getMethods();
Method[] declaredMethods = clazz.getDeclaredMethods();
```

Si conocemos con qué clase estamos trabajando y queremos tener acceso a un método en particular, tendremos que invocar `getDeclaredMethod`, pasándole el nombre del método, y un `Class<?>[]` para representar al conjunto de parámetros que lo identifica. Esto se debe a que el método podría tener múltiples sobrecargas.

En el siguiente ejemplo, obtenemos una referencia al método `substring`, de la clase `String`, que recibe dos parámetros tipo `int`.

```
Class<?> clazz = String.class;
Class<?>[] paramTypes = {Integer.TYPE, Integer.TYPE};
Method mtd = clazz.getDeclaredMethod("substring",paramTypes);
```

El método `getDeclaredMethod` recibe, en realidad, un `Class<?>`... En el ejemplo anterior podríamos prescindir de usar el *array* de clases y en su lugar pasarle como argumentos a `getDeclaredMethod` la lista de tipos de dato.

```
Class<?> clazz = String.class;
Method method = clazz.getDeclaredMethod("substring"
                                    ,Integer.TYPE
                                    ,Integer.TYPE);
```

Para finalizar, veremos un programa donde el usuario introduce el nombre (completo) de una clase. Luego, introspectando, mostramos por consola el listado de todos los métodos de la clase que ingresó, indicando, por cada uno, su valor de retorno y qué parámetros espera recibir.

```java
public static void main(String[] args) throws Exception
{
    Scanner scanner = new Scanner(System.in);

    // El usuario ingresa el nombre de una clase
    System.out.print("Ingrese un nombre de clase: ");
    String sClazz = scanner.nextLine();

    // Obtenemos una instancia de Class a partir del nombre
    Class<?> clazz = Class.forName(sClazz);

    // Mostramos los metodos de la clase
    for(Method method:clazz.getDeclaredMethods())
    {
        String s = _mostrarMetodo(method);
        System.out.println(s);
    }

    scanner.close();
}
```

En el ejemplo anterior, a partir de una cadena de caracteres ingresada por el usuario obtuvimos una instancia de `Class`. A continuación, accedimos al conjunto de los métodos declarados en la clase, iteramos ese conjunto y, por cada uno de sus elementos, invocamos _mostrarMetodo, cuyo código veremos a continuación.

Observemos que _mostrarMetodo retorna una cadena de caracteres describiendo el prototipo del método. Por ejemplo: public String substring(int,int).

```java
// retorna una cadena describiendo el prototipo del metodo
public static String _mostrarMetodo(Method mtd)
{
    String s="";

    // modificadores
    int modif = mtd.getModifiers();
    s += _modificadores(modif)+" ";

    // tipo del valor de retorno
    Class<?> returnType = mtd.getReturnType();
    s += returnType.getSimpleName()+" ";

    // nombre del metodo
    s += mtd.getName();

    // parametros
    s += _parametros(mtd);

    return s;
}
```

Como el prototipo de un método puede verse afectado por más de un modificador, la información sobre qué modificadores aplican sobre ese método viene codificada en un valor tipo int, que podremos decodificar con la clase Modifier, que provee máscaras de bit para utilizarlas como veremos a continuación, donde preguntamos si el método en cuestión está prototipado con el modificador public.

```java
if( (modif & Modifier.PUBLIC)!=0 )
```

```java
public static String _modificadores(int modif)
{
    String s = "";
```

```
    if( (modif&Modifier.PUBLIC)!=0 ) s+="public ";
    if( (modif&Modifier.PRIVATE)!=0 ) s+="private ";
    if( (modif&Modifier.PROTECTED)!=0 ) s+="protected ";
    if( (modif&Modifier.STATIC)!=0 ) s+="static ";
    if( (modif&Modifier.ABSTRACT)!=0 ) s+="abstract ";

    return s.trim();
}
```

Veamos _parametros, que describe la lista de parámetros del método.

```
private static String _parametros(Method mtd)
{
    String s="(";
    Class<?>[] paramTypes = mtd.getParameterTypes();

    for(int i=0; i<paramTypes.length; i++)
    {
        s+=paramTypes[i].getSimpleName();
        s+=(i<paramTypes.length-1)?",":"";
    }

    s+=")";

    return s;
}
```

6.2.1.4. Acceder a los constructores

El método getConstructors nos permite acceder a la lista de constructores de la clase. Por su parte, getConstructor nos da acceso a un constructor en particular, siempre y cuando sepamos con exactitud a cuál de ellos queremos acceder. Como ejemplo de esto, accederemos a la lista de constructores de la clase String.

```
Class<?> clazz = String.class;
Constructor[] constructors = clazz.getConstructors();
```

En el siguiente código, `getConstructor` nos da acceso a un constructor particular de `String`, el que recibe una instancia de `StringBuffer` como parámetro.

```
Class<?> clazz = String.class;
Class<?>[] paramTypes = {StringBuffer.class};
Constructor constructor = clazz.getConstructor(paramTypes);
```

6.2.2. CREAR OBJETOS DINÁMICAMENTE

Una instancia de `Class` permite crear objetos de la clase que representa. El modo más simple de hacerlo es invocando el método `newInstance`, como vemos a continuación, aceptando que `clazz` es una instancia válida de la clase `Class`:

```
// Creamos un objeto dinamicamente
Object obj = clazz.newInstance();
```

Lo anterior supone que la clase que está siendo representada por `clazz` dispone del constructor nulo. De no ser así, obtendremos una excepción.

La otra forma de instanciar dinámicamente una clase es a través de alguno de sus constructores. Para esto, primero debemos obtener una referencia al constructor mediante el cual la vamos a instanciar.

Por ejemplo, si sabemos que la clase tiene un constructor que recibe dos parámetros tipo `int`, podemos crear un objeto a través de ese constructor:

```
// Obtenemos el constructor
Class<?>[] paramTypes = {Integer.TYPE, Integer.TYPE};
Constructor ctr = clazz.getConstructor(paramTypes);

// Invocamos el constructor pasandole los valores 5 y 10
Object[] paramValues = {5, 10};
Object obj = ctr.newInstance(paramValues);
```

6.2.3. **INVOCAR MÉTODOS DINÁMICAMENTE**

Reflection permite invocar dinámicamente métodos sobre los objetos. El procedimiento consiste en obtener una referencia al método, crear un `Object[]` con los argumentos que le vamos a pasar e invocarlo.

Por ejemplo, si el objeto `obj` contiene una instancia de `String`, sobre esta podemos invocar la versión de `substring` que recibe dos valores tipo `int`:

```
// Obtenemos el metodo
Class<?>[] paramTypes = {Integer.TYPE, Integer.TYPE};
Method mtd=obj.getClass().getMethod("substring",paramTypes);

// Invocamos el metodo pasandole los argumentos 3 y 10
Object[] paramValues = {3,10};
Object rtdo = mtd.invoke(obj,paramValues);
```

El objeto `rtdo` recibe el valor de retorno del método `invoke`, que a su vez será el valor de retorno de `substring`, el cual, tras haberlo invocado sobre el objeto `obj` retornará la subcadena comprendida entre las posiciones 3 y 10 (no inclusive) de la cadena que el objeto contiene.

6.3. *JAVABEANS*

6.3.1. **QUÉ SON LOS *BEANS***

Cuando una clase cumple con una serie de condiciones, diremos que sus instancias u objetos serán *JavaBeans*, o simplemente *beans* (para acortar). Las condiciones que las clases de los *beans* deben satisfacer son las siguientes:

1. Respetar todas las convenciones de nomenclatura.
2. Tener el constructor nulo (que no recibe parámetros).
3. Proveer métodos de acceso (*setters* y *getters*) para todos sus atributos.

Aunque la palabra *bean* se refiere a una instancia u objeto, también podemos usarla para referirnos a una clase que cumple con la lista de requisitos recién mencionada.

6.3.2. **INSTROSPECTANDO** *BEANS*

6.3.2.1. Conocer los atributos de un *bean*

Por definición, los *beans* proveen métodos de acceso para todos sus atributos. De este modo podemos deducir cuáles de sus campos son atributos y cuáles no, pues solo los atributos tendrán sus correspondientes *setters* y *getters*.

Por ejemplo, si al introspectar una clase nos topamos con un campo llamado `dia` y quisiéramos constatar que se trata de un atributo, una forma de hacerlo podría ser verificar que la clase tenga los métodos `setDia` y `getDia`. En tal caso, `dia` será un atributo; de lo contrario se tratará de una variable de instancia o de clase.

Programaremos varios métodos estáticos que nos ayudarán con la tarea de instrospectar *beans* y los agregaremos a la clase `BeanUtil`. Justamente, el primer método que vamos a desarrollar permitirá determinar si un campo del *bean* es un atributo.

La estrategia será la siguiente:

1. Deducir el nombre de los métodos de acceso a partir del nombre del campo. Si el campo fuese `dia`, sus métodos de acceso serán: `getDia` y `setDia`.
2. Verificar si existen ambos métodos de acceso.
   a. Si existen, entonces sí se trata de un atributo.
   b. Si no existen, entonces el campo no es un atributo.

Para este desarrollo nos apoyaremos en el método `attNameToAccessorName`, el cual programaremos posteriormente.

```java
public static
boolean isAttribute(Class<?> clazz,Field field)
{
    try
    {
        // Obtenemos el nombre del metodo get
        String getterName =
                attNameToAccessorName(field.getName(),"get");

        // Obtenemos el nombre del metodo set
        String setterName =
                attNameToAccessorName(field.getName(),"set");
```

```
    // Si no existe alguno de estos metodos
    // arrojara una excepcion: NoSuchMethodException
    // Accedemos al getter, solo para ver si existe
    clazz.getMethod(getterName);

    // Accedemos al setter, solo para ver si existe
    clazz.getMethod(setterName,field.getClass());
    return true;
  }
  catch(Exception e)
  {
    // el catch queda vacio porque el metodo podria no
    // existir, y esto no seria un error
  }

  return false;
}
```

El método `attNameToAccessorName` recibe dos parámetros: el nombre de un campo y un prefijo, que podría ser `"set"` o `"get"`, y retorna el nombre del *getter* o *setter* asociado a ese campo. Por ejemplo, si el campo fuese `"dia"` y el prefijo `"get"`, retornará la cadena `"getDia"`.

```
public static
String attNameToAccessorName(String attname,String accessor)
{
    String inicial = attname.substring(0,1).toUpperCase();
    String siguiente = attname.substring(1);
    return accessor+inicial+siguiente;
}
```

Veamos un ejemplo de cómo invocar `isAttribute`.

```
Scanner scanner = new Scanner(System.in);
```

```
// El usuario ingresa el nombre de una clase
System.out.println("Ingrese el nombre de una clase");
String sClazz = scanner.next();

// El usuario ingresa el nombre de un campo de la clase
System.out.println("Ingrese el nombre de un campo");
String sField = scanner.next();

// Obtenemos referencias a la clase y al campo
Class<?> clazz = Class.forName(sClazz);
Field field = clazz.getField(sField);

boolean esAtt = BeanUtil.isAttribute(clazz,field);

System.out.println(sClazz+" es atributo? "+esAtt);
```

6.3.2.2.   Invocar dinámicamente los métodos de acceso

Agregaremos a `BeanUtil` los métodos `invokeSetter` e `invokeGetter`.

`invokeSetter` recibe tres parámetros: el objeto `target`, sobre el cual vamos a invocar un método *setter*; el valor `value` que queremos asignar a través de ese *setter*, y el campo `field`, donde asignaremos el valor.

```
public static
void invokeSetter(Object target,Field field,Object value)
{
    try
    {
        // nombre del setter
        String setterName =
                attNameToAccessorName(field.getName(),"set");

        // referencia el setter
        Method setter = target.getClass().getDeclaredMethod(
                                        setterName
                                        ,field.getType());

        // Invocamos el setter
        setter.invoke(target,value);
```

```
    }
    catch(Exception e)
    {
        e.printStackTrace();
        throw new RuntimeException(e);
    }
}
```

Análogamente, `invokeSetter` recibe dos parámetros (el objeto `target` y el nombre del campo cuyo *getter* vamos a invocar) y retorna el valor que retorna el *getter*.

```
public static
Object invokeGetter(Object target,Field f)
{
    try
    {
        // nombre del getter
        String getterName =
                attNameToAccessorName(f.getName(),"get");

        // referencia al getter
        Method getter = target
                        .getClass()
                        .getDeclaredMethod(getterName);

        // Invocamos el getter y retornamos lo que devuelve
        return getter.invoke(target);
    }
    catch(Exception e)
    {
        e.printStackTrace();
        throw new RuntimeException(e);
    }
}
```

6.4. *ANNOTATIONS*

Las *annotations* son anotaciones que podemos escribir sobre los miembros de la clase y sobre la misma clase. Permiten dar indicaciones sobre ciertos valores con los cuales queremos trabajar.

Crear una *annotation* implica escribir una *interface* Java. Luego, para tener acceso a sus valores o parámetros, debemos hacerlo vía *reflection*.

Al inicio de este capítulo hemos propuesto crear la *annotation* @Formato para indicar con qué formato queremos representar las instancias de la clase Fecha.

```java
public class Fecha
{
    private int dia;
    private int mes;
    private int anio;

    @Formato(value="dd-mm-aaaa")
    public String toString()
    {
        // Que hacemos ahora???
        // :
    }

    // constructor, setters, getters...
}
```

Como esta *annotation* está pensada para indicar anotaciones sobre un método, su código debe ser el siguiente:

```java
@Retention(RetentionPolicy.RUNTIME)
@Target(ElementType.METHOD)
public @interface Formato
{
    String value();
}
```

En el código se indica que es válido aplicar la anotación @Formato sobre métodos (ElementType.METHOD) y que el valor de sus atributos debe estar disponible en tiempo de ejecución (RetentionPolicy.RUNTIME). Luego, declaramos los parámetros o atributos de la *annotation*, cuyos valores deberán ser especificados por el usuario. En este caso, el único atributo es: value.

Posteriormente, por *reflection*, accedemos a los valores que el usuario indicó.

```java
@Formato(value="dd-mm-aaaa")
public String toString()
{
    try
    {
        // obtenemos la clase y el metodo
        Class<?> clazz = getClass();
        Method mtd = clazz.getMethod("toString");

        // obtenemos la annotation y accedemos al valor
        Formato annFormato=mtd.getAnnotation(Formato.class);
        String s = annFormato.value();

        // ahora construimos la representacion de la fecha
        s=StringUtil.replace(s,"aaaa",Integer.toString(anio));
        s=StringUtil.replace(s,"mm",Integer.toString(mes));
        s=StringUtil.replace(s,"dd",Integer.toString(dia));

        return s;
    }
    catch(Exception ex)
    {
        // ...
    }
}
```

Gracias a lo anterior, las fechas se mostrarán por consola como hemos indicado.

```java
Fecha f = new Fecha(18,12,2019);
System.out.println(f); // salida: 18-12-2019
```

Probemos cambiar el valor de `value` en la *annotation* `@Formato` que indicamos sobre el método `toString`, en la clase `Fecha`:

```
@Formato(value="aaaa/mm/dd")
public String toString()
{
    // ...
}
```

La salida será:

```
Fecha f = new Fecha(18,12,2019)
System.out.println(f); // salida: 2019/12/18
```

Volvamos a ver el código de la *annotation* `@Formato`.

```
@Retention(RetentionPolicy.RUNTIME)
@Target(ElementType.METHOD)
public @interface Formato
{
    String value();
}
```

Para la definición de *interface*, utilizamos dos *annotations* provistas por Java:

- `@Retention(RetentionPolicy.RUNTIME)`
- `@Target(ElementType.METHOD)`

Con `@Retencion` indicamos qué tratamiento de retención queremos que el compilador le otorgue a la anotación.

Las opciones son:

- `RetentionPolicy.CLASS`: el compilador almacenará la *annotation* en el `.class`, pero no será retenida por la JVM durante el tiempo de ejecución.
- `RetentionPolicy.RUNTIME`: ídem, pero la *annotation* sí estará disponible durante el tiempo de ejecución, y podrá ser leída por *reflection*.

- `RetentionPolicy.SOURCE`: indica que la anotación solo es descriptiva y será descartada luego de la compilación.

Las *annotations* `@Override` y `@SuppressWarnings` son algunos ejemplos de `RetentionPolicy.SOURCE`.

Por su parte, `@Target` especifica dónde aplica la anotación. Algunas opciones son:

- `ElementType.TYPE`, indica que puede aplicarse sobre la clase.
- `ElementType.FIELD`, indica que puede aplicarse sobre los campos.
- `ElementType.CONSTRUCTOR`, puede aplicarse sobre los constructores.
- `ElementType.METHOD`, puede aplicarse sobre los métodos.

(Como dijimos arriba, al igual que sucede con todas las cuestiones tratadas a lo largo de este capítulo, la verdadera importancia de las *annotations* la podremos apreciar más adelante, cuando estudiemos cómo construir herramientas genéricas o *frameworks*.)

6.5. AUTOEVALUACIÓN Y EJERCICIOS

Autoevaluación   *Ejercicios*

6.6. RESUMEN

Durante este capítulo estudiamos los recursos que provee el lenguaje Java para introspectar clases y objetos. Analizamos cómo, a través de la clase `Class`, podemos obtener referencias a los métodos, constructores y campos de una clase, además de manipularlos programáticamente.

Apreciaremos la gran utilidad que tienen todos estos recursos más adelante, cuando comencemos a construir herramientas genéricas, también llamadas *frameworks*.

CAPÍTULO 7
GENERALIZACIONES Y
DESARROLLO DE *FRAMEWORKS*

7.1. INTRODUCCIÓN

Muchas veces, cuando programamos, observamos que debemos desarrollar la misma tarea una y otra vez.

La tarea repetitiva es fácil de identificar, porque nos induce a copiar y pegar un conjunto de líneas de código, para modificar sus valores, tipos o parámetros, y así adaptarlos a nuestras necesidades.

Copiando y pegando obtenemos una solución instantánea que nos evita escribir varias veces el mismo código, pero a corto plazo los efectos negativos se harán sentir, porque copiar y pegar atenta contra la mantenibilidad y la legibilidad del programa.

Cuando comenzamos a pensar el modo de automatizar una tarea repetitiva, sin que lo sepamos, estamos comenzando a pensar cómo desarrollar un *framework*.

7.1.1. ¿QUÉ ES UN *FRAMEWORK*?

Un *framework* es una construcción de *software* diseñada para solucionar o agilizar una problemática trasversal, que usualmente es común a todas las aplicaciones.

En ingeniería de *software*, se define *aplicación vertical* como aquella cuyo rango de acción está acotado a un determinado tipo de mercado. Por ejemplo, el sistema que permite reservar pasajes en los vuelos de una aerolínea, el sistema a través del cual los estudiantes de una facultad se pueden inscribir en las diferentes materias o el sistema que gestiona las historias clínicas de los afiliados a un hospital son aplicaciones verticales.

En cambio, los *frameworks* son aplicaciones *horizontales*, su rango de acción está acotado a una problemática determinada que atraviesa las verticales.

Gráficamente, los *frameworks* (construcciones horizontales) cortan transversalmente a las aplicaciones verticales.

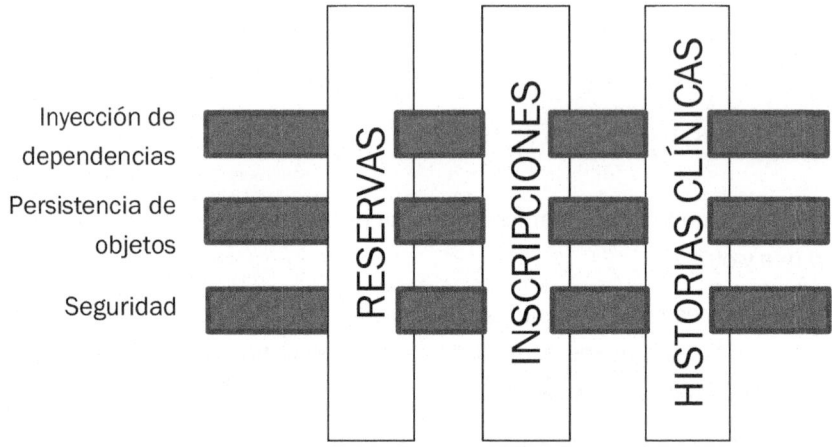

Figura 7.1. Construcciones de software verticales y horizontales.

Si delegamos en los *frameworks* la automatización de las tareas repetitivas, podremos dedicar mayor tiempo de concentración al desarrollo *core* de nuestra aplicación.

7.1.2. ¿*FRAMEWORKS* PROPIOS O *FRAMEWORKS* DE TERCEROS?

Existen cientos de *frameworks* que proveen soluciones para las más variadas problemáticas y son ampliamente usados en todo el mundo.

Los más conocidos, y más usados, son Hibernate y Spring. El primero aporta una solución genérica de persistencia de datos, basada en la representación del modelo de datos relacional mediante un modelo orientado a objetos. Por su parte, Spring implementa un motor de inyección de dependencias, una especie de factoría de objetos que nos ayuda a lidiar con los problemas que se originan al instanciar objetos que dependen de la instanciación de otros objetos, y así sucesivamente.

En ocasiones, programar nuestros propios *frameworks* nos hace sentir que estamos reinventando la rueda. Entonces, ¿para qué programar algo que ya existe y (generalmente) es *open source*?

La decisión sobre utilizar un *framework* existente o programar uno propio debe ser tomada con cautela, identificando claramente cuáles son las ventajas y desventajas de una y otra opción.

Los puntos para evaluar sobre la utilización de un *framework* ya existente serían:

- ¿Existe un *framework* que hace lo que nosotros necesitamos?
- ¿En qué medida se adapta a nuestras necesidades?
- ¿Cuánto tiempo lleva en el mercado?
- ¿Cómo de grande es la comunidad de usuarios?
- ¿Es fácil de usar y aprender?

Por el contrario, desarrollar nuestro propio *framework* nos garantiza:

- Un diseño acorde a la medida de nuestras necesidades.
- Conocer en detalle su código fuente.

Cualquiera que sea la decisión que tomemos, la aplicación que desarrollemos en gran medida pasará a depender de ellos.

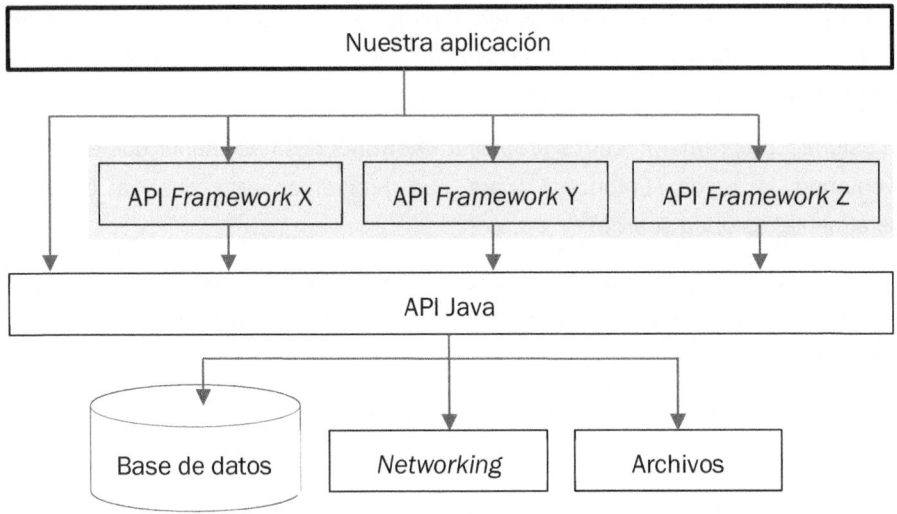

Figura 7.2. Diferentes niveles de API conformando capas de software.

El gráfico ilustra cómo se codifica nuestra aplicación usando la API Java y las API que proveen los diferentes *frameworks* que hayamos decidido utilizar. A su vez, los *frameworks* están programados en Java.

Todo el código que está dentro del recuadro gris no forma parte del desarrollo del negocio, son herramientas que utilizamos para incrementar la productividad.

7.1.3. SOBRE ESTE CAPÍTULO

Aquí nos concentraremos en desarrollar nuestras propias versiones de Hibernate y Spring. Por supuesto, no conseguiremos obtener la misma *performance* ni la totalidad de la funcionalidad que tienen los *frameworks* originales, pero sí comprenderemos cuál es la problemática que afronta y resuelve cada uno, y cómo debemos pensar en abstracto para diseñar y construir una solución horizontal, un *framework*.

La programación de ambos *frameworks* quedará a cargo del lector y será una excelente excusa para poner en práctica todos los conceptos que hemos estudiado hasta aquí: desde el lenguaje de programación Java, la teoría de objetos y la instrospección de clases y objetos, hasta el acceso a bases de datos vía JDBC.

7.2. *FRAMEWORK* DE PERSISTENCIA BASADO EN ORM

Como ya mencionamos, Hibernate provee una solución al problema de la persistencia de datos, basándose en la representación del modelo relacional mediante un modelo de objetos. Justamente, ORM son las iniciales de *Object Relational Mapping*.

A continuación, analizaremos cómo construir nuestra propia versión de Hibernate, que llamaremos MyHibernate. El diseño y el modo de uso de MyHibernate será muy similar al original, por esto, al finalizar su desarrollo habremos fortalecido los conceptos estudiados y también habremos adquirido una buena base de conocimientos sobre cómo funciona el *framework* original.

7.2.1. REPRESENTACIÓN DEL MODELO DE DATOS RELACIONAL MEDIANTE UN MODELO DE OBJETOS

Para proveer acceso a los datos de una tabla de la base de datos, nuestro *framework* requerirá que desarrollemos una clase que la represente.

Por ejemplo, la tabla PRODUCTO, incluyendo la relación que esta tiene con la tabla CATEGORIA, debería ser representada (o mappeada) por la clase Producto.

Observemos que cada atributo de la clase se corresponde con cada uno de los campos de la tabla. Además, la clase y los atributos están precedidos por una serie de anotaciones que analizaremos debajo.

```
@Table(name="producto")
public class Producto
{
    @Id
    @Column(name="id_producto")
    private Integer idProducto;

    @Column(name="descripcion")
    private String descripcion;

    @ManyToOne
    @Column(name="id_categoria")
    private Categoria categoria;
```

```
@Column(name="precio_unitario")
private Double precioUnitario;

// constructores, setters, getters,...
}
```

La clase está anotada con @Table para indicar cuál es el nombre de la tabla que representa. En el caso de los atributos, la *annotation* @Column permite establecer el vínculo entre estos y cada campo de la tabla.

Con @Id indicamos cuál es el atributo que representa al campo que es *primary key*, mientras que con @ManyToOne indicamos que un atributo proviene de una relación de tipo *muchos-a-uno* entre la tabla y otra tabla relacionada.

Entre PRODUCTO y CATEGORIA existe una relación de *muchos-a-uno*, pues muchos productos pertenecen a una misma categoría. La unión entre estas tablas está dada por los campos id_categoria de ambas y permite, para un producto, conocer cuáles son los datos de la categoría a la que pertenece.

La misma relación, pero en sentido contrario (entre CATEGORIA y PRODUCTO), se llama *uno-a-muchos*, pues en una misma categoría se clasifican muchos productos. Este tipo de relación no la tendremos en cuenta para el desarrollo de MyHibernate.

Para simplificar, no soportaremos tablas cuya *primary key* esté compuesta por dos o más campos. En todos los casos la *primary key* será simple y de tipo int.

Los atributos anotados con @ManyToOne deben indicar con @Column el nombre del campo local. Por ejemplo, en la tabla PRODUCTO el campo local que se utilizará para establecer la unión con la tabla CATEGORIA es: id_categoria.

```
@ManyToOne
@Column(name="id_categoria")
private Categoria categoria;
```

No será obligatorio mappear todos los campos de una tabla. El *framework* tendrá en cuenta únicamente aquellos campos anotados en el *mapping* con @Column.

Dado que el atributo `categoria` proviene de una relación tipo *muchos-a-uno*, su tipo de dato es `Categoria`, es decir, una instancia de una clase que representa a la tabla `CATEGORIA`. El código de la clase `Categoria` es el siguiente:

```java
@Table(name="CATEGORIA")
public class Categoria
{
    @Id
    @Column(name="id_categoria")
    private Integer idCategoria;

    @Column(name="descripcion")
    private String descripcion;

    // Constructores, setters, getters,...
}
```

Al conjunto de las clases que representan a las tablas lo llamaremos *mappings*. Las clases `Producto` y `Categoria` son los *mappings* de `PRODUCTO Y CATEGORIA`. Por su parte, `Producto.class` y `Categoria.class` son las clases de los *mappings*.

Tras mappear `PRODUCTO` y `CATEGORIA` tendremos acceso a los datos de ambas.

7.2.2. FUNCIONALIDAD Y MODO DE USO

Nuestro *framework* consistirá en una clase que llamaremos `MyHibernate`, que tendrá varios métodos estáticos. Uno de ellos será `find`, el cual recibirá un `Class` (la clase de un *mapping*) y un *id*. Este método retornará una instancia del *mapping* conteniendo los datos de la fila identificada por el *id* (o `null` si dicho *id* no identifica a ninguna de las filas de la tabla). Veamos un ejemplo:

En el siguiente ejemplo buscamos los datos del producto cuyo `id_producto` es 1.

```java
public static void main(String[] args)
{
```

```java
// Obtenemos el producto cuyo id es 1
Producto p = MyHibername.find(Producto.class,1);

// Mostramos la descripcion
System.out.println(p.getDescripcion());

// Mostramos a que categoria pertenece
Categoria c = p.getCategoria();
System.out.println(c.getDescripcion());
}
```

Aunque en este capítulo nos limitaremos a explicar cómo resolver los métodos find y findAll, la clase MyHibernate también debería incluir, al menos, los métodos que se describen a continuación:

```java
// busca las filas que tengan cierto valor en un atributo
public static <T> List<T> findBy(
                    Class<?> clazz
                    ,String att
                    ,Object value){...};

// inserta una fila en una tabla
public static void insert(Object o){...};

// modifica los datos de una fila de una tabla
public static void update(Object o){...};

// elimina de una tabla la fila identificada por id
public static void delete(Class<?> clazz,Integer id){...};
```

7.2.3. DESARROLLANDO EL MÉTODO find

El método find, cuya especificación completa veremos a continuación, permite obtener los datos de una fila de la tabla a partir de su identificador o clave primaria.

ESPECIFICACIÓN		
Método: `find`		
Prototipo: `public static <T> T find(Class<T> clazz,Integer id);`		
Descripción: Busca y retorna los datos de una fila identificada por su *primary key*.		
Parámetro	**Tipo**	**Descripción**
`clazz`	`Class<T>`	Instancia de `Class` que representa al *mapping* de la tabla sobre la que vamos a buscar una fila.
`id`	`Integer`	Identificador o *primary key* de la fila que queremos obtener.
Retorna	`T`	Fila cuyo *id* coincide con `id` o `null` si ninguna de las filas de la tabla se identifica con dicho *id*.

¿Cómo se utilizará el método `find`? Simplemente invocándolo a través de la clase `MyHibernate`, pasándole el `Class` del *mapping* que representa a la tabla y el *id* de la fila que buscamos.

```
int idProducto = 1;
Producto p = MyHybernate.find(Producto.class,idProducto);
```

Para programar este método utilizaremos la siguiente estrategia:

1. Generar dinámicamente una cadena que contenga el código SQL necesario para recuperar los datos de la fila que buscamos. Este código SQL debe tener parametrizado el valor de la *primary key* que identifica la fila en cuestión.
2. Crear una `PreparedStatement` a partir de la cadena generada en el punto anterior, asignar el valor del parámetro correspondiente y ejecutarla para obtener el conjunto de resultados (`ResultSet`).
3. Con el `ResultSet` obtenido en el punto anterior, si tiene datos, instanciar dinámicamente a `T` (cuya clase está representada por `clazz`), tomar los datos del `ResultSet` para asignar los valores de sus atributos y retornar el objeto (o `null` si el SQL no retorna datos).

Acorde con esta estrategia, veamos el código del método `find`.

```java
public class MyHibernate
{
    public static <T> T find(Class<T> clazz,Integer id)
    {
        // Generamos el sql dinamicamente
        ResultSet rs = null;
        PreparedStatement pstm = null;

        try
        {
            // (1) Generamos dinamicamente el codigo SQL
            String sql = _generarCodigoSQL(clazz);

            // (2) Preparamos la sentencia (PreparedStatement)
            pstm = _prepararSentencia(sql,id);
            rs = pstm.executeQuery();

            // (3) Generamos una instancia de T o null
            T t = _generarObjeto(clazz,rs);

            return t;
        }
        catch(Exception e)
        {
            e.printStackTrace();
            throw new RuntimeException(e);
        }
        finally
        {
            // Cerramos el ResultSet y la PreparedStatement
        }
    }
}
```

Dado que este capítulo es eminentemente práctico, queda a cargo del lector el desarrollo del código de cada uno de los métodos privados que hemos invocado dentro del método find. Lo qu sí proporcionaremos es una breve explicación de cómo cada podríamos encarar cada uno de estos métodos.

Método: _generarSQL

El método _generarSQL debe generar dinámicamente el código SQL necesario para recuperar una fila de la tabla representada por clazz. Por ejemplo, si clazz fuese el *mapping* de Producto, la cadena que debemos generar debería ser:

```
"SELECT id_producto,descripcion,id_categoria,precio_unitario
 FROM producto
 WHERE id_producto = ?"
```

En esta cadena se destacan los siguientes datos:

1. La lista de campos de la tabla (representados por los atributos de la clase)
2. El nombre de la tabla
3. Cuál es el campo identificador o *primary key*

Para obtener la lista de campos de la tabla, hemos e obtener los campos de la clase representada por clazz, que en nuestro ejemplo es Producto. Para esto debemos invocar: clazz.getDeclaredFields(), que retornará un Field[], con tantos elementos como campos tenga la clase.

```
Field[] fields = clazz.getDeclaredFields();
```

Sin embargo, no necesariamente todos los atributos de la clase tienen que ser una representación de los campos de la tabla, solo debemos considerar aquellos atributos que estén anotados con @Column. Por lo tanto, a cada uno de los atributos de la clase le pediremos (vía *reflection*) esa *annotation*, teniendo en cuenta que la misma podría no existir. En tal caso, el atributo de la clase no estará relacionado con ninguno de los campos de la tabla.

```
Column annColumn = fields[i].getAnnotation(Column.class)
```

Si annColumn es distinto de null será porque el campo sí representa a una columna, cuyo nombre tendremos disponible en annColumn.name().

```
String Column Name = annColumn.name();
```

El nombre de la tabla lo podemos obtener fácilmente tomándolo de la anotación @Table de la clase representada por clazz.

```
Table annTable = clazz.getAnnotation(Table.class);
String tableName = annTable.name();
```

También podemos conocer cuál es el atributo de la clase que representa a la clave primaria de la tabla: será aquel que esté anotado con @Id.

```
String pk="";
for(Field f:fields)
{
    if( f.getAnnotation(Id.class)!=null )
    {
        pk = f.getAnnotation(Column.class).name();
    }
}
```

Método: _prepararSentencia

El método _prepararSentencia es más simple todavía: solo tenemos que obtener la conexión JDBC a través de la clase DataAccess (la desarrollamos en los capítulos anteriores), crear una sentencia y asignarle el parámetro id.

```
Connection con = DataAccess.getConnection();
PreparedStatement pstm = con.prepareStatement(sql);
pstm.setInt(1,id); // 1 indica el primer (y unico) parametro

return pstm;
```

Método: _generarObjeto

Para terminar, el método _generarObjeto debe crear una instancia de la clase representada por clazz. Recordemos que el tipo de dato de clazz es Class<T>, y en nuestro ejemplo T es Producto.

```
T t = clazz.newInstance();
```

Luego, iteraremos sobre los campos de la clase pidiendo, por cada uno, su *annotation* @Column. Así obtendremos el nombre de la columna de la tabla, el cual usaremos para pedirle al ResultSet el valor de ese campo.

```
for(Field f:clazz.getDeclaredFields())
{
    Column annColumn = f.getAnnotation(Column.class);
    Object value = rs.getObject(annColumn.name());

    boolean access = f.isAccessible();
    f.setAccessible(true);
    f.set(t,value); // ASIGNAMOS el valor al campo sobre t
    f.setAccessible(access);
}
```

Observemos que, al hacer: f.set(t,value), le asignamos al campo f del objeto t el valor value que recuperamos del ResultSet. Todo esto siempre y cuando el campo f no esté anotado con @ManyToOne.

Si el campo f estuviera precedido por la *annotation* @ManyToOne, tendremos que invocar recursivamente el método find, pasándole como parámetros el tipo de dato del campo f y value como *id*.

```
if( f.getAnnotation(ManyToOne.class)!=null )
{
    value = find(f.getType(),value);
}
```

Todo lo expuesto hasta aquí es simplemente una pequeña guía, una ayuda al lector para que pueda desarrollar exitosamente este ejercicio.

7.2.4. DESARROLLANDO EL MÉTODO `findAll`

El método `findAll` es mucho más fácil de desarrollar, pues nos apoyaremos en el método `find` para programarlo.

ESPECIFICACIÓN		
Método: `findAll`		
Descripción: Retorna todos las filas de la tabla representada por el *mapping*.		
Parámetro	**Tipo**	**Descripción**
`clazz`	`Class<T>`	Instancia de `Class` representando al *mapping* de la tabla cuyas filas queremos obtener.
Retorna	`List<T>`	Lista de objetos `T` que contiene tantas instancias como filas tiene la tabla.

¿Cómo se utilizará el método `findAll`? Simplemente invocándolo a través de la clase `MyHibernate`, pasándole el *mapping* que representa a la tabla desde la cual queremos obtener todas sus filas.

```java
List<Producto> lst = MyHibernate.findAll(Producto.class);

for(Producto p:lst)
{
    // ...
}
```

Para programar este método utilizaremos la siguiente estrategia:

1. Generar dinámicamente una cadena que contenga el código SQL necesario para recuperar el conjunto de las claves primarias de todas las filas de la tabla.
2. Recorrer este conjunto de identificadores, invocando por cada elemento el método `find`, que retornará un objeto con todos los datos de la fila identificada. Luego, guardaremos cada uno de estos objetos en una lista, que será lo que el método `findAll` retornará.

El desarrollo del método quedará a cargo del lector.

7.2.5. OTROS MÉTODOS DE LA CLASE `MyHibernate`

Como ya mencionamos, la clase `MyHibernate` debería tener otros métodos (cuyo desarrollo quedará a cargo del lector). Sin embargo, sí analizaremos sus detalles, especificaciones y algunos ejemplos que nos ayudarán a comprender el modo de uso y la funcionalidad de cada uno de estos métodos.

Dado que trabajaremos con la tabla `PRODUCTO`, a continuación expondremos parte del código de su *mapping*: `Producto`. Recordemos que el *mapping* de una tabla es la clase que la representa.

```java
@Table(name="producto")
public class Producto
{
    @Id
    @Column(name="id_categoria")
    private Integer idProducto;

    @Column(name="descripcion")
    private String descripcion;

    @ManyToOne
    @Column(name="id_proveedor")
    private Proveedor proveedor;

    @ManyToOne
    @Column(name="id_categoria")
    private Categoria categoria;

    @Column(name="unidades_stock")
    private Integer unidadesStock;

    // mas atributos...
    // setters, getters, otros metodos...
}
```

7.2.5.1. Método `findBy`

El método `findBy` permite obtener de una tabla el conjunto de las filas que contienen un valor determinado en alguno de sus campos.

Veamos su especificación y algunos ejemplos de cómo utilizarlo.

ESPECIFICACIÓN		
Método: `findBy`		
Descripción: Retorna la colección de filas que contienen el mismo valor en un campo.		
Parámetro	**Tipo**	**Descripción**
`clazz`	`Class<T>`	Instancia de `Class` representando al *mapping* de la tabla cuyas filas queremos obtener.
`att`	`String`	Nombre del atributo del *mapping* que representa al campo cuyo valor vamos a especificar.
`value`	`Object`	Valor que deben contener las filas que buscamos.
Retorna	`List<T>`	Lista de objetos `T` que contiene tantas instancias como filas de la tabla concuerden con lo indicado.

En el siguiente ejemplo, utilizamos `findBy` para obtener la colección de los productos que se quedaron sin unidades en *stock*.

```
List<Producto> lst = MyHibernate.findBy(
                     Producto.class
                     ,"unidadesStock" // atributo
                     ,0);             // valor
```

Considerando que `id_proveedor` de la tabla `PRODUCTO` está siendo representado por el atributo `proveedor` (instancia de `Proveedor`) en la clase `Producto`, en el siguiente ejemplo obtenemos la colección de productos que son provistos por el proveedor cuyo `id_proveedor` es 1.

```
List<Producto> lst = MyHibernate.findBy(
                     Producto.class
                     ,"proveedor.idProveedor"
                     ,1);
```

7.2.5.2. Método `insert`

El método `insert` permite insertar una fila en una tabla.

ESPECIFICACIÓN		
Método: `insert`		
Descripción: Inserta una fila en la tabla representada por la clase del parámetro `obj`.		
Parámetro	**Tipo**	**Descripción**
`obj`	`Object`	Objeto de alguna clase anotada con `@Table` que contienen los valores de la fila que vamos a insertar.
Retorna	`void`	

Veamos cómo usar el método `insert` para insertar una fila en la tabla PRODUCTO.

```
Producto p = new Producto();
p.setDescripcion("nuevo producto");
p.setProveedor(new Proveedor(1)); // proveedor id=1
p.setProveedor(new Categoria(1)); // categoria id=1
// :

MyHibernate.insert(p);
```

7.2.5.3. Método `update`

El método `update` permite modificar los valores de los campos de una fila.

ESPECIFICACIÓN		
Método: `update`		
Descripción: Actualiza los valores de los campos de la fila identificada por el atributo anotado con `@Id` del parámetro `obj`.		
Parámetro	**Tipo**	**Descripción**
`obj`	`Object`	Objeto de alguna clase anotada con `@Table` cuyos atributos contienen los nuevos valores de los campos de la fila que queremos actualizar.
Retorna	`void`	

En el siguiente modificamos la descripción de una fila en la tabla PRODUCTO.

```
// Cambiamos la descripcion del producto cuyo id_producto=1
Producto p = MyHibernate.find(Producto.class,1);
p.setDescripcion("nueva descripcion");
MyHibernate.update(p);
```

7.2.5.4.   Método delete

El método delete permite eliminar una fila identificada por un valor especificado.

ESPECIFICACIÓN		
Método: delete		
Descripción: Elimina, en la tabla representada por clazz, la fila identificada por el parámetro id.		
Parámetro	**Tipo**	**Descripción**
clazz	Class<?>	*Mapping* de la tabla que contiene la fila que queremos eliminar.
id	Integer	Identificador de la fila que será eliminada
Retorna	void	

```
// Eliminamos la fila cuyo id_producto=1
MyHibernate.delete(Producto.class,1);
```

7.3. *FRAMEWORK* DE INYECCIÓN DE DEPENDENCIAS

Un *framework* de inyección de dependencias (también llamado DI, iniciales de *Dependency Inyection*) es una especie de factoría de objetos. Podemos pedirle un objeto y el *framework* lo instanciará para nosotros; pero antes lo analizará para ver si este depende de otros objetos (atributos). De ser así, instanciará los objetos necesarios y los asignará (inyectará) en sus atributos. Claro que, si alguno de estos atributos depende de otros objetos, también los instanciará e inyectará en los atributos de los atributos del objeto que solicitamos, y así sucesivamente.

De este modo se invierte el control sobre la instanciación de los objetos. Esta responsabilidad pasará a ser exclusiva del *framework* de DI.

El *framework* de inyección de dependencias más conocido y utilizado es Spring. Por esto diseñaremos y desarrollaremos nuestro propio *framework* de DI y lo llamaremos MySpring. Copiaremos a Spring (en el mejor sentido de la expresión) tanto como sea posible, para que al finalizar el desarrollo no solo hayamos ejercitado nuestros conocimientos sobre objetos e introspección, sino también adquirido una buena base de conocimientos sobre cómo trabaja Spring.

7.3.1. FUNCIONALIDAD Y MODO DE USO

Nuestro *framework* consistirá en la clase `MySpring`, la cual tendrá un método estático: `getObject`. Este método recibirá una instancia de `Class` que representa a la clase que queremos instanciar.

En el siguiente ejemplo obtenemos un objeto de la clase `Banda` (banda musical).

```java
@ComponentScan("javaafondo.myspring.demo")
public class DemoMySpring
{
    public static void main(String[] args)
    {
        // Obtenemos una instancia de Banda
        Banda banda = MySpring.getObject(Banda.class);

        // Mostramos el toString del objeto banda
        System.out.println(banda);
    }
}
```

Dado que `Banda` es una *interface*, MySpring buscará en el paquete especificado con `@ComponentScan` y en todos los subpaquetes una implementación válida de `Banda`, la instanciará y la retornará.

Sin embargo, una banda está compuesta por sus integrantes (bajista, guitarristas, baterista, etc.). Por ejemplo, si se tratase de The Beatles, la banda se compone de dos guitarristas, un bajista y un baterista.

```java
@Component
public class TheBeatles implements Banda
{
    @Autowired(implementation=GeorgeHarrison.class)
    private Guitarrista primeraGuitarra;

    @Autowired(implementation=JohnLennon.class)
    private Guitarrista segundaGuitarra;

    @Autowired
    private Bajista bajista;

    @Autowired
    private Baterista baterista;

    public String toString()
    {
        String ret = "";
        ret+="The Beatles { \n";
        ret+="        "+primeraGuitarra+"\n";
        ret+="       ,"+segundaGuitarra+"\n";
        ret+="       ,"+bajista+"\n";
        ret+="       ,"+baterista+" }\n";
        return ret;
    }
}
```

El *framework* identificará los atributos anotados con @Autowired, creará las instancias requeridas y las inyectará. Opcionalmente, la *annotation* @Autowired permite indicar qué implementación concreta queremos que se inyecte en el atributo. Este es el caso de los guitarristas, pues MySpring no puede determinar qué guitarrista corresponde a la primera guitarra y cuál a la segunda.

En los casos del bajista y baterista, al no especificar una implementación concreta, MySpring inyectará un objeto de la primera implementación válida que encuentre. Por esto, si la única implementación de Bajista que existe en el CLASSPATH es PaulMcCartney, podemos prescindir de indicarlo explícitamente. Pero si existiesen otras implementaciones de Bajista, como podría ser BillWyman (bajista de The Rolling Stones), sí o sí tendremos que indicar, sobre el atributo bajista de la clase `TheBeatles`, que el objeto que allí queremos que se inyecte debe ser una instancia de `PaulMcCartney.class`.

Finalmente, decimos que se pueden inyectar son aquellos cuyas clases están anotadas con `@Component`. En síntesis, MySpring buscará en el paquete indicado con `@ComponentScan` y solo considerará aquellas clases que cumplan con esta condición.

Veamos la *interface* `Guitarrista` y dos implementaciones.

```java
public interface Guitarrista
{
}
```

```java
@Component
public class JohnLennon implements Guitarrista
{
    public String toString()
    {
        return "John Lennon";
    }
}
```

```java
@Component
public class GeorgeHarrison implements Guitarrista
{
    public String toString()
    {
        return "George Harrison";
    }
}
```

Dado que MySpring creó un objeto `Banda` y le inyectó todas sus dependencias, el objeto está listo para ser utilizado.

```
Banda banda = MySpring.getObject(Banda.class);
System.out.println(banda);
```

La salida del código anterior será:

```
The Beatles {
      George Harrison
    ,John Lennon
    ,Paul McCartney
    ,Ringo Starr }
```

7.3.2. DESARROLLO DEL *FRAMEWORK*

Como mencionamos al inicio, el *framework* consiste en un método estático que llamaremos `getObject`, cuyo prototipo vemos a continuación:

```
public static <T> T getObject(Class<T> clazz);
```

La estrategia para programarlo será la siguiente: si `clazz` representa una clase concreta, podemos crear una instancia de esta y retornarla; pero si ese parámetro corresponde a una *interface*, tendremos que acceder a la *annotation* `@ComponetScan` para conocer cuál es el paquete en el que buscaremos una clase no abstracta, anotada con `@Component` y que implemente la *interface* en cuestión.

```
T t=null;

if(clazz.isInterface())
{
    clazz=_buscarImplementacion(clazz);
}

t = clazz.newInstance();
```

El siguiente paso será obtener todos los campos de `clazz` y a aquellos que estén anotados con `@Autowired` asignarles (inyectarles) una instancia, que obtendremos invocando recursivamente el mismo método `getObject`.

La implementación de MySpring quedará a cargo del lector (constituye un excelente ejercicio de programación Java).

7.4. PONIENDO A FUNCIONAR TODO JUNTO

Para finalizar, veremos cómo MyHibernate y MySpring, en conjunto, nos ayudarán a programar la aplicación integral que desarrollamos en los capítulos anteriores, cuya funcionalidad se reparte en dos pantallas: la primera muestra todas las categorías donde se clasifican los diferentes productos y permite seleccionar una; la segunda pantalla muestra los productos de la categoría seleccionada.

La clase principal, a la que llamamos `MiApp`, utiliza una instancia de `Facade`, cuyos métodos `obtenerCategorias` y `obtenerProductos` facilitan la implementación de las pantallas requeridas. Diremos que `MiApp` *depende de* `Facade`.

Por su parte, `Facade` se apoya en `CategoriaDAO` y `ProductoDAO` para resolver los métodos antes mencionados. Diremos que `Facade` *depende de* `CategoriaDAO` y `ProductoDAO`. Los *mappings* `Producto` y `Categoria` ya los hemos analizado y desarrollado previamente, razón por la cual no los volveremos a escribir.

Veamos el código de todas estas clases, ahora implementadas con MySpring y MyHibernate. Comencemos por `MiApp`, donde solo necesitaremos declarar el objeto del cual dependemos (`facade`). MySpring se ocupará de instanciarlo e inyectarle la instancia. Por esto, en `pantalla1` simplemente nos limitaremos a utilizarlo.

```java
@ComponentScan("frm")
@Component
public class MiApp
{
    // Scanner para el ingreso de datos por teclado
    private Scanner scanner = new Scanner(System.in);

    @Autowired
    private Facade facade;

    public int pantalla1()
    {
```

```java
    // facade ya esta "inyectado" y disponible para usar
    List<Categoria> categorias=facade.obtenerCategorias();

    for(Categoria cat:categorias)
    {
        System.out.print(cat.getIdCategoria());
        System.out.println(cat.getDescripcion());
    }

    return scanner.nextInt();
}

// ...
```

pantalla2 también usa la instancia de Facade que MySpring inyectó en facade.

```java
    // ...

    public int pantalla2(int idCat)
    {
        List<Producto> productos=facade.obtenerProductos(idCat);
        for(Producto prod:productos)
        {
            System.out.print(prod.getIdProducto());
            System.out.println(prod.getDescripcion());
        }

        return scanner.nextInt();
    }
```

Por su parte, Facade depende de CategoriaDAO y ProductoDAO.

```java
@Component
public class FacadeImple implements Facade
{
    @Autowired
    private CategoriaDAO categoriaDAO;
```

```
@Autowired
private ProductoDAO productoDAO;

public List<Categoria> obtenerCategorias()
{
    return categoriaDAO.findAll();
}

public List<Producto> obtenerProductos(int idCat)
{
    return productoDAO.findProductos(idCat);
}
}
```

ProductoDAO y CategoriaDAO no dependen de ningún objeto. Con MySpring llegamos hasta aquí, y desde aquí usaremos MyHibernate para resolver el acceso los datos.

```
@Component
public class CategoriaDAOImple implements CategoriaDAO
{
    public List<Categoria> findAll()
    {
        return MyHibername.findAll(Categoria.class);
    }
}
```

```
@Component
public class ProductoDAOImple implements ProductoDAO
{
    public List<Producto> findProductos(int idCat)
    {
        return MyHibername.findBy(Producto.class
                            ,"categoria.idCategoria"
                            ,idCat);
    }
}
```

7.5. AUTOEVALUACIÓN Y EJERCICIOS

Autoevaluación   *Ejercicios*

7.6. RESUMEN

En este capítulo aplicamos los conocimientos de programación orientada a objetos e introspección para desarrollar dos herramientas trasversales, que resultan útiles para el desarrollo de cualquier aplicación *de nicho* o *vertical*.

Lo anterior nos permitió profundizar en las cuestiones mencionadas y adquirir una buena noción sobre cómo funcionan las herramientas más utilizadas en el mercado profesional del desarrollo de aplicaciones empresariales: Hibernate y Spring.

CAPÍTULO 8
STREAMS: FLUJOS DE ENTRADA Y SALIDA DE DATOS

8.1. INTRODUCCIÓN

Java provee una extensa API dedicada a la gestión de flujos (*streams*) de entrada y salida. Estas clases e *interfaces* se ubican dentro del paquete `java.io` y permiten manipular archivos de texto, archivos binarios, disponer de la entrada y salida estándar, y administrar *buffers*, entre muchas otras cosas.

El término *stream* representa un flujo de datos que se dirigen desde un origen hacia un destino. Por ejemplo, un programa que lee o escribe datos en un archivo, o dos procesos que intercambian datos entre sí. En ambos casos el intercambio de información se realiza a través de *streams* de entrada o de salida: *intput* y *output streams*.

Un *stream* fluye entre dos extremos, que llamaremos *receptor* y *emisor*. El receptor recibe un flujo de *bytes* a través de un `InputStream`. Análogamente, el emisor debe utilizar un `OutputStream` para hacer fluir a través de este una corriente de *bytes*.

Como `InputStream` y `OutputStream` son clases abstractas, los programas Java que requieran utilizar *streams* usarán implementaciones de estas clases. Por ejemplo: las clases `FileInputStream` y `FileOutputStream` son implementaciones de `InputStream` y `OutputStream` preparadas para leer y escribir archivos.

8.2. ENTRADA Y SALIDA ESTÁNDAR

8.2.1. System.out, System.in y System.err

Todos los lenguajes de programación definen una *entrada* y una *salida de datos* *estándar*, que por lo general son el teclado y la pantalla (en modo texto); es decir, podemos leer datos a través del teclado y escribir datos en la pantalla utilizando la entrada y la salida estándar.

En Java, estos *streams* están representados como objetos públicos y estáticos en la clase `System`. Así, `System.in`, `System.out` y `System.err` representan, respectivamente, la entrada, salida y salida de error estándar.

La clase `Scanner`, que hemos venido utilizando a lo largo del libro para permitir que el usuario introduzca datos a través del teclado, recibe un *input stream* desde el cual espera leer un flujo de *bytes*.

Hasta ahora, siempre que instanciamos a `Scanner` lo hicimos pasándole una referencia a la *standard input*: `System.in`.

```
// Scanner para leer bytes a traves de la consola
Scanner scanner = new Scanner(System.in);
```

Análogamente, a través de la *standard output* podemos escribir datos en la consola, invocando el método `print` o `println` sobre `System.out`.

```
System.out.println("Hola Mundo !!!");
```

8.2.2. REDIRECCIONAR LA ENTRADA, LA SALIDA Y LA SALIDA DE ERROR ESTÁNDAR

Podemos usar los métodos `System.setIn` y `System.setOut` para cambiar los *stream* estándar que Java trae configurados por *default*. De este modo, podríamos hacer, por ejemplo, que la salida de `System.out.println` vaya a parar a un archivo de texto.

```
// Cambiamos la estandar output
FileOutputStream fos = new FileOutputStream("salida.txt");
System.setOut(new PrintStream(fos));

// Imprimimos en la estandar output
System.out.println("Hola Mundo !!!");

fos.close();
```

La salida de este programa será un archivo, llamado `salida.txt`, cuyo contenido será el siguiente texto: `Hola Mundo !!!`.

Del mismo modo, podemos redireccionar la entrada estándar para hacer que, por ejemplo, los datos de entrada provengan de un archivo de texto como el siguiente:

```
1 Pablo
2 Juan
3 Pedro
```

Si estas líneas fuesen el contenido del archivo `entrada.txt`, ubicado en la carpeta del proyecto, la entrada estándar del siguiente programa provendrá del citado archivo.

```
// Cambiamos la entrada estandard
FileInputStream fis = new FileInputStream("entrada.txt");
System.setIn(fis);

Scanner scanner = new Scanner(System.in);

while( scanner.hasNext() )
{
    int i = scanner.nextInt();
    String s = scanner.next();

    System.out.println(i+", "+s);
}

fis.close();
scanner.close();
```

La salida será:

```
1, Pablo
2, Juan
3, Pedro
```

También podemos especificar el destino hacia donde queremos que se direccionen los mensajes de error. El siguiente programa generará el archivo error.txt y, dentro de este, las líneas que describen el error: DivideByZeroException.

```
// Modificamos la standar error
FileOutputStream fos = new FileOutputStream("error.txt");
System.setErr(new PrintStream(fos));

double a = 5/0; // Dividimos por cero !!!
System.out.println(a);

fos.close();
```

La salida será el archivo error.txt, que contiene las siguientes líneas:

```
java.lang.ArithmeticException: / by zero
        at temp.CambiaStdErr.main(CambiaStdErr.java:15)
Exception in thread "main" java.lang.RuntimeException:
java.lang.ArithmeticException: / by zero
        at temp.CambiaStdErr.main(CambiaStdErr.java:24)
Caused by: java.lang.ArithmeticException: / by zero
        at temp.CambiaStdErr.main(CambiaStdErr.java:15)
```

Obviamente, si el programa fuese más extenso, cualquier otra excepción también se direccionaría a este archivo de texto.

8.3. ARCHIVOS

Como ya mencionamos, las clases FileInputStream y FileOutputStream son implementaciones de InputStream y OutputStream, preparadas para recibir y enviar *streams* desde y hacia archivos.

Dado que los archivos se componen de *bytes*, estas clases proveen métodos a través de los cuales podemos leer y escribir *bytes*.

8.3.1. ESCRIBIR UN ARCHIVO

A continuación, el usuario ingresa una cadena y la grabamos en un archivo.

```java
// El usuario ingresa una cadena
Scanner scanner = new Scanner(System.in);
System.out.print("Ingrese una cadena: ");
String s = scanner.nextLine();

// Abrimos el archivo
FileOutputStream fos = new FileOutputStream("archivo.txt");
byte[] bytes = s.getBytes();

for(int i=0; i<bytes.length; i++)
{
    // Grabamos byte por byte
    fos.write(bytes[i]);
}

fos.close();
scanner.close();
```

El método `write` de `FileOutputStream` está sobrecargado y admite recibir un `byte[]` que contenga todos los datos que queremos escribir. De este modo, en el programa anterior podríamos reemplazar el `for` así:

```java
// Grabamos todos los bytes que contiene el array
fos.write(bytes);
```

8.3.2. LEER UN ARCHIVO

Análogamente, en el siguiente programa leemos y mostramos por pantalla los datos que grabamos en `archivo.txt`.

Observemos que el método `read` retorna un `int`.

```java
// Abrimos el archivo
FileInputStream fis = new FileInputStream("archivo.txt");

// Recorremos leyendo byte por byte
int b;
while( (b=fis.read())>=0 )
{
    char c = (char)b;
    System.out.print(c);
}

// Cerramos el archivo
fis.close();
```

En el programa anterior hay varias cosas que debemos aclarar.

1. El método `read` retorna un valor tipo `int`.
    En Java existe el tipo de dato `byte`, pero este, por ser signado, solo admite valores entre -128 y 127. Si `read` devolviese un valor tipo `byte`, restringiría la mitad de los *bytes* que podrían fluir, pues los que leemos de un archivo no son signados, y su rango numérico va de 0 a 255.
2. El método `read`, para indicar que llegó el fin del archivo (EOF), retornará -1.
3. Dado que el *byte* leído y retornado por `read` está contenido en una variable de tipo `int`, para mostrarlo debemos castearlo a `char`; de lo contrario, estaremos mostrando su valor ASCII.

8.3.3. ARCHIVOS DE ACCESO ALEATORIO

La clase `RandomAccessFile` permite movernos libremente entre los *bytes* de un archivo, dándonos la posibilidad de leer y escribir datos en cualquier sector.

El método `seek` mueve el indicador de posición del archivo para ubicarlo en una posición que le indicaremos como parámetro. A partir de ese lugar se realizará la próxima lectura o escritura.

```java
RandomAccessFile raf=new RandomAccessFile("archivo.txt","r");
```

```
// Longitud del archivo
long n = raf.length();

for(long i=n-1; i>=0; i--)
{
    // Nos posicionamos sobre el i-esimo byte
    raf.seek(i);

    // Leemos y mostramos
    int c = raf.read();
    System.out.println((char)c);
}

raf.close();
```

8.3.4. LAS CLASES `java.io.File` Y `java.nio.Files`

Estas clases proveen acceso a los encabezados de los archivos y permiten determinar, por ejemplo, si una ruta apunta a un archivo o a una carpeta.

En el siguiente programa utilizamos el método `isDirectory` de la clase `File` para mostrar, recursivamente, una carpeta y todas sus subcarpetas.

El método `list`, aplicado sobre un objeto `File` que apunta a una carpeta, retorna un `String[]` con los nombres de todos sus archivos y subcarpetas.

La carpeta que mostraremos recursivamente será la que indique `args[0]`.

```
public static void main(String[] args)
{
    File dir = new File(args[0]);

    // Mostramos el directorio procesando a todos sus hijos
    _listFiles(dir,dir.list());
}

private static void _listFiles(File dir, String[] files)
{
    // Mostramos el directorio
    System.out.println(dir.getAbsolutePath());
```

```
    // Recorremos los hijos
    for(String file:files)
    {
        // Por cada hijo, si es directorio, invocamos recursivo
        File f = new File(dir,file);
        if( f.isDirectory() )
        {
            _listFiles(f,f.list());
        }
    }
}
```

File ofrece diversos métodos, como lastModified, para conocer cuál fue la última vez que se accedió a un archivo, canRead, canWrite y canExecute, para determinar qué permisos tienen asignados, y muchos otros métodos que pueden consultarse en la documentación del lenguaje de programación.

Adicionalmente, en Java7 se agregó la clase utilitaria java.nio.Files, con métodos estáticos que complementan y maximizan la funcionalidad de clase File.

Invito al lector a consultar la documentación de ambas clases.

8.4. SERIALIZACIÓN DE OBJETOS

Serializar un objeto significa representarlo con una sucesión de *bytes*. Luego, si escribimos estos *bytes* en un archivo, estaremos grabando el objeto serializado.

El proceso inverso, la deserialización, consiste en leer un conjunto de *bytes*, reconocerlos como un objeto y recuperar el objeto serializado.

La lógica de cómo serializar y deserializar objetos no será nuestro problema, ya que Java lo resuelve por sí mismo. Nosotros solo tendremos que indicar que los objetos de una clase se podrán serializa. Para esto, la clase deberá implementar la *interface* Serializable.

La clase String, los *wrappers* (por ende, los tipos de dato primitivos), las clases Date, Calendar, y las colecciones (por ejemplo, ArrayList), ya son *serializables*. Nuestras propias clases también lo pueden ser.

Por ejemplo, la clase Persona, cuyo código vemos a continuación, implementa la *interface* Serializable.

```java
public class Persona implements Serializable
{
    private String nombre;
    private int edad;

    public Persona(String nombre,int edad)
    {
        this.nombre = nombre;
        this.edad = edad;
    }

    // Mas constructores, setters, getters, toString...
}
```

8.4.1. ESCRIBIR OBJETOS EN UN ARCHIVO

En el siguiente ejemplo, utilizamos la clase ObjectOutputStream para escribir varios objetos en el archivo objetos.dat. Incluso grabaremos una instancia de la clase Persona que declaramos más arriba.

Recordemos que, gracias al *autoboxing* (tratar a los tipos primitivos y a sus *wrappers* como si fuesen lo mismo), no solo tenemos la posibilidad de grabar objetos, sino que también podemos grabar valores de tipo int, double, etc.

```java
FileOutputStream fos = new FileOutputStream("objetos.dat");
ObjectOutputStream oos = new ObjectOutputStream(fos);

oos.writeObject(123);        // grabo un int
oos.writeObject("Hola");     // grabo un string
oos.writeObject(3.14);       // grabo un double

oos.writeObject(new GregorianCalendar(2019,5,28)); // un GC
oos.writeObject(new Persona("Pedro",25)); // una Persona

oos.close();
fos.close();
```

8.4.2. LEER OBJETOS DESDE UN ARCHIVO

El siguiente programa lee los objetos que grabamos en `objetos.dat`.

Observemos que `readObject`, cuando no quedan más objetos para leer, arroja un `EOFException`. Por este motivo, nos vemos obligados a encerrar el código dentro de un bloque `try-catch`.

```java
FileInputStream fis = new FileInputStream("objetos.dat");
ObjectInputStream ois = new ObjectInputStream(fis);

try
{
    Object x;
    while( (x=ois.readObject())!=null )
    {
        System.out.println(x);
    }
}
catch(EOFException e)
{
    System.out.println("-- Fin el archivo --");
}

ois.close();
fis.close();
```

8.5. *READERS* Y *WRITERS*

`Reader` y `Writer` son clases análogas a `InputStream` y `OutputStream`, pero están diseñadas para trabajar con caracteres, independientemente de que estos sean ASCII o UNICODE. Además, tienen la capacidad de leer 1 o 2 *bytes*, según cuál sea el formato con el que los caracteres están codificados; es decir, podemos leer y escribir caracteres hebreos, árabes, japoneses o rusos.

```java
FileInputStream fis = new FileInputStream("hebreo.txt");

Reader r= new InputStreamReader(fis,"UTF-8");
```

```
int c;
while( (c=r.read())>=0 )
{
    System.out.print((char)c);
}

r.close();
```

Mientras que el método read de InputStream lee 1 byte y retorna un valor entero comprendido entre 0 y 255, o -1 si llegó el EOF, el método read de Reader lee 1 o 2 bytes (según corresponda) y retorna un valor entero comprendido entre 0 y 65535, o -1 si llegó el final del archivo (EOF).

8.6. AUTOEVALUACIÓN Y EJERCICIOS

Autoevaluación   *Ejercicios*

8.7. RESUMEN

En este capítulo estudiamos algunos de los recursos que Java provee para enviar y recibir *bytes* a través de *streams*, además de cómo redireccionar esos flujos hacia archivos o desde ellos. También analizamos las diferencias entre *Input* y *Output streams*, y *Readers* y *Writers*, sin olvidar la serialización de objetos y la clase File.

CAPÍTULO 9
NETWORKING

9.1. INTRODUCCIÓN

Java provee diversas clases que hacen posible que dos programas que se ejecutan en ordenadores diferentes se comuniquen entre sí a través de la red. Estas clases están ubicadas en el paquete `java.net` y conforman la API de *networking* del lenguaje de programación.

Antes de comenzar a estudiar estas clases, será conveniente darle un repaso a algunos conceptos básicos de *networking*, para comprender qué parámetros reciben las clases de `java.net` y cuáles de estas clases debemos utilizar en función del tipo de aplicación que vayamos a desarrollar.

9.2. CONCEPTOS BÁSICOS DE *NETWORKING*

Las computadoras que conectamos en Internet se comunican entre sí utilizando un protocolo de comunicación. Este protocolo puede ser TCP (*Transmission Control Protocol*) o UDP (*User Datagram Protocol*). Ambos implementan una capa de abstracción que se denomina *capa de transporte*.

Sin embargo, cuando escribimos programas que se conectan con otros a través de la red, programamos sobre una capa de abstracción de alto nivel, llamada *capa de aplicación*.

La capa de aplicación nos permite hacer abstracción sobre los detalles de bajo nivel de los protocolos de comunicación. En otras palabras, no necesitaremos ser expertos en comunicaciones para que nuestros programas puedan tener conectividad.

Aun así, TCP y UDP son protocolos de naturaleza diferente. Dependiendo del tipo de aplicación que vayamos a desarrollar tendremos que utilizar uno u otro.

9.2.1. *TRANSMISSION CONTROL PROTOCOL*

Transmission Control Protocol o TCP es un protocolo que permite conectar dos aplicaciones de manera confiable. Al establecer la comunicación se crea entre ambas partes un canal a través del cual cada parte puede enviar y recibir datos, garantizando la integridad de los datos que viajan de un extremo al otro de la red.

Una comunicación vía TCP es comparable a una llamada telefónica: un usuario llama a otro y este último decide establecer la comunicación. Entonces ambos usuarios podrán conversar bidireccionalmente a través de la línea telefónica y de manera segura. Si se produce algún error en la comunicación ambos se enterarán de inmediato, porque escucharán un tono entrecortado.

Algunas aplicaciones que requieren disponer de una comunicación confiable TCP son FTP, Telnet y HTTP. En todas ellas, el orden en que se envían y reciben los datos es de una importancia crítica. Imaginemos cómo quedaría un archivo que descargamos desde Internet si sus *bytes* de información llegasen a nuestra computadora en un orden diferente del original.

9.2.2. *USER DATAGRAM PROTOCOL*

Las comunicaciones que se establecen a través del *User Datagram Protocol* o UDP no son seguras ni están garantizadas, ya que no es un protocolo orientado a conexión, como sí lo es TCP.

En UDP se envían paquetes de datos independientes entre sí, llamados *datagramas*. El envío de datagramas es análogo al envío de cartas a través del correo postal. Cuando enviamos cartas por correo no nos preocupa en qué orden llegarán a destino, pues cada carta constituye una unidad de información independiente de las demás.

Al no ser orientado a conexión, UDP reduce considerablemente al *overhead* de la comunicación, por lo que resulta ser más rápido que TCP.

9.2.3. PUERTOS

Generalmente, la computadora tiene una única conexión física con la red, a través de la cual recibe los datos enviados desde otras computadoras. Los datos que llegan a este único punto de entrada deben ser redireccionados internamente hacia las diferentes aplicaciones o procesos que los han requerido.

Los puertos (*ports*) constituyen una dirección relativa o interna que direcciona una aplicación (proceso) dentro de la computadora, a través de la cual los datos que llegan pueden ser reenviados a las aplicaciones que correspondan.

9.2.4. DIRECCIÓN IP

La dirección IP es un número de 32 bits que direcciona unívocamente a un ordenador (*host*) dentro de la red.

9.2.5. APLICACIONES CLIENTE/SERVIDOR

Cuando hablamos de aplicaciones *cliente/servidor* lo hacemos de dos programas diferentes: el programa *cliente* y el programa *servidor* (*server*). En este esquema, el *server* provee servicios al cliente. Ambos programas pueden funcionar dentro del mismo ordenador o en ordenadores diferentes.

Podemos establecer una analogía entre la arquitectura cliente/servidor y una situación de la vida cotidiana: un comercio (*server*) que atiende a sus clientes.

1. Cada día, por la mañana, el comerciante abre su negocio y queda a la espera de que llegue algún cliente.
2. Cuando el cliente llega, el comerciante lo atiende. El cliente le hace saber qué producto desea adquirir. Finalmente, después de obtener lo que necesita, se retira y el comerciante se queda esperando la llegada de otro cliente.
3. Luego llegará otro cliente, y así sucesivamente.

4. Si llega un cliente y el comerciante todavía está atendiendo al cliente anterior, el nuevo cliente deberá ponerse en cola. Y si llega otro cliente más también deberá esperar.

5. Si el comerciante observa que llegan al comercio más clientes de los que puede atender, tal vez decida contratar empleados. De este modo serán varias las personas que atenderán a los clientes, evitando que se forme una cola de espera, o procurando que la que se forme sea reducida y aceptable para quienes esperan que se les atienda.

9.3. TCP

Como mencionamos más arriba, TCP provee un canal de comunicación seguro, punto a punto, que puede ser utilizado para implementar aplicaciones tipo cliente/servidor.

Tanto el cliente como el servidor envían y reciben datos a través de un *socket*, que debe permanecer abierto hasta que finalice la comunicación.

9.3.1. *SOCKET*

Un *socket* es una especie de tubo que canaliza la información que intercambian dos procesos ubicados en diferentes puntos de la red, direccionados unívocamente por una dirección IP y un puerto.

9.3.2. UN CLIENTE/SERVIDOR SENCILLO EN JAVA

Analizaremos una pequeña aplicación cliente/servidor en la cual el cliente se conecta al *server*, le envía su nombre (una cadena) y este retorna un saludo personalizado (otra cadena de caracteres).

9.3.2.1. El *server*

El *server* debe permanecer esperando hasta que algún cliente establezca una conexión (recordemos la analogía que habíamos planteado entre el *server* y el comerciante).

Para implementar esta espera utilizaremos una instancia de `ServerSocket`. Veremos que, una vez que se establece la conexión con el cliente, `ServerSocket` retorna una instancia de `Socket`, con lo que ambos extremos de la comunicación cliente/servidor quedan vinculados.

A continuación, veremos el código del *server*. Observemos que el método `accept` de `ServerSocket` es *bloqueante*, es decir, que el programa quedará detenido en esa línea y no avanzará hasta que reciba la conexión de un cliente.

```java
ObjectInputStream ois = null;
ObjectOutputStream oos = null;

// Instanciamos ServerSocket indicando en que puerto atendera
ServerSocket serverSocket = new ServerSocket(5432);
Socket socket = null;

while( true )
{
    try
    {
        // Bloqueante: solo pasamos cuando llega un cliente
        socket = serverSocket.accept();

        // Informacion en la consola
        String ip = socket.getInetAddress().toString();
        System.out.println("Se conectaron desde la IP: "+ip);

        // Enmascaramos la entrada y salida de bytes
        ois = new ObjectInputStream(socket.getInputStream());
        oos = new ObjectOutputStream(socket.getOutputStream());

        // Leemos el nombre que envia el cliente
        String nom = (String)ois.readObject();

        // Confeccionamos el saludo que le vamos a enviar
        long ts = System.currentTimeMillis();
        String saludo = "Hola Mundo, "+nom+" ("+ts+")";

        // Se lo enviamos al cliente
        oos.writeObject(saludo);
        System.out.println("Saludo enviado...");
    }
    catch(Exception ex)
    {
```

```
        ex.printStackTrace();
    }
    finally
    {
        if( oos!=null ) oos.close();
        if( ois !=null ) ois.close();
        if( socket != null ) socket.close();
        System.out.println("Conexion cerrada!");
    }
}
```

En el *server* comenzamos instanciando un `ServerSocket`, que atenderá (escuchará) en el *port* 5432 (este valor es arbitrario). Luego, dentro del bloque `try`, invocamos el método `accept`, que nos permitirá esperar hasta que se conecte algún cliente.

El método `accept` bloquea el programa en esa línea y solo avanzará cuando algún cliente se haya conectado. Retornará el otro extremo del `socket` a través del cual ambos, cliente y servidor, podrán entablar un diálogo.

Como vemos en el ejemplo, el método `getInnetAddress` de `Socket` nos informa sobre la dirección IP del cliente que se conectó.

A través del *socket* podemos enviar y recibir bytes vía *output* e *input stream*. Pero, como ya sabemos, este flujo puede enmascararse como si se tratase de objetos. De este modo, serialización mediante, podremos enviar y recibir objetos a través de la red.

Recordemos que el *server* espera recibir el nombre del cliente para responderle con un saludo personalizado.

Una vez instanciados los objetos `ois` y `oos`, con el método `readObject` leemos el nombre que nos envía el cliente, creamos el saludo personalizado concatenando en una cadena: "Hola Mundo", el nombre que el cliente nos envió y la hora del sistema (expresada en milisegundos). Luego enviamos el saludo personalizado al cliente invocando el método `writeObject` sobre el objeto `ois`.

Por último, en el `finally`, cerramos el *socket* y los *streams*.

9.3.2.2.   El cliente

Veamos ahora el código fuente del programa cliente.

```java
ObjectOutputStream oos = null;
ObjectInputStream ois = null;
Socket socket = null;

try
{
    // Instanciamos el server con la IP y el PORT
    socket = new Socket("127.0.0.1",5432);
    oos = new ObjectOutputStream(socket.getOutputStream());
    ois = new ObjectInputStream(socket.getInputStream());

    // Enviamos un nombre
    oos.writeObject("Pablo");

    // Recibimos la respuesta (el saludo personalizado)
    String ret = (String)ois.readObject();

    // Mostramos la respuesta que nos envio el server

    System.out.println(ret);
}
catch(Exception ex)
{
    ex.printStackTrace();
}
finally
{
    if( ois != null) ois.close();
    if( oos != null) oos.close();
    if( socket != null) socket.close();
}
```

Para que el cliente se pueda conectar con el servidor, tiene que conocer su dirección IP y el puerto. En este ejemplo, supondremos que el cliente y el *server* se ejecutan sobre la misma máquina; por lo tanto, utilizamos la dirección 127.0.0.1, que representa la dirección del equipo local (*localhost*).

Instanciamos a `ObjectOutputStream` y `ObjectInputStream` vinculándolos al *socket*, para enviar el nombre y recibir el saludo personalizado que retornará el *server*. Finalmente, cerramos la conexión invocando el método `close` sobre los objetos `ois`, `oos` y `socket`.

Es muy importante observar que el cliente y el servidor deben conocer exactamente cuál es el orden y el sentido de la comunicación. Esto significa que, si el cliente comienza enviando su nombre (una cadena), el *server* debe comenzar esperando recibir una cadena. Luego, si el cliente espera recibir una cadena (el saludo personalizado), el *server* debe enviar una cadena al cliente.

9.4. UDP

UDP es diferente de TCP, el código puede parecer más complejo, pero es importante comprender que, al no tratarse de un protocolo orientado a conexión, reduce considerablemente el *overhead* de la comunicación, por lo que resulta más rápido que TCP.

Más allá de la velocidad, debemos saber identificar qué tipo de aplicaciones no requieren la confiabilidad de TCP y cuáles sí se verían beneficiadas por la velocidad y la baja latencia que provee UDP. El *streaming* de vídeo es un buen ejemplo de este tipo de aplicación.

En una comunicación UDP, cada mensaje se encapsula dentro de una instancia de `DatagramPacket` y es enviado por la red a través de un `DatagramSocket` (ambas clases ubicadas en `java.net`).

A continuación, veremos el mismo programa cliente/servidor que desarrollamos más arriba, pero usando UDP. Comenzamos viendo el código del cliente:

```java
// instancio un DatagramSocket
DatagramSocket datagramSocket = new DatagramSocket();

// buffer con info que enviar
byte[] mensaje = "Pablo".getBytes();

// ip del server
byte[] ip = { 127,0,0,1 };
InetAddress address = InetAddress.getByAddress(ip);
```

```
int port =5432;

// paquete de informacion que enviar, ip + port (5432)
DatagramPacket packet = new DatagramPacket(mensaje
                                     ,mensaje.length
                                     ,address
                                     ,port);

// envio el paquete
datagramSocket.send(packet);

// buffer para recibir la respuesta
byte[] respuesta = new byte[256];
packet = new DatagramPacket(respuesta
                          ,respuesta.length
                          ,address
                          ,5432);

// recibo el saludo
datagramSocket.receive(packet);

// muestro el resultado
String saludo = new String(packet.getData());

System.out.println(saludo);
datagramSocket.close();
```

El código del *server*:

```
// creo el socket
DatagramSocket socket = new DatagramSocket(5432);

// bucle eterno...
while( true )
{
    System.out.println("Esperando conexion...");

    // buffer para recibir el nombre del cliente
    byte[] buffer = new byte[256];
```

```java
// recibo el nombre del cliente
DatagramPacket packet = new DatagramPacket(
                                    buffer
                                    ,buffer.length);

socket.receive(packet);

System.out.println("Conexion recibida !");

// preparo el saludo para enviar
String nombre = new String(packet.getData());

String saludo = "Hola Mundo ("+nombre+") _ "
                        +System.currentTimeMillis();
System.out.println("Voy a enviar: ["+saludo+"]...");

// buffer para enviar saludo
byte[] respuesta = saludo.getBytes();

// envio el saludo
InetAddress address = packet.getAddress();
packet = new DatagramPacket(respuesta
                        ,respuesta.length
                        ,address
                        ,packet.getPort());

    socket.send(packet);
    System.out.println("Saludo enviado !!");
}
```

9.5. AUTOEVALUACIÓN Y EJERCICIOS

Autoevaluación   *Ejercicios*

9.6. RESUMEN

En este capítulo hemos estudiado los conceptos básicos de comunicación y cómo podemos implementarlos en nuestros programas Java para lograr que dos procesos se comuniquen entre sí a través de la red.

Vimos que, según cuál sea el tipo de aplicación, será conveniente usar el protocolo TCP o UDP. Mencionamos también la importancia de conocer en un programa cómo se llevará a cabo la comunicación, es decir, el cliente debe conocer exactamente qué espera el *server* y viceversa.

En el próximo capítulo veremos cómo mejorar el rendimiento de nuestro servidor dotándolo con la capacidad de atender a más de un cliente a la vez. A esto lo llamaremos *concurrencia*.

CAPÍTULO 10
THREADS: MULTIPROGRAMACIÓN

10.1. INTRODUCCIÓN

Hasta aquí hemos trabajado con programas cuyas líneas de código se ejecutan secuencialmente. Pero existen situaciones para las cuales mantener un flujo lineal de instrucciones no resulta ser eficiente, sino que requieren la posibilidad de que diferentes porciones de código se ejecuten a la vez.

En el capítulo anterior establecimos una analogía entre un comercio y un programa servidor. Explicamos que, si el flujo de los clientes que entran en el comercio es más veloz que el flujo de los que salen, se formará cola.

Si el comerciante decidiera contratar empleados para atender a los clientes, y él se dedicase a coordinar la atención empleado/cliente, esa cola de espera desaparecería o se reduciría considerablemente, porque varios empleados atenderían a varios clientes a la vez.

En ese sentido, desde el punto de vista de la programación podríamos afirmar que el comerciante es el *server* y cada empleado es un *thread*.

Sin embargo, en un esquema en el que múltiples procesos (*threads* o hilos) se ejecutan simultáneamente, pueden ocurrir situaciones que no tienen lugar en la programación lineal o tradicional.

Por ejemplo, pensemos en un comercio que se dedica a la venta de frutos secos y productos de dietética donde trabajan tres empleados. En el local existe una única balanza, de modo tal que será compartida por todos los empleados.

Si en un momento determinado la balanza no se está usando, cualquier empleado podría hacer uso de ella; pero, si un empleado necesita usar la balanza justo en el momento en que otro empleado la está utilizando, deberá formar una cola de espera hasta que se desocupe. El recurso *balanza* no puede ser utilizado por dos o más procesos (empleados) a la vez. Esto se llama *exclusión mutua* y debemos tenerlo en cuenta cuando multiprogramamos.

Llevado a un entorno de computación, la balanza (el recurso compartido cuyo acceso debe ser mutuamente excluyente) podría ser una impresora, un archivo en el disco o una conexión con la base de datos.

10.2. PROGRAMAR CON *THREADS*

Un *thread* es una instancia de alguna clase que extiende a `Thread` y sobrescribe el método `run`. Este método es secuencial. Es allí donde debemos programar la tarea que el proceso concurrente llevará a cabo.

En el siguiente ejemplo, `HolaMundoThread` extiende a `Thread` y sobrescribe el método `run` para hacer lo siguiente:

- *Duerme* una cantidad aleatoria de milisegundos (entre 0 y 4999).
- Cuando se *despierta* escribe en la pantalla el nombre que recibió como parámetro en el constructor y muestra cuánto tiempo durmió.

```java
public class HolaMundoThread extends Thread
{
    private String nombre;

    // constructor
    public HolaMundoThread(String nombre)
    {
        this.nombre = nombre;
    }
}
```

```
@Override
public void run()
{
    try
    {
        int x = (int)(Math.random()*5000);
        Thread.sleep(x);
        System.out.println("Soy: "+nombre+" ("+x+")");
    }
    catch(Exception ex)
    {
        ex.printStackTrace();
    }
}
```

A continuación, instanciamos tres HolaMundoThread (t1, t2 y t3), y los ejecutamos concurrentemente, invocando, sobre cada uno, el método start. Este método invoca el método run que sobrescribimos en HolaMundoThread.

```
public static void main(String[] args)
{
    HolaMundoThread t1 = new HolaMundoThread("Pedro");
    HolaMundoThread t2 = new HolaMundoThread("Pablo");
    HolaMundoThread t3 = new HolaMundoThread("Juan");

    t1.start();
    t2.start();
    t3.start();
}
```

La salida será aleatoria, pues cada *thread* dormirá una cantidad diferente de milisegundos. Por lo tanto, quien duerma menos tiempo será el primero en escribir su nombre. Dos ejecuciones del programa podrían arrojar las siguientes salidas:

```
Soy: Pedro (672)
Soy: Juan (3957)
Soy: Pablo (4024)
```

```
Soy: Pablo (519)
Soy: Pedro (1073)
Soy: Juan (4529)
```

Es muy importante tener presente que, para que estos hilos sean ejecutados concurrentemente, tenemos que invocar el método start. Este será quien invoque el método run.

¿Qué sucedería si en lugar de invocar start invocásemos directamente run? Nada malo: el programa será lineal y los métodos run de cada hilo se ejecutarán secuencialmente, en el orden en que fueron invocados. Por lo tanto, la salida del programa siempre será:

```
Soy: Pedro (x)
Soy: Pablo (y)
Soy: Juan (z)
```

En ese orden, donde *x*, *y*, *z* son los tiempos aleatorios que a cada hilo le tocó dormir.

10.2.1. LA *INTERFACE* Runnable

En realidad, Thread implementa la *interface* Runnable. De esta hereda el método run.

El ejemplo anterior también podríamos plantearlo como veremos a continuación. Observemos que, en este caso, HolaMundoThread no extiende a Thread y, en su lugar, implementa la *interface* Runnable.

```
public class HolaMundoThread implements Runnable
{
    // Todo igual a la versión anterior
}
```

Luego, en el main, en lugar de tres HolaMundoThread, instanciamos directamente tres Thread, cada uno de los cuales recibe en su constructor una instancia de Runnable, es decir, una instancia de HolaMundoThread.

```
public static void main(String[] args)
{
    Thread t1 = new Thread(new HolaMundoThread("Pedro"));
    Thread t2 = new Thread(new HolaMundoThread("Pablo"));
    Thread t3 = new Thread(new HolaMundoThread("Juan"));

    t1.start();
    t2.start();
    t3.start();
}
```

Ambas versiones del programa son equivalentes, sin embargo la segunda (la que implementa Runnable) es más flexible, pues no restringe la herencia de la clase.

10.2.2. ESPERAR HASTA QUE FINALICE UN *THREAD*

En ocasiones, tendremos la necesidad de esperar a que finalice un *thread,* o grupo de *threads*, para continuar con otras tareas. Sin embargo, como los hilos se ejecutan en paralelo, nos toparemos con situaciones como la que se ilustra a continuación.

Contrariamente a lo que podríamos suponer, la salida del siguiente programa siempre será "Finalizó el programa", seguido de los tres nombres en orden aleatorio.

```
Thread t1 = new Thread(new HolaMundoThread("Pedro"));
Thread t2 = new Thread(new HolaMundoThread("Pablo"));
Thread t3 = new Thread(new HolaMundoThread("Juan"));

t1.start();
t2.start();
t3.start();
System.out.println("Finalizo el programa");
```

Para hacer que el mensaje de finalización del programa aparezca una vez que los tres hilos hayan finalizado su método run, tendremos que esperar a que termine cada uno de ellos. Para esto utilizaremos el método join.

```
Thread t1 = new Thread(new HolaMundoThread("Pedro"));
Thread t2 = new Thread(new HolaMundoThread ("Pablo"));
Thread t3 = new Thread(new HolaMundoThread ("Juan"));

t1.start();
t2.start();
t3.start();

t1.join(); // esperamos a que finalice t1
t2.join(); // esperamos a que finalice t2
t3.join(); // esperamos a que finalice t3

System.out.println("Finalizo el programa");
```

10.2.3. CICLO DE VIDA DE UN *THREAD*

Un *thread*, desde que es instanciado hasta que finaliza su ejecución, pasa por diferentes estados. El conjunto de las transiciones define su ciclo de vida, tal como se ilustra en la figura 10.1.

Cuando declaramos e instanciamos un *thread*, decimos que su estado es *creado* o *newed*. Luego, cuando invocamos start, el *thread* pasa al estado *ready*. La transición entre *ready* y *running*, y viceversa, es automática, y la administra la máquina virtual de Java a través de un proceso llamado *scheduler*.

Los *threads* que se encuentran en estado *ready* forman una cola. El *scheduler* toma el primero y le asigna un *quantum* de tiempo de procesador, finalizado el cual lo devuelve a la cola de *ready* y repite la operación con el siguiente *thread*.

Estando en *running*, el *thread* puede ejecutar una operación de entrada/salida o invocar los métodos sleep o wait. Cualquiera de estas opciones lo dejarán en estado *blocked*, hasta que retorne al estado *ready*.

En *running* también puede decidir invocar el método `yield` para ceder el uso del procesador, o directamente finalizar las líneas de su método `run`, situación que lo llevará al estado *dead*.

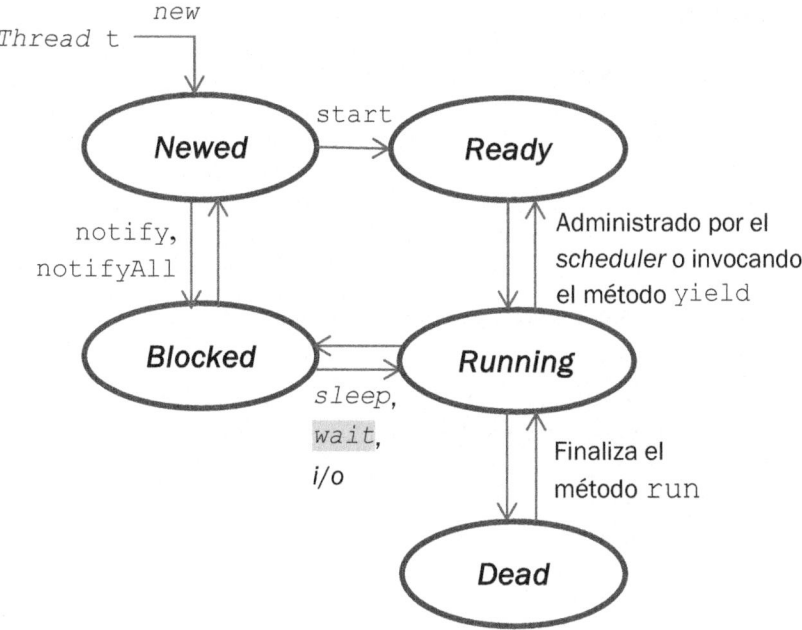

Figura 10.1. Ciclo de vida de un thread.

Para probar lo anterior, en el siguiente programa declaramos una clase que extiende-de a `Thread`, cuyo método `run` ejecuta un `for` que itera cinco veces. Por cada vez mostramos el número de iteración y un nombre, que recibimos como parámetro en el constructor. Luego, cedemos el procesador (invocando el método `yield`) para que el siguiente *thread*, que espera en la cola de *ready*, lo use.

```java
class MiThred extends Thread
{
    private String nom;

    public MiThred(String nom)
    {
        this.nom = nom;
```

```
    }

    public void run()
    {
        for(int i=0; i<5; i++ )
        {
            System.out.println( nom +" - "+ i);
            yield();
        }
    }
}
```

En el método `main` instanciamos y ejecutamos dos instancias de `MiThread`.

```
MiThred t1 = new MiThred("Pablo");
MiThred t2 = new MiThred("Pedro");
t1.start();
t2.start();
```

La salida será:

```
Pablo - 0
Pedro - 0
Pablo - 1
Pedro - 1
Pablo - 2
Pedro - 2
:
```

Esto demuestra que el *scheduler* distribuye uniformemente el tiempo de procesador entre los hilos que se están ejecutando.

10.2.4. PRIORIDAD DE EJECUCIÓN

Podemos establecer que un *thread* tenga mayor o menor prioridad de ejecución. De este modo, el *scheduler* lo favorecerá (o no) en el momento de asignarle su tiempo de procesador. Para esto se utiliza el método `setPriority`, que recibe valores entre `Thread.MIN_PRIORITY` y `Thread.MAX_PRIORITY` (constantes cuyos valores son 1 y 10 respectivamente).

Si en el ejemplo anterior hubiéramos decidido favorecer a `t1` (Pablo) asignándole una mayor prioridad, este tendría más probabilidad de finalizar primero su método `run`, pues recibiría más tiempo de procesador que su competidor `t2`.

10.3. SINCRONIZACIÓN DE *THREADS*

En ocasiones, dos o más hilos podrían intentar acceder a un mismo recurso, tal como lo describimos previamente cuando hablamos del comerciante, sus empleados y la balanza compartida.

Esta misma situación, llevada a un contexto computacional, ocurriría si varios hilos intentasen acceder a un mismo archivo para escribir información, o acceder a una misma conexión de base de datos para ejecutar un *update*. Mientras uno podría encontrarse ejecutando sentencias, el otro podría ejecutar el método *commit*, y de este modo dejar en firme las sentencias que ejecutó el primero.

10.3.1. MONITORES Y SECCIÓN CRÍTICA

El acceso a los recursos compartidos (o recursos críticos) debe ser monitoreado. El fragmento de código que los manipula se llama *sección crítica* y debe ser mutuamente excluyente. Esto significa que, si un hilo está ejecutando su sección crítica, debemos tener la plena seguridad de que ningún otro hilo, en ese mismo momento, también la estará ejecutando.

Java provee el modificador `synchronized`, que, aplicado a la declaración de un método, garantiza que ese método se ejecutará a lo sumo por un único *thread* a la vez.

Decimos que una clase que tiene al menos un método `synchronized` es un monitor, ya que dentro de este se estará monitoreando el acceso a algún recurso crítico. Si un *thread* está ejecutando el método y otro *thread* pretende invocarlo, este último deberá ir a una cola de espera del monitor. Esto sucede porque Java garantiza que un método sincronizado solo podrá ser ejecutado por un único hilo a la vez.

La sincronización tiene lugar por cada instancia del monitor. Si de un mismo monitor existiesen dos o más instancias, mientras un hilo se encuentre ejecutando un método (sincronizado) sobre una de estas instancias, otro hilo podría ejecutar el mismo método (sincronizado) sobre otra de las instancias del monitor. Esto es lógico, pues, si en el comercio hubiera dos balanzas, un empleado podría utilizar una y al mismo tiempo otro empleado podría utilizar la otra. Si un tercer empleado necesitase una balanza, formaría una cola, a la espera de que alguna se libere.

10.3.2. PRODUCTOR / CONSUMIDOR

Para ilustrar una situación en la cual dos o más procesos que comparten un recurso en común deben ser sincronizados, veremos un esquema tipo *productor/consumidor*.

El proceso *productor* genera caracteres y los mete en un *array*. El proceso *consumidor* toma caracteres del *array* y los utiliza para realizar su tarea.

Como el *array* tiene una capacidad finita, podría llenarse o vaciarse según resulte que el productor produzca caracteres más rápido de lo que el consumidor los pueda consumir, o viceversa.

Si el *array* está lleno, el productor no podrá continuar con su producción de caracteres hasta que el consumidor consuma alguno. Si el *array* se encuentra vacío, el consumidor no tendrá ningún carácter para consumir, hasta que el productor produzca alguno y lo meta en el *array*.

Además, no debería ocurrir que el productor acceda al *array* para meter un carácter en el mismo momento en el que el consumidor está accediendo para consumir uno.

Dado que el *array* es el recurso compartido al cual accederán los dos hilos, debemos sincronizar el acceso a través de un monitor (una clase), con dos métodos synchronized: poner y sacar. Llamaremos a esta clase Monitor y su código será el siguiente:

```java
public class Monitor
{
    private char[] buff = null;
    private int tope = 0;
    private boolean lleno = false;
    private boolean vacio = true;
```

```
public Monitor(int capacidad)
{
    buff = new char[capacidad];
}

public synchronized void poner(char c) throws Exception
{
    // Mientras el buffer este lleno nos bloqueamos
    // para que el consumidor de consumir algun caracter
    while( lleno )
    {
        wait();
    }

    // seccion critica
    buff[tope++] = c;
    vacio = false;
    lleno = tope>=buff.length;
    notifyAll();
}

public synchronized char sacar() throws Exception
{
    // Mientras el buffer este vacio nos bloqueamos para
    // que el productor pueda de producir un caracter
    while( vacio )
    {
        wait();
    }

    // seccion critica
    char c = buff[--tope];
    lleno = false;
    vacio = tope==0;
    notifyAll();
    return c;
}
}
```

Comenzamos el método poner preguntando por el estado del *buffer* (*array*). Si está lleno no hay nada que podamos hacer, por esto invocaremos el método wait para que el consumidor pueda consumir un carácter, y así desagotar el *buffer*. Cuando retomamos la actividad (ya veremos cuándo y cómo), estaremos dentro del `while`. Si todo sigue igual volveremos a invocar `wait`. Así hasta que la variable `lleno` sea `false`. En ese momento saldremos del `while` y ejecutaremos las líneas posteriores. Estas líneas de código constituyen la *sección crítica*, pues son las que acceden a las variables compartidas entre ambos *threads*.

Al final, invocamos el método `notifyAll` para pasar a *ready* a todos los hilos que están bloqueados por haber ejecutado el método `wait`. El análisis del método `sacar` es análogo al análisis del método `poner`.

Las clases `Productor` y `Consumidor` extienden a `Thread`. Ambas reciben, como parámetro en el constructor, una instancia de `Monitor`.

Comencemos analizando el código de `Productor`, cuya responsabilidad es producir caracteres y colocarlos en el *buffer* invocando el método `poner` de `Monitor`. La cantidad de caracteres que va a producir dependerá del parámetro `n`. Luego de meter cada carácter en el *buffer*, duerme una cantidad `sleep` de milisegundos.

```java
public class Productor extends Thread
{
    private Monitor buff;
    private int n;
    private int sleep;

    public Productor(Monitor b, int n, int s)
    {
        // el monitor
        this.buff = b;

        // cuantos caracteres debe producir
        this.n = n;

        // cuanto tiempo dormir entre caracter y caracter
        this.sleep = s;
    }

    public void run()
    {
        try
        {
            char c;
```

```
                for( int i=0; i<n; i++ )
                {
                    c = (char) ('A' + i);
                    buff.poner(c);
                    System.out.println("Produje: "+c);
                    sleep((int)(Math.random()*sleep));
                }
            }
            catch(Exception ex)
            {
                ex.printStackTrace();
                throw new RuntimeException(ex);
            }
        }
    }
```

El análisis de la clase Consumidor es análogo al de la clase Productor. El código fuente es el siguiente:

```
public class Consumidor extends Thread
{
    private Monitor buff;
    private int n;
    private int sleep;

    public Consumidor(Monitor b,int n,int s)
    {
        this.buff = b;
        this.n = n;
        this.sleep = s;
    }

    public void run()
    {
        try
        {
            char c;
            for(int i=0; i<n; i++)
            {
                c = buff.sacar();
```

```
                System.out.println("Consumi: "+c);
                sleep((int)(Math.random()*sleep));
            }
        }
        catch(Exception ex)
        {
            ex.printStackTrace();
            throw new RuntimeException(ex);
        }
    }
}
```

Por último, veremos el código de un programa que instancia un `Monitor`, un `Productor` y un `Consumidor`, y los pone a funcionar.

Observemos que ambos procesos, productor y consumidor, funcionan sobre el mismo y único monitor. Si retomásemos el ejemplo del comerciante, serían dos empleados compartiendo la misma y única balanza.

```
Monitor m = new Monitor(3);
Productor p = new Productor(m,6,2000);
Consumidor c = new Consumidor(m,6,4000);
p.start();
c.start();
```

10.4. AUTOEVALUACIÓN Y EJERCICIOS

Autoevaluación   *Ejercicios*

10.5. RESUMEN

En este capítulo hemos estudiado cómo independizar fragmentos de código, de modo que se puedan ejecutar simultáneamente con el programa. Asimismo, comprobamos que esto genera situaciones nuevas, vinculadas al acceso a los recursos compartidos, las cuales debemos tener en cuenta y hemos de saber abordar. También analizamos cómo encapsular y sincronizar el acceso a estos por parte de los *threads*, a través del uso de monitores, que son instancias de clase que tienen, al menos, un método sincronizado.

CAPÍTULO 11
PONEMOS TODO EN PRÁCTICA

11.1. INTRODUCCIÓN

A lo largo de los diferentes capítulos de esta obra hemos estudiado múltiples aspectos del lenguaje de programación Java, abarcando desde la programación orientada a objetos hasta la introspección de clases y objetos vía *reflection*.

También hemos aprendido a acceder a los datos que persisten en una base de datos, a enviar y recibir objetos a través de la red, y a diseñar una aplicación Java que se apegue, lo máximo posible, a los estándares y lineamientos de desarrollo adoptados por la industria.

Hemos programado dos *frameworks*, uno de persistencia de datos (MyHibernate) y otro de inyección de dependencias (MySpring), y los hemos usado para desarrollar una aplicación empresarial.

En este capítulo desarrollaremos un *framework* que nos permitirá exponer servicios a través de la red. Al igual que MyHibernate y MySpring, será una copia (en el mejor sentido de la expresión) de un *framework open source* ampliamente utilizado en el ámbito profesional de desarrollo: Spring Boot.

Spring Boot integra Spring, Hibernate y diversos servicios de red. Es una especie de servidor genérico cuya funcionalidad (servicios) podemos programar mediante clases y métodos.

Para el desarrollo de este *framework*, al que llamaremos MySpringBoot, será necesario aplicar todos los conocimientos que hemos adquirido sobre programación orientada a objetos, introspección, *networking* y *multithreading*, además de los conceptos que hemos estudiado cuando desarrollamos MyHibernate y MySpring.

El capítulo se divide en tres secciones, que explican cómo utilizar MySpringBoot para exponer los servicios del *backend* (o *facade*) de una aplicación empresarial, y cómo encaminar su desarrollo.

Durante las dos primeras secciones actuaremos como si el *framework* ya estuviese desarrollado y funcionando. Esto nos ayudará a comprender cuál es su alcance, qué prestaciones ofrece y cuáles son sus restricciones y limitaciones.

En resumen, las tres principales secciones de este capítulo son:

1. **MySpringBoot**. Esta sección es una especie de manual del usuario que explica cómo utilizar el *framework* (consideramos que MySpringBoot ya está programado y disponible para utilizarse).
2. **Exponer los servicios del *backend* de una aplicación empresarial**. Aquí veremos cómo adaptar la aplicación que desarrollamos en el capítulo 5, para que MySpringBoot pueda exponer a través de la red los servicios del *backend*, y cómo utilizar las herramientas que provee el *framework* para establecer la comunicación desde el lado del cliente.
3. **Desarrollo de MySpringBoot**. Aquí sí analizaremos los lineamientos y las consideraciones necesarias para desarrollar MySpringBoot.

11.2. MySpringBoot

MySpringBoot es un *framework* pensado para exponer servicios a través de la red, una especie de servidor genérico cuya funcionalidad programaremos mediante clases y métodos, o *componentes y servicios* (esta es la terminología adecuada).

Aunque la principal utilidad de MySpringBoot está enfocada hacia el lado del *server*, el *framework* también provee una clase llamada `MySpringBootClient`, que se ocupa de establecer la comunicación desde el lado del cliente.

Como hablamos de cliente/servidor, debemos abordar el análisis de MySpringBoot desde estos dos puntos de vista: *server* y cliente.

11.2.1. *SERVER*

MySpringBoot implementa un *server* que intercambia datos con el cliente. La permuta comienza cuando el cliente le envía al *server* un requerimiento (*request*) y finaliza cuando el *server* le devuelve una respuesta (*response*). A este modo de comunicación lo denominaremos *request/response*.

El *server* es multitarea, es decir, tiene la habilidad de atender simultáneamente a más de un cliente.

El usuario (programador que usa MySpringBoot para desarrollar sus aplicaciones) solo debe programar los diferentes servicios que quiera exponer (poner a disposición de los clientes). El *framework* se ocupará de resolver los temas de concurrencia, comunicación, persistencia de datos e inyección de dependencias, haciendo todas estas cuestiones totalmente transparentes para el programador.

11.2.1.1. Componentes y servicios

Los servicios que el *server* pondrá a disposición del cliente deben programarse como métodos en una o varias clases. A estas clases las llamaremos componentes.

De hecho, para hacer uso del motor de inyección de dependencias estas clases deberán aparecer anotadas con `@Component` (la *annotation* de MySpring).

Podemos programar tantos componentes como queramos, cada uno de los cuales con tantos servicios como imaginemos. La única restricción es que los métodos que implementan los servicios reciban, como parámetro, una instancia de `Request` y retornen una instancia de `Response`. Estas clases, que analizaremos más adelante, son implementaciones de `List`. De este modo, todos los servicios que expondremos con MySpringBoot podrán recibir y retornar tantos valores como sea necesario.

Cada servicio debe estar vinculado a una ruta, totalmente arbitraria, que indicaremos con la *annotation* @RequestMapping. Esta ruta será, en cierto modo, el identificador del servicio.

A continuación, veremos el código del componente DemoComponent, cuyo método holaMundo implementa el servicio /demo/holaMundo, el cual recibe una cadena con el nombre de una persona y responde con un saludo personalizado.

Observemos que la clase está anotada con @Component. El método holaMundo recibe un Request, retorna un Response e indica, con @RequestMapping, cuál es la ruta donde quedará publicado el servicio que implementa.

```java
@Component
public class DemoComponent
{
    @RequestMapping("/demo/holamundo")
    public Response holaMundo(Request request)
    {
        // En el request nos envian un nombre
        String nombre = (String)request.get(0);

        // En el response enviamos un HolaMundo personalizado
        Response response = new Response("HolaMundo,"+nombre);
        return response;
    }
}
```

El cliente debe conocer exactamente qué recibe y qué retorna cada uno de los servicios que va a consumir. De no ser así, no los podrá invocar correctamente y la comunicación no será viable.

En el caso anterior, el servicio recibe una cadena (un nombre) y retorna una cadena (un saludo personalizado).

Veamos ahora el código de otro componente, que llamaremos CalcComponent, que implementa los servicios sumar, restar, multiplicar y dividir.

Los primeros tres servicios son prácticamente idénticos. El cuarto servicio, dividir, debe considerar que el usuario no intente dividir por cero. Si este fuese el caso, el servicio adjuntará un mensaje de error.

Todos los servicios esperan recibir dos valores numéricos enteros. A excepción de `dividir`, que retorna un valor `double`, todos retornan un valor `int`.

```java
@Component
public class CalcComponent
{
    @RequestMapping("/calc/sumar")
    public Response sumar(Request request)
    {
        // En el request recibimos dos valores
        int a = (Integer)request.get(0);
        int b = (Integer)request.get(1);

        // Sumamos ambos valores
        int c = a+b;

        // En el response retornamos la suma de los valores
        return new Response(c);
    }

    @RequestMapping("/calc/restar")
    public Response restar(Request request)
    {
        // idem sumar pero haciendo:
        // int c = a-b;
        // :
    }

    @RequestMapping("/calc/multiplicar")
    public Response multiplicar(Request request)
    {
        // idem sumar pero haciendo:
        // int c = a*b;
        // :
    }

    // Sigue mas abajo
    // :
```

Veamos el código del método `dividir`, que tiene en cuenta la posibilidad de que el usuario intente dividir por cero.

```java
// :
// Viene de mas arriba

@RequestMapping("/calc/dividir")
public Response dividir(Request request)
{
    // En el request recibimos dos valores
    int a = (Integer)request.get(0);
    int b = (Integer)request.get(1);

    Response response = new Response();

    if( b!=0 )
    {
        double c = (double)a/b;
        response.add(c);
    }
    else
    {
        // codigo y mensaje de error
        response.setErrorCode(1);
        response.setErrorMessage("No puede dividir por 0");
    }

    return response;
}
}
```

11.2.1.2. Ejecutar el servidor

En el siguiente código vemos cómo ejecutar el servidor de MySpringBoot para poner a disposición de los clientes los servicios DemoComponent y CalcComponent.

```java
public class MyServer
{
    public static void main(String[] args)
    {
        MySpringBootServer server = new MySpringBootServer();
```

```
    // Registramos los componentes
    server.registerComponent(DemoComponent.class);
    server.registerComponent(CalcComponent.class);

    // Ejecutamos el server indicando el puerto donde
    // queremos que atienda
    int port = 5432;
    server.runServer(5432);
  }
}
```

Luego de ejecutar la clase `MyServer`, los servicios quedarán publicados y disponibles para que se invoquen a través de la red, cada uno perfectamente identificado por la ruta que se le asignó con `@RequestMapping`.

En la imagen que veremos a continuación se observa cómo MySpringBoot expone los servicios que previamente hemos implementado como métodos en las clases `DemoComponent` y `CalcComponent`. Vemos también cómo el cliente se conecta a través de la red para invocarlos.

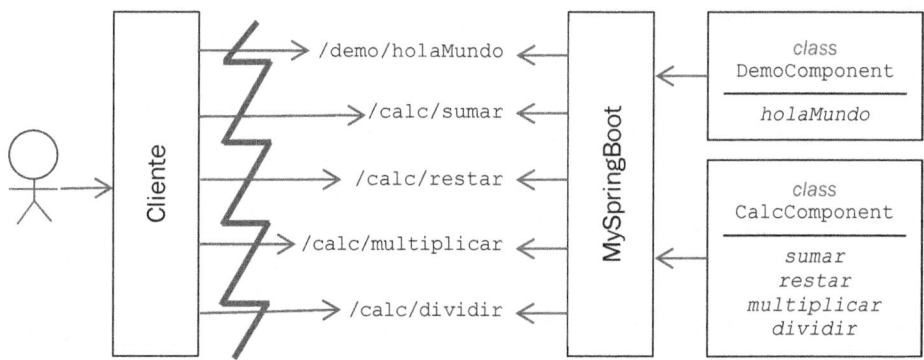

Figura 11.1. MySpringBoot expone, a través de la red, los servicios implementados como métodos de las clases que fueron registradas como componentes. El cliente consume los servicios.

11.2.2. CLIENTE

MySpringBoot provee la clase `MySpringBootClient`, que se ocupa de establecer la comunicación con el servidor. En el constructor debemos indicar la dirección IP (o *hostname*) y el puerto donde el *server* se está ejecutando.

Luego, a través del método `send` podremos enviar una instancia de `Request`, con la ruta del servicio que queremos invocar y los argumentos que deberá utilizar.

El servicio (método) retornará una instancia de `Response` con la respuesta del servidor. Eventualmente retornará un código de error con su correspondiente mensaje.

Veamos un ejemplo de cómo consumir (invocar) los servicios que expone el *server*.

```java
String host = "localhost";
int port = 5432;
MySpringBootClient client = new MySpringBootClient(host,port);

// Invocamos el servicio holaMundo, pasandole: Pablo
Request request = new Request("/demo/holamundo","Pablo");

// Enviamos el request y obtenemos el response
Response response = client.send(request);

// Mostramos el resultado: un HolaMundo personalizado
System.out.println(response.get(0)); // HolaMundo, Pablo

// Invocamos el servicio sumar, le pasamos 2 y 3
request = new Request("/calc/sumar",2,3);
response = client.send(request);

// Mostramos el resultado obtenido
System.out.println(response.get(0)); // SALIDA: 5

// invocamos el servicio dividir y contemplamos el error
request = new Request("/calc/dividir",5,0);
response = client.send(request);

if( response.getErrorCode()!=0 )
{
    System.out.println("ERROR:"+response.getErrorMessage());
}
else
{
    // Mostramos el resultado obtenido
    System.out.println(response.get(0));
}
```

11.2.3. Request y Response

Ambas clases son implementaciones de List, razón por la cual están preparadas para contener múltiples valores.

Request tiene los siguientes constructores:

```java
public Request(String path){ //... }
public Request(String path,Object... args){ //... }
```

El *path* es obligatorio. Por esto, ambos constructores lo reciben como parámetro. Luego podemos optar entre pasar la lista de parámetros en el constructor o solo instanciarlo con el *path,* y posteriormente asignar individualmente cada parámetro.

Por ejemplo, cuando invocamos el servicio /demo/sumar instanciamos a Request del siguiente modo:

```java
Request request2 = new Request("/demo/sumar",2,3);
```

También podríamos haberlo instanciado así:

```java
Request request2 = new Request("/demo/sumar");
request2.add(2); // primer argumento
request2.add(3); // segundo argumento
```

Análogamente, la clase Response tiene el siguiente constructor:

```java
public Request(Object... args){ //... }
```

Esto permite crear un objeto pasándole, en el constructor, tantos valores como queramos. Cada valor se colocará como un elemento más en la lista.

La otra opción será instanciar a `Response` sin argumentos y luego agregar con `add` uno a uno los valores que queramos retornar.

Además, `Response` permite transportar un código y un mensaje de error que, llegado el caso, nos permitirá informarle al cliente de que algo no fue bien, tal como lo hicimos en la implementación del método (o servicio) `dividir`.

11.3. EXPONER LOS SERVICIOS DEL *BACKEND* DE UNA APLICACIÓN EMPRESARIAL

Convertiremos en cliente/servidor la aplicación empresarial que analizamos y desarrollamos durante el capítulo 5.

Recordemos que la aplicación consiste en dos pantallas:

- La pantalla 1 muestra una lista de categorías y le pide al usuario que seleccione una.
- La pantalla 2 muestra la lista de todos los productos que pertenecen a la categoría que el usuario seleccionó en la pantalla anterior.

Pantalla 1

Pantalla 2

```
+------------------------------+    +------------------------------+
| CATEGORIAS                   |    | CATEGORIA 2 / PRODUCTOS      |
+------------------------------+    +------------------------------+
| (1). Computacion             |    | (1). Samsung S9 mini         |
| (2). Telefonia               |    | (2). Sony Xpedia v6          |
| (3). Videojuegos             |    | (3). Huahuei P30             |
| Seleccione opcion: 2         |    | (4). Huahuei Mate 10         |
+------------------------------+    | (5). Iphone X                |
                                    | Seleccione opcion:           |
                                    +------------------------------+
```

Figura 11.2. Pantallas de la aplicación.

Recordemos también que esta aplicación la desarrollamos separando el *frontend* del *backend*. A su vez, el *backend* lo separamos en *facade* y DAO, tal como se ilustra en la figura 11.3.

Si convertimos la aplicación en cliente/servidor, esta seguirá siendo exactamente la misma, solo que ahora el cliente será remoto y deberá conectarse a través de la red para acceder a los métodos (servicios) del *facade* (*backend*).

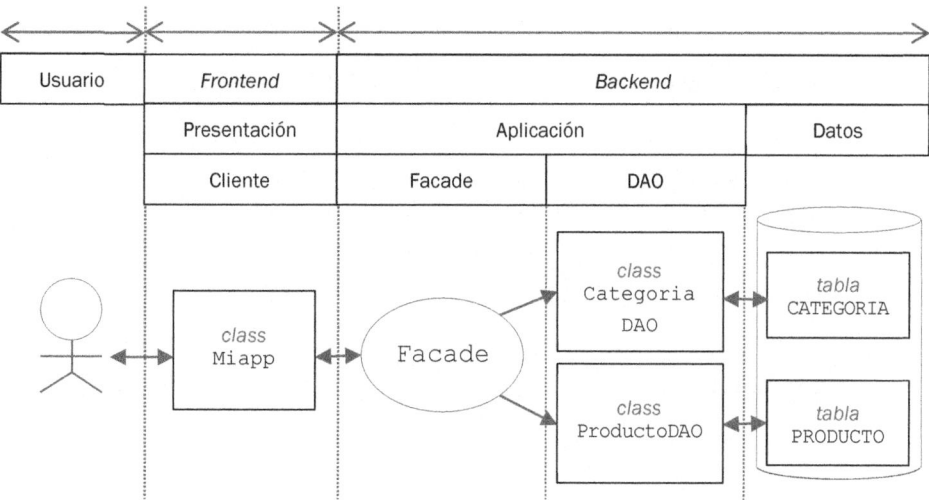

Figura 11.3. Frontend y backend de la aplicación empresarial.

11.3.1. *SERVER*

Para exponer como servicios los métodos del *facade* solo tendremos que escribir un componente: `FacadeComponent`.

Esta clase, que tendrá inyectada una instancia de `Facade`, debe proveer los mismos métodos que esta, y resolverá cada uno de estos métodos invocando sobre esta instancia el método que corresponda.

En este caso, los métodos de `Facade` son:

- `obtenerCategorias` (para resolver la pantalla 1)
- `obtenerProductos` (para resolver la pantalla 2)

```
@Component
public class FacadeComponent
{
    // Nos inyectamos una instancia de Facade
    @Autowired(implementation=FacadeImple.class)
    private Facade facade;

    @RequestMapping("/facade/get/categorias")
    public Response obtenerCategorias(Request request)
    {
```

```
        // Adjuntamos al response lo que retorna el facade
        return new Response(facade.obtenerCategorias());
    }

    @RequestMapping("/facade/get/productos")
    public Response obtenerProductos(Request request)
    {
        // Obtenemos el idCategoria
        int idCat = (Integer)request.get(0);

        // Adjuntamos al response lo que retorna el facade
        return new Response(facade.obtenerProductos(idCat));
    }
}
```

Esta técnica se llama *delegación* o *business delegate*. La analizaremos más adelante, cuando estudiemos cómo adaptar el cliente.

Finalmente, debemos registrar la clase `FacadeComponent` y ejecutar el *server*.

```
MySpringBootServer server = new MySpringBootServer();

// componentes
server.registerComponent(FacadeComponent.class);

// port
int port = 5432;
server.runServer(port);
```

Ahora, el server de MySpringBoot expone el servicio `/facade/get/categorias`, que retorna una lista de categorías, y el servicio `/facade/get/productos`, que, dado un identificador de categoría, retorna una lista de todos los productos que integran la categoría indicada. El cliente podrá invocarlos (consumirlos) a través de la red.

La figura 11.4 ilustra esta situación y pone en evidencia que ahora el *frontend* y el *backend* se ejecutan en puntos diferentes de la red.

Lo que sucede de `FacadeComponent` hacia atrás es un asunto que está resuelto para nosotros.

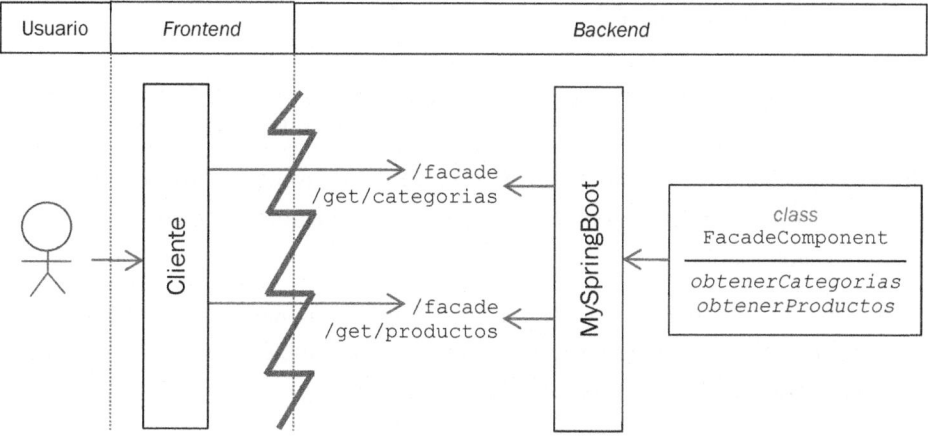

Usuario	Frontend	Backend

Figura 11.4. El facade expone sus métodos como servicios y el cliente los consume a través de la red.

11.3.2. CLIENTE

Como ya mencionamos, disponemos de la clase `MySpringBootClient`, que hace transparente la problemática de conectividad desde el lado del cliente.

Fácilmente podemos invocar `/facade/get/categorias`, y así obtener los datos necesarios para resolver la pantalla 1.

```java
String host="localhost";
int port=5432;
MySpringBootCliente client=new MySpringBootClient(host,port);

// Enviamos el request y obtenemos el response
Request request = new Request("/facade/get/categorias");
Response response = client.send(request);

// Tomamos del response la lista de categorias
List<Categoria> lst = (List<Categoria>)response.get(0);

// :
```

Sin embargo, tal vez nos interese encapsular u ocultar el hecho de que los datos provienen de una conexión de red. Para esto utilizaremos una técnica muy simple, llamada *business delegate*.

11.3.2.1.   *Business delegate*

Este patrón de diseño consiste en anteponer una capa (clase) de abstracción entre los métodos (o servicios) remotos y los métodos locales que los van a invocar.

Business delegate nos brinda tener la idea de estar invocando métodos sobre un objeto local, ocultando el hecho de que el procesamiento de estos métodos se ejecuta remotamente.

Así, con *business delegate* ocultamos que los datos provienen de una llamada de red y que el procesamiento para gestionarlos es remoto. También encapsulamos toda la complejidad que conlleva realizar esta llamada de red.

La implementación es bastante simple. Por ejemplo, si vamos a encapsular las llamadas de red necesarias para invocar los métodos del *facade* (que ahora es remoto), haremos una clase que tenga exactamente los mismos métodos que queremos invocar.

Dentro de estos métodos (locales) preparamos la invocación remota, la ejecutamos y retornamos lo que hemos obtenido a través de la red.

Veamos la clase `FacadeClientBusinessDelegate`, cuyos métodos encapsulan las llamadas de red necesarias para invocar los métodos del *facade* remoto.

```java
public class FacadeClientBusinessDelegate
implements Facade
{
    private MySpringBootClient client = null;

    public FacadeClientBusinessDelegate()
    {
        client = new MySpringBootClient("localhost",5432);
    }

    public List<Categoria> obtenerCategorias()
    {
        // Preparamos la llamada remota
        Request req = new Request("/facade/get/categorias");
        Response res = client.send(req);

        // Retornamos lo que obtuvimos como respuesta
        return (List<Categoria>)res.get(0);
```

Java a fondo | **345**

```
    }

    public List<Producto> obtenerProductos(int idCat)
    {
        // Preparamos la llamada remota
        Request req=new Request("/facade/get/productos",idCat);
        Response res = client.send(req);

        // Retornamos lo que obtuvimos como respuesta
        return (List<Producto>)res.get(0);
    }
}
```

La clase FacadeClientBusinessDelegate no resuelve la lógica de negocio, solo se ocupa de ocultar el trabajo sucio que se requiere para establecer la invocación remota. En otras palabras, delega esta lógica en otra capa. Por eso se llama *business delegate*.

Para estar seguros de que los métodos de FacadeClientBusinessDelegate son idénticos a los métodos de Facade (ahora remoto), hemos implementado en FacadeClientBusinessDelegate la *interface* Facade.

Ahora podemos obtener los datos para generar la pantalla 1 muy fácilmente:

```
// Instanciamos el business delegate
Facade facade = new FacadeClientBusinessDelegate();

// Obtenemos las categorias
List<Categoria> lst = facade.obtenerCategorias();

// :
```

11.3.2.2. La aplicación

Podemos usar MySpring para inyectarnos, en el cliente, una instancia de FacadeClientBusinessDelegate.

```
public class MiApp
{
```

```java
private static Scanner scanner = new Scanner(System.in);

@Autowired(implementation=FacadeClientBusinessDelegate.class)
private Facade facade;

public void runApp()
{
    // pantalla 1
    int idCat = pantalla1();

    // pantalla 2
    pantalla2(idCat);
}

public static void main(String args[])
{
    MiApp app = MySpring.getObject(MiApp.class);
    app.runApp();
}

// Sigue mas abajo
// :
```

Ahora, los métodos `pantalla1` y `pantalla2` usan `facade` como si este fuese un objeto local (de hecho lo es, solo que sus métodos delegan la lógica de negocio en los métodos del *façade* remoto, a través de una llamada de red).

```java
// :
// Viene de mas arriba

public int pantalla1()
{
    List<Categoria> lst = facade.obtenerCategorias();
    for(Categoria cat:lst)
    {
        System.out.print(cat.getIdCategoria());
        System.out.println(cat.getDescripcion());
    }

    return scanner.nextInt();
```

```
    }

    public int pantalla2(int idCat)
    {
        List<Producto> lst = facade.obtenerProductos(idCat);
        for(Producto prod:lst)
        {
            System.out.print(prod.getIdProducto());
            System.out.println(prod.getDescripcion());
        }

        return scanner.nextInt();
    }
}
```

11.4. DESARROLLO DE MySpringBoot

Como ya vimos, MySpringBoot se compone de dos clases: MySpringBootServer, con sus métodos `registerComponent` y `runServer`; y MySpringBootClient, con el método `send`, que envía un `Request` y retorna un `Response`.

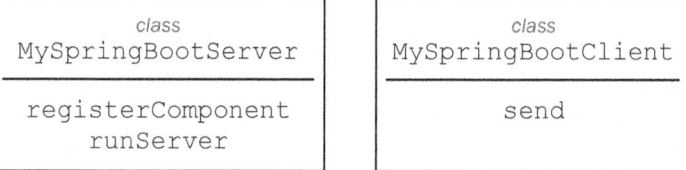

class MySpringBootServer	class MySpringBootClient
registerComponent runServer	send

Figura 11.5. Principales clases (con sus métodos) de MySpringBoot.

A continuación, analizaremos cómo encarar y desarrollar cada una de estas clases.

11.4.1. SERVER

El *server* de MySpringBoot es genérico y extensible, pues la lógica de los servicios que debe exponer queda a cargo del usuario, quien la programa en los métodos de los diferentes componentes (clases), los cuales registrará con `registerComponent`.

11.4.1.1. `registerComponent`

Desde la visión del cliente, que consume los servicios del *server*, solo existen servicios. Esto quiere decir que no sabe que los servicios están separados en componentes. El cliente envía un *request* hacia un determinado *path* y como respuesta obtiene un *response*.

Teniendo en cuenta esta dinámica, en el *server* resultará útil usar un *hashMap* para vincular cada ruta con una instancia del componente, más una referencia al método que implementa el servicio identificado con ese *path*.

Así, el objetivo del método `registerComponent` es agregar entradas al *hashMap*, que será nuestra estructura de datos, con tantas entradas como métodos anotados con `@RequestMapping` tenga el componente que el usuario está registrando.

Esta estructura de datos nos permitirá, cada vez que recibamos un *request*, tener acceso directo al método que debemos invocar para satisfacer el servicio requerido, así como al objeto *target* sobre el cual ese método debe invocarse.

Por ejemplo, al inicio del capítulo desarrollamos los componentes `DemoComponent` y `CalcComponent`. Ambos componentes suman cinco métodos. Entonces, después de registrar estos componentes con `registerComponent`, el *hashMap* tendrá cinco entradas, una por cada método. La *key* del *hashMap* será el *path* (indicado con `@RequestMapping`); el *value* será un par, compuesto por una instancia del componente y una referencia (`Method`) al método en cuestión.

Tras registrar con `registerComponent` ambos componentes, el *hashMap* deberá quedar como se ilustra en la figura 11.6.

```
MySpringBootServer server = new MySpringBootServer(5432)
server.registerComponent(DemoComponent.class);
server.registerComponent(CalcComponent.class);
```

key	value
`/demo/holamundo`	`obj1, mtdHolaMundo`
`/calc/sumar`	`obj2, mtdSumar`
`/calc/restar`	`obj2, mtdRestar`
`/calc/multiplicar`	`obj2, mtdMultiplicar`
`/calc/dividir`	`obj2, mtdDividir`

Figura 11.6. Cómo queda el hashMap después de registrar DemoComponent y CalcComponent.

A continuación, veremos la declaración del *hashMap*, al que llamaremos `methods`. Notemos la necesidad de crear una clase (`TargetMethod`) que nos permita contener el par de valores (objeto *target* y método) asociados a una misma *key*.

```java
public class MySpringBootServer
{
    // Estructura de datos que vincula paths con metodos
    private static HashMap<String,TargetMethod> methods = null;

    static
    {
        methods = new HashMap<>();
    }

    // :
}
```

La clase `TargetMethod` nos permitirá contener un par {*objeto*, *método*}.

```java
public class TargetMethod
{
    private Object target;
    private Method method;

    // Constructores, setters y getters
}
```

Como en `registerComponent` solo recibimos la clase del componente que el usuario desea registrar. Será nuestra propia responsabilidad instanciar a esa clase.

Volviendo a la figura 11.6, `obj1` es la instancia de `DemoComponent` y `obj2` es la instancia de `CalcComponent`.

Para crear estas instancias tenemos que hacerlo con `MySpring.getObject`. De este modo, las dependencias de los componentes se inyectarán automáticamente.

Según lo anterior, la lógica del método `registerComponent(Class<?> clazz)` debe seguir los siguientes pasos:

1. Instanciar (usando MySpring) la clase `clazz` que recibimos como parámetro. A esta instancia la llamaremos `target`.
2. Obtener (con `getDeclaredMethods`) los métodos de `clazz`. Iterarlos y, por cada uno, verificar si el método está anotado con `@RequestMapping`.
3. Si la respuesta es afirmativa, debemos obtener el *path* que está indicado en esa *anotación* y agregar una entrada al *hashMap*.

Veamos el código fuente del método.

```java
public void registerComponent(Class<?> clazz)
{
    try
    {
        // Creamos la instancia de clazz
        Object target = MySpring.getObject(clazz);

        // Obtenemos los metodos de clazz
        Method[] mtds = clazz.getDeclaredMethods();

        // Iteramos los metodos para ver cuales son servicios
        for(Method m:mtds)
        {
            // Obtenemos la annotation @RequestMapping
            RequestMapping annPath =
                    m.getAnnotation(RequestMapping.class);

            // Si tiene la annotation entonces es un servicio
            if( annPath!=null)
            {
                // Obtenemos el path (la key)
                String key = annPath.value();

                // Agregamos la entrada al hashMap
                methods.put(key,new TargetMethod(target,m));
            }
        }
    }
    catch(Exception e)
    {
        e.printStackTrace();
        throw new RuntimeException(e);
    }
}
```

11.4.1.2. runServer

El método `runServer` pone en funcionamiento el servidor. Esto requiere instanciar un `ServerSocket` y entrar en un `while` *eterno*, en el cual recibiremos la conexión de cada uno de los clientes que se conectan.

Dado que todos los métodos (servicios) reciben un objeto `Request` y retornan un objeto `Response`, implementaremos este intercambio de datos vía serialización de objetos.

A priori, el método `runServer` podría ser así:

```java
public void runServer(int port)
{
    try
    {
        ObjectInputStream ois = null;
        ObjectOutputStream oos = null;

        ServerSocket ss = new ServerSocket(port);
        while( true )
        {
            Socket s = ss.accept();
            ois = new ObjectInputStream(s.getInputStream());
            ois = new ObjectOutputStream(s.getOutputStream());

            // :
        }
    }
    catch(Exception e)
    {
        // :
    }
}
```

Dentro del `while`, y tras haber creado los objetos `ois` y `oos`, deberíamos hacer lo siguiente:

1.   Leemos el *request* a través del objeto `ois`.
2.   Tomamos el *path* que viene indicado en el *request*.
3.   Con el *path* podemos acceder al *hashMap*, para obtener el objeto *target* (instancia del componente) y la referencia al método que debemos invocar.
4.   Invocamos (por *reflection*) el método pasándole el objeto *request* y obtenemos como valor de retorno el objeto *response*.
5.   Enviamos al cliente, a través de `oos`, el *response* que obtuvimos.

Todavía el *server* no está preparado para atender a más de un cliente a la vez; sin embargo, si programamos un *thread* y dentro de su método `run` ejecutamos la lógica que describen los puntos anteriores, el *server* será *multithread*.

En este caso, si llamamos a la clase del *thread* `MySpringBootServerThread`, el código del método `runServer` quedará así:

```java
public void runServer(int port) throws Exception
{
    ServerSocket ss = new ServerSocket(port);
    while( true )
    {
        try
        {
            // Se conecta un cliente
            Socket s= ss.accept();

            // Instanciamos un thread para atender al cliente
            MySpringBootServerThread thread;
            thread = new MySpringBootServerThread(s,methods);

            // Ponemos en funcionamiento el thread
            thread.start();
        }
        catch(Exception e)
        {
            e.printStackTrace();
            throw new RuntimeException(e);
        }
    }
}
```

Observemos que el método `accept` es *bloqueante*. Esto significa que el programa se detendrá allí y que solo avanzará al siguiente paso una vez que reciba la conexión de un nuevo cliente.

Como el algoritmo que implementa el servicio que debemos atender está programado dentro del método `run` del *thread*, su ejecución será concurrente a la de `runServer`. Por esto, mientras comienza a ejecutarse el método `run` (después de haber invocado `start`), el `while` de `runServer` ya habrá realizado una nueva iteración, por lo cual el *server* estará disponible y esperando la llegada de otro cliente.

También debemos notar que el bloque *try-catch* está colocado dentro del `while`. Esto hará que, si ocurriese algún problema de comunicación con un cliente, la excepción quede atrapada en el `catch`, pero sin afectar al `while`, que seguirá iterando; es decir, el *server* no se caerá.

Veamos el código de la clase `MySpringBootServerThread`.

```java
public class MySpringBootServerThread extends Thread
{
    private Socket socket = null;
    private HashMap<String,TargetMethod> methods = null;

    public MySpringBootServerThread(
                    Socket s
                    ,HashMap<String,TargetMethod> methods)
    {
        this.socket = s;
        this.methods = methods;
    }

    public void run()
    {
        ObjectInputStream ois = null;
        ObjectOutputStream oos = null;

        try
        {
            // Listos para recibir un request y enviar un response
            ois = new ObjectInputStream(socket.getInputStream());
            oos = new bjectOutputStream(socket.getOutputStream());
```

```java
        // Obtenemos el request y el path
        Request request = (Request)ois.readObject();
        String path = request.getPath();

        // Con el path obtenemos el metodo y el objeto target
        Method mtd = methods.get(path).getMethod();
        Object tgt = methods.get(path).getTarget();

        // Invocamos el metodo sobre el objeto target
        Response response = (Response)mtd.invoke(tgt,request);

        // Enviamos el response
        oos.writeObject(response);
    }
    catch(Exception e)
    {
        e.printStackTrace();
        throw new RuntimeException(e);
    }
    finally
    {
        try
        {
            if(oos!=null) oos.close();
            if(ois!=null) ois.close();
            if(socket!=null) socket.close();
        }
        catch(Exception e2)
        {
            e2.printStackTrace();
            throw new RuntimeException(e2);
        }
    }
}
}
```

11.4.2. CLIENTE

La clase `MySpringBootClient` recibe, como parámetros en el constructor, los valores necesarios para establecer la conexión entre el cliente y el servidor: *hostname* o dirección IP, y *port*.

```java
public class MySpringBootClient
{
    private String ip;
    private int port;

    public MySpringBootClient(String ip,int port)
    {
        this.ip = ip;
        this.port = port;
    }

    // Sigue mas abajo
    // :
```

El método `send` es el único que provee la clase. Este método es la cara opuesta al método `run` de `MySpringBootServerThread`.

En la siguiente tabla apreciamos cómo ambos métodos ejecutan las mismas tareas, pero en orden inverso.

send	run
Abre los objetos `oos` y `ois`.	Abre los objetos `ois` y `oos`.
Envía un *request* a través de `oos`.	Espera recibir un *request* a través de `ois`.
Espera recibir un *response* vía `ois`.	Envía un *response* vía `oos`.
Cierra `ois`, `oos` y el *socket*.	Cierra `oos`, `ois` y el *socket*.

Figura 11.7. Comparación de los métodos send (cliente) y run (server).

Veamos el código fuente del método `send`.

```java
    // :
    // Viene de mas arriba

    public Response send(Request request)
    {
        Socket socket = null;
```

```java
    ObjectOutputStream oos = null;
    ObjectInputStream ois = null;

    try
    {
        socket = new Socket(ip,port);
        oos = new ObjectOutputStream(socket.getOutputStream());
        ois = new ObjectInputStream(socket.getInputStream());

        // Enviamos el request
        oos.writeObject(request);

        // Recibimos el response y lo retornamos
        return (Response)ois.readObject();
    }
    catch(Exception e)
    {
        // :
    }
}
```

Es tan simple como esto. Solo falta, en la sección `finally` (que omitimos por cuestiones de claridad), cerrar los objetos `ois`, `oos` y `socket`.

```java
finally
{
    try
    {
        if(ois!=null) ois.close();
        if(oos!=null) oos.close();
        if(socket!=null) socket.close();
    }
    catch(Exception e)
    {
        e.printStackTrace();
        throw new RuntimeException(e);
    }
}
```

11.5. AUTOEVALUACIÓN Y EJERCICIOS

Autoevaluación   *Ejercicios*

11.6. RESUMEN

Este capítulo ha sido el corolario de todo lo visto con anterioridad. En él hemos conjugado los conocimientos sobre programación Java y el diseño de aplicaciones empresariales que adquirimos durante el transcurso de la obra, para desarrollar una herramienta integradora, cuya utilidad y productividad ha quedado por lo demás demostrada.

La capacidad de abstracción que podemos lograr combinando los conceptos de programación orientada a objetos y *reflection* es tan grande que nos permite, con una simpleza notable, diseñar e implementar herramientas genéricas, como es el caso de MyHibernate, MySpring y MySpringBoot.

Como programador Java, con más de veinticinco años de experiencia en la materia, he llegado a la conclusión de que el mejor modo de aprender a usar una herramienta (*framework*) es programarla. Este ha sido el objetivo que he perseguido al encarar el desarrollo de MyHibernate, MySpring y MySpringBoot.

No se trata de reinventar la *rueda*, ya que difícilmente podamos mejorar la funcionalidad y el rendimiento de los *frameworks* ya existentes (Hibernate, Spring y Spring Boot). Pero, al programar una imitación de estos, por más reducida o limitada que pueda resultar, podremos comprender el porqué de los requerimientos que tienen y de las restricciones que imponen.

En síntesis, podremos abordarlos más íntegramente.